仰望教育星空

我的教育观察与思考

张竹林◎著

华东师范大学出版社

目 录

序：行成于思 / 1

德育笔谈

愿每位老师都是学生生命中的贵人 / 3

当好新时代的"仁师" / 6

这个春天你最美 / 9

热情，是青年教师育人育德的不竭动力 / 12

培养有大爱大德大情怀的人 / 15

实现学生减负，必须做好社会集体减负 / 18

德育创新并不遥远 / 22

德育工作需要静下心来做 / 25

德育工作需要融合起来做 / 28

德育工作需要因时而动 / 31

德育工作需要因人而施 / 34

德育工作需要因地而行 / 37

AI＋教育，又一个需要关注的德育场 / 40

新时代学校德育工作必须处理好几对关系 / 42

教育精神和精神教育 / 45

清明遐思 / 48

让"感谢贫穷"变为"感恩生活" / 50

高中生当"单车猎人"引发的德育思考 / 53

进博会带来的上海德育之光 / 56

从垃圾分类到品格养成 / 59

阳光少年从"心"开始 / 62

学生综合素养培养，不只在课堂 / 65

让"强基计划"落到实处 / 68

从"李兰娟之声"到"钱学森之问" / 71

新时代劳动教育的初步理解 / 74

家教关注

家教指导力应成为新时代教师的必备素养 / 79

区域教育学院是家校合育"总枢纽" / 81

一辈子学做教师 / 84

赋能家校合作育人质量提升的新起点 / 88

从教育之术走向教育之道 / 91

我为何关注教师家教指导力建设 / 94

一封"家信"折射教师家教指导力 / 97

疫期居家是家庭教育的"窗口期" / 100

教研心得

"教师的教师"必须具备四种能力 / 105

研训员"三三三"工作法 / 108

研训员五级工作台阶 / 111

每位教师都可以成为研究者 / 114

因为不完美，所以向美——关于中小学校开展教育科研的思考 / 116

研究无止境　行动有策略——再谈中小学教师的教育科研问题 / 119

教师不能迷失在信息技术的"丛林" / 121

一线教师怎么参与"大调研" / 123

让学习成为教育学院文化风景线 / 126

让融合发展成为教育学院文化源动力 / 128

学习需要"三心" / 130

用专业思维和行动推动区域德育课程一体化 / 133

文章好标题从哪里来——与一线教师谈写作之一 / 136

文字表达首要关注的是工作本身——与一线教师谈写作之二 / 139

好的讲话稿是什么样子——与一线教师谈写作之三 / 141

教育之旅

他山之石——美国、加拿大教育考察掠影 / 145

格拉斯哥记忆——旅英文化散记之一 / 152

伦敦印象——旅英文化散记之二 / 157

牛津剑桥随想——旅英文化散记之三 / 162

海洋文明再思考——新加坡见闻之一 / 168

狮城往事"牛车水"——新加坡见闻之二 / 170

教育兴国"南大游"——新加坡见闻之三 / 173

台湾教育观察 / 177

在清华遇见你 / 182

到山水田园中当学生 / 186

紫砂之乡的教育名片 / 189

复旦时光

复旦,我永远的家园 / 197

读"无用"书 做"有心"人——"人力资源"课程随笔 / 201

学以致用——"战略管理"课程随笔 / 203

批评的热爱——"全球背景下的中国经济"课程随笔 / 207

万物互联时代的创新与转型——"企业信息化管理"课程随笔 / 210

"法"、"力"不能混淆,"术"、"道"必须兼修——"营销管理"课程随笔 / 213

交流交锋交融——"企业走出去的挑战与实践"课程随笔 / 216

"无用"与"有用"之间——"大国博弈与地缘战略"课程随笔 / 219

从企业生态化生存到教育生态化建设——"企业领导力"课程随笔 / 222

思维重于技术——"数据分析和企业决策分析"课程随笔 / 224

理解与行动同步——"投资和财富管理"课程随笔 / 227

知识逻辑的演变——"公司财务管理"课程随笔 / 229

"不一定",可以让你"一定"——"会计学"课程随笔 / 232

有了"平台"怎么办?——"管理经济学"课程随笔 / 234

用历史照亮未来——"中国资本市场与股票投资分析"课程随笔 / 237

为何进行关联研究 / 240

走进阿里　牵手未来 / 243

文化记忆

画里龙川 / 249

返乡之路 / 252

心安是故乡 / 257

流动的春节 / 261

家乡四月天 / 264

石榴红了 / 267

青岛散记 / 271

心动沙家浜 / 278

莫干山遐思 / 281

冬日太谷 / 287

区域思考

品质的力量 / 293

时代的力量 / 297

文化的力量 / 305

融合的力量 / 311

改革的力量 / 314

宣传的力量 / 318

名家访谈

您的牵挂,我的追求——我和人民教育家于漪老师的故事 / 329

人生为一大事来——访中国当代教育家刘彭芝 / 335

教育,就是过日子——访著名教育改革家魏书生 / 344

教育,让人生更精彩——访著名教育专家尹后庆 / 350

后记:且行且思 / 359

序：行成于思

倪闲景

不久前，张竹林同志将他的新作《仰望教育星空》书稿送给我阅，嘱托我作序。我们相识时间较长，我在奉贤区工作时分管教育，有着区域教育"工作母机"之称的教育学院是我比较关注的单位，因此与他在工作中有一定交集，彼此比较了解。对他这个要求，也就欣然答应了。通读书稿后，发现很多文章先前已经在各种媒体上拜读过，但是集文成册，串起来读感慨还是很多的，特记下以下文字。

这本书，记录着张竹林同志担任上海市奉贤区教育学院副院长5年来的教育实践、观察与思考。书中的文章是从他在繁忙的工作之余撰写的近200篇文稿中挑选出来的。据我所知，这本专著中的内容不包括他承担的一些国家级、上海市和奉贤区级教育科研课题和重大项目成果文章，基本上以随笔和专栏文章为主。内容按照学校德育、家庭教育、教研心得和区域教育发展思考，兼顾教育之旅、教育文化等思想脉络进行梳理和行文，全景式勾画了一位教育工作者的心路历程。5年时间，用他自己比较谦虚的话讲，这个时间"刚好是小学毕业升初中"。其实，在我看来，这5年，是一位基层教育管理者的教育情怀和工作见证，是作者多年工作经历的积淀，是厚积薄发的结晶。书中的内容与他的经历和阅历分不开，他从一线中学教师开始，先后任县市党政机关公务员、媒体人、区教育局机关干部，再到区教育学院副院长，这个职业发展历程，培养了他比较开阔的视野和复合型知识结构，加上勤奋和务实，才会有这些思考和文字。

文章合为时而著，尤其是教育工作更要关注时代的声音。学会倾听时代的声音并不是一件易事，需要作者有一种对时代的敏锐，需要有一种发现的眼光,能够透过现象看见本质。欧洲文艺复兴时期的思想解放,为自然科学的发展奠定了基础,彼时的人们在自然界的各个角落寻求秩序、理性和合理性,随着牛顿万有引力定律和他的《自然哲学的数学原理》的出版,开启了现代科学,削弱了人们对奇迹、圣书信仰和对王权、牧师的神圣性的崇拜,充分表达了科学对人类思想的启蒙和对社会的推动作用。历史往往就在不断地重演这些经典故事,在今天这个大变革的时代,科技发展对于人类思想和生活方式同样带来了挑战,技术革新为未来教育带来无限可能,需要我们在"唯变不变"环境中大胆探索。这种探索与你的身份和职级无关,关键是要有心有行动。

这本书是作者基于实践勤于思考的产物。在当下,出一本专辑并不是一件太难的事,但要形成基于现实有责任感,对工作有针对性和指导性的理性思考却不是易事。实话讲,区域德育研究和教育科研,这两项工作都是不容易出"政绩"的,因为这是一个"慢"工,甚至被人们称为"虚"工。如何虚功实做,对每一位专业管理者都是一种考验。书中记录了他和团队成员对于中小学校教育科研和德研、教育学院和区域教育发展的定位和思考,既有从一件小事入题的德育笔谈,也有对教师如何成为研究型人才的专业思考,还有对教育改革未来发展的深度思考,不乏真知灼见,作者的钻研精神和专业功力,可窥见一斑。

本书选材宽广、内容丰富,字里行间透露出浓浓的家国情怀。作为以育人为天职的教育工作者,而且是区域教育专业管理者,育德先育心,育人先育己,作者的文章中无不透露着这样一种思想脉络。文风朴实,旷达自然,文笔隽永,思想深邃;看似信手拈来,实则充满哲思。既有对什么是立德树人,什么是大爱大德大情怀的理解,也有教育教学实践中遇到的问题如何破解的对策;既有宏观教育格局的认识,也有一些"小事"和一些"小人物"的深度思考;既有对故乡故人故园"静静的山村"的怀念,也有走出故乡、走进上海、放眼世界的胸襟和眼界,通篇折射着教育工作者的情怀和境界。尽管有些思考和对策未必都很科学精准,但可以看出作者对教育、对生活的执着,字里行间表达的是向上向善向美的正能量。用作者自己的话讲,"当一个批评者不难,但当一个务实的创新实践者不易"。能够抛弃"看客"心态,直面现实,直面困难,不当"愤青",勇于行动,在情真意切中思考完善之策,在当下尤其难能可贵。

我一直认为，书的生命是在历史的筛选中延续的，一本好书必须是一段历史的见证，至少是一个历史的切面。教育本身就是一个历史的过程，如何对历史有一种正确的表现不仅是对作者的写作能力，更是对教育规律的把握和判断的检验。作者力求以一个实践者观察者和研究者的多元视角，表达对教育的关注，对时代对命运的哲思。比如，谈及家校合作育人、学生减负这些话题时，他有着自己独到的见解，"教育发展进入了家校合作育人的时代"、"实现学生减负，必须社会集体减负"，不是坐而论道当看客，而是既直击教育"问题"，又有实际探索和行动，针对一些问题已经探索出了一条有效的区域特色之路。比如，他领衔创建奉贤区家庭教育研究与指导服务中心，开发研制教师家教指导力区本教程，承担教师家教指导力建设论课题，等等，这些都是带有探索性的研究，也是基层亟需破解的问题，可以说是直奔"问题"而来，满足"需求"而去。如今，家庭教育已经成了奉贤区域教育的特色名片。这种探索精神，也是新时期上海教育在迈向教育现代化进程中的必备素养。新时代的上海教育需要有一群勤于实践、乐于观察和勇于探索的人，我很高兴地看到，他和他的团队正朝着这个方向努力。

教育是时代的产物，也是学习的产物。处于百年未有之变局中的教育同样面临着转型与发展。这个时代中，把握先机的往往并不是最强的人，而是对环境的适应和反应最快并且勇于实践的人。要达到这个境界，最有效的"捷径"是学习。我相信，虽然不同国家、地区、城市的发展环境、发展基础和发展条件很不一样，各地都有属于自己的特色和故事，但有一样是相同的，唯有学习，是每个人幸福的源泉。

正如作者在文中所讲："浩瀚的教育星空中，我们都是平凡的一颗，我时常在问自己，能够走得多实，走得多远，走得多久？"这个问题，不仅是他需要回答的，也是我们所有的教育工作者必须直面的时代命题。衷心地希望作者在新的起点上，继续保持这种探究激情和务实行动，将教育实践研究和思考推向一个新的高度，能够走得更实，行稳致远。是为序。

（作者系上海市教育委员会副主任）

德育笔谈

　　践行善举和教育行为,成为学生温暖而美好的记忆,给孩子们一个阳光的开始,成就孩子们阳光的一生,广大老师是可以作为,也是大有可为的。

　　要努力让这些充满人间烟火气的美,连同"求真"和"至善",成为广大青少年学子一生的楷模,一生的追求。这,就是教育应该追求的最高境界。

　　让一个个孤独的心,由共同的力量和目标,扭在一起,融在一起,这既是德育的方法,更是德育的目的。唯有如此,德育工作才有成效。

　　这个世界是充满正能量的人的世界。正能量从哪里来?是从"精神"教育中来,这是一个国家、一个民族走得实走得远的根基和命脉所系。同样,这个时代需要教育精神和精神教育,这是解决"教育之问"的根本所在。

愿每位老师都是学生生命中的贵人

在我们每个人的成长经历中,对校园生活都会有很多的记忆。这些记忆中,能够成为一生的记忆或是充满了温暖的美好记忆,不一定很多。其中,来自老师的关心和关爱行动,是学生成长中至关重要的记忆;抑或讲,一次关爱,一生受益,每位老师应该成为学生生命中的贵人。

2019 年的"六一"儿童节,笔者应邀参加了由中国发展基金会、中国儿童中心、中国教育 30 人论坛共同举办的"儿童优先,筑基未来"为主题的中国儿童发展论坛。这次论坛在北京钓鱼台国宾馆举行,党和国家领导人也参加了论坛开幕式。论坛内容十分丰富,特地安排了几批次学生代表,他们中有幼儿、城市流动儿童、职校学生、特殊学生,尤其是中国发展基金会倡导的"慧育中国·山村入户早教计划"受惠的贫困地区儿童代表,他们在老师的带领下,不远千里,风尘仆仆,来到现场与嘉宾互动。每个孩子都是一脸的阳光,一脸的幸福,场面十分感人。也让笔者真切地看到和体会到,第一次走出大山、第一次坐上高铁、第一次来到首都、第一次看到梦中的天安门,孩子们是多么高兴啊,这个"六一"节,一定会成为他们一生的美好记忆,成为梦想启航的新起点。

当天会议中餐,特意安排与会人员吃西部山区孩子们的营养午餐,清一色的"两菜一汤"。两菜是一荤一素,荤菜是青瓜炒肉片,素菜是冬瓜木耳和土豆丝(二选一);兼顾与会人员来自不同地区,口味分川味和偏清淡味,可以自选,外加主食米饭和馒头。就餐时,特意请来了习近平总书记 2019 年初考察过的重庆石柱县中益乡小学的后勤管理员和几位学生代表,现场介绍中益乡小学的营养午餐。本次会议餐就是中益乡小学孩子们平时的营养餐标准,大家都吃得十分有味。试想一下,在名贯中西的钓鱼台国宾馆,这样一个隆重的节日,每位宾客吃的都是西部山区小学生的营养餐,多么好的创意！

别具匠心的安排引起了笔者的深思。教育改变命运是从儿童时期开始的。对教育工作者而言，这是责任，更是情怀，也是教育的意义和价值所在。同样，关心孩子不只在学业，而是从吃饭、陪伴、长见识等"小事"开始。民以食为天，合理的营养餐对儿童，特别是对欠发达地区和贫困家庭的孩子尤其重要；对于发达地区和富裕家庭的孩子，也许不是考虑吃什么，而是教育学生如何吃出好习惯、吃出好身体。因此，饮食教育对每个孩子同样重要。要做到这点，不是一件易事，不仅需要我们的老师具有营养知识，更是对每个老师的教育理念和教育方式方法的全方位要求。

心理学和教育学研究告诉我们，一个人少年时期的经历和感受会影响其成长，甚至决定其人生的走向，广大的教师尤其是中小学教师就是承担着"人生底色奠基人"的角色，起到"人生导师"的作用。毛主席生前经常回顾自己在湖南省立师范、北大图书馆的学习生活，对杨昌济、徐特立等老师的日常关怀感念在心。开国之初特邀他的老师们走进中南海促膝长谈，回顾求学往事，商谈建国大业，可谓是"老师成为学生生命中的贵人"的光辉典范。

做好一个个看似吃饭穿衣等"小事"、留下美好记忆的教育，对于广大学生尤其是那些暂时还处于贫困和无助状态的孩子们来说，能够为培养他们对家人、对朋友、对职业、对社会、对国家形成一种温暖的情感底色，奠定良好的"三观"基础。每一个哪怕是细小行为的示范和教育引导，对于学生而言，如春风化雨，润物无声。那些滋润心田的温暖记忆，时常会让人情不自禁地想起朱自清先生眼中父亲的"背影"，还有法兰西民族记忆中的"最后一课"……教育的力量、心灵的唤醒，就是在这样一个个"小"的教育行为和记忆中产生。

民间有句俗语：三岁看小，七岁看老。小的行为，大的要求，做到这样的教育不是一件易事，广大教师责任重大。正如习近平总书记在多个场合讲到，广大教师承担着"立德树人"、"教书育人"的使命，"青少年阶段是人生的'拔节孕穗期'，最需要精心引导和栽培"；要为孩子们"扣好人生的第一粒扣子"。这些形象生动的比喻都在告诉我们，对儿童的教育和关爱的重要性，家庭、学校和社会必须齐抓共管，共同落实这一要求。

总之,践行善举和教育行为,让学生有温暖而美好的记忆,给孩子们一个阳光的开始,成就孩子们阳光的一生,广大老师是可以作为的,也是大有可为的。

(2019 年 6 月)

当好新时代的"仁师"

一年一度的教师节来临,各类富有意义的尊师重教活动络绎不绝,透露着浓浓的温暖,收获着满满的感动。其中一则新闻引起笔者的关注,教育部陈宝生部长在 2018 年全国教书育人楷模座谈会上从"教育是道术,教育是学术,教育是技术,教育是艺术,教育是仁术"五个视角对教育的时代内涵进行了精辟阐释,令人耳目一新。

笔者对"教育是仁术"的新论格外关注。陈宝生讲到,"教师要秉承立德树人、德育为先,以爱为核心,做学生成长的领路人,将师爱贯穿于学生人生观、价值观和社会观的形成过程中,真正培养出能够担当民族复兴大任的时代新人"。可以说,一个"仁"字,道出了新时代教师的根本特征,饱含了党和人民对教师的新期待。由此,笔者脑海中闪现了一个观点,就是广大教师要当好新时代的"仁师"。

"仁师"首先是"仁"。一个"仁"字,内涵十分丰富,让人惊叹,亦让人多有想象。《说文解字·人部》中关于"仁"的解释是:"仁,亲也,从人从二。"又讲,"仁者兼爱,故从二。"从汉字构字法的角度看,"仁"是一个典型的会意字,其偏旁构型就好像一个人立在旁边,伺候一个"二",这个"二"也许是双亲,是儿女对待父母的孝道情;也许是儿女,是父母释放养育恩,充分体现了"仁,从人从二"的意义。《礼记·中庸》中讲,"仁者人也,亲亲为大"。从传统文化角度看,对"仁"的解释最高境界当属至圣先师孔子。他讲,"仁者,爱人也";又讲,"己欲立而立人,己欲达而达人。能近取譬,可谓仁之方也已"(《论语·雍也》),道出了儒学思想中"仁"的最根本内涵,从一定程度上讲,是孔子思想体系的理论核心。随着时代的变迁,对"仁"的理解和诠释不断丰富,不断赋予新内涵,形成了中国传统社会中处理人与人关系的基本遵循,凝练成中华传统文化精华和道德规范。

讲究"仁",在当下具有特别现实的意义。改革开放带来了中国经济社会的巨变,也对人的思想和价值观产生了重大影响。在享受改革红利的同时,我们都面临着一个共同的社会关注,传统价值观和道德取向面临着重大挑战。如何教育好国人尤其是年轻一代崇尚创新、变革图强的同时,信守包括"仁"在内的优秀传统文化精华,是一件事关文化自信能否落实、事关民族未来的大事。这其中的重要责任就落到了以教化育人为己任的广大教师身上。也正是如此,当好新时代的仁师,就成为师德建设的题中应有之义。

一个"仁"字,透露的是心中有大爱,反映的是广大教师以德育德的境界,这样的先进典型在教师群体中层出不穷。单是 2018 年,就有这样一批优秀教师,他们的名字如同星光灿烂,照亮了上海教育星空。上海市教育事业杰出贡献奖获得者、杨浦高级中学名誉校长于漪,2018 年全国教书育人楷模、上海杨浦区本溪路幼儿园园长应彩云,第四届上海市教育功臣和2018 年上海市"四有"好教师(教书育人楷模)群体……令人难忘的还有十几年如一日带领学生收集了 4 000 多万颗植物种子,将师爱写在雪域高原上的全国优秀共产党员、复旦大学钟扬教授。一张张朴素的面孔,一个个看似平凡却饱含理想与追求的教书育人故事,共同勾勒出一幅新时代的"仁师"群像。

一个"仁"字,短短的四个笔画,却是要用长长的一生去诠释。同样是在上海,96 岁高龄还站在手术台上治病救人的吴孟超教授就是这样的典型。他对家人和同事讲:"如果有一天我要倒下去,就让我倒在手术室吧,这是我一生最大的幸福。"何等朴实,又是何其伟大!这种境界的背后是什么?吴教授透露了一个"秘密":他的恩师裘法祖的言传身教,是他一生的源泉和动力。裘法祖曾对他说过:"德不近佛者,不可以为医;才不近仙者,不可以为医。"医生的职业,教师的身份,不灭的心灯,诠释了"仁"的真谛。

对于我们普通教师和广大教育者工作而言,落实"仁"的途径有很多。在讲台,在运动场,在实验室,在家访中,在社区里,在点点滴滴中……归根到底,新时代的教师当好"仁师",就是要自觉在平凡的工作岗位上践行习近平总书记对教师提出的"四有"要求。

　　如果广大教师在平凡的岗位上都能做到"仁"心常存,中国的教育、民族的复兴,也就指日可待。

　　师者仁心,从来就不是说说而已。愿广大教师,人人是仁师。

(2018 年 9 月)

这个春天你最美

一场突如其来的新冠肺炎疫情，给人民生命健康带来了严重的危害，对国家公共卫生体系也带来了重大挑战。在党中央的正确领导下，从除夕之夜起，一支支由医护人员组成的援鄂队伍，逆行驰援，打响了抗疫阻击战和武汉保卫战，上演了一幕幕可歌可泣的故事。当春天的脚步来临时，这场保卫战取得了战略性胜利。抗击疫情，让"医者仁心"、"万众一心"和"苦难辉煌"的真情实景，为广大青少年学生上了真实生动的人生课，成为他们一生的记忆。如何因势利导，让这些叩击灵魂的精神和力量滋养孩子们的成长，是广大教育工作者必须关注的命题。

在武汉保卫战紧张的时刻，一则凡人真事"陪你看日落"成了感动中国的经典画面。来自上海援鄂医疗队 27 岁的中山医院医生刘凯，因在武汉大学人民医院东院陪伴 87 岁病人共赏夕阳的照片成了网红，瞬间刷屏，被网友们亲切地称为"人间值得"。本来是医生送病人去检查的过程中，特意暂停让病人透透气、看看阳光，被旁边的护工看到后用手机随手拍下。单从摄影专业视角看，未必很专业，但就是这张照片，直击人的心灵。一位 27 岁青年医生和 87 岁患者，在大灾大疫面前的医患关系，充满了人间真情。正如人们所讲，在疫情面前，救死扶伤是医生的职责，但这个职责不单单是技术的力量，而是一种超越技术的精神力量。用上海一位音乐家指挥家刘键的话讲，"这张照片照亮了人类的心"。

在我看来，照片上的金色阳光，是人间最美的夕阳余晖。人世间因为有了仁爱，才让那冷冰冰的手术台和病床变得充满温情；因为有了关怀，才让死神和病魔不再可怕，才让一些本来素不相识的人成了相伴而行的伙伴，有的会成为一生的永恒。如果让我投票 2020 年最美摄影作品，我一定会为它按下表决键。

由此,我们看到了这个春天最美的形象,不再是传统"T"形台上的模特身影,而是脱下防护服和面罩后,被勒出深深印痕甚至带着血丝的面庞。这个春天最美的舞姿,不是在电视台举办的"第几季"比赛中产生,而是在武汉方舱医院中,那穿着厚厚防护服,带着一群患者合着音乐节拍跳的方舱广场舞,因为它让对疫病的恐惧在乐观和音乐中得到消解和悄然走开,留下医患齐心、并肩与病魔作战的坚强身影。

这个春天,最美最可爱的人,属于抗击在一线的人们。正如习近平总书记在抗击疫情关键时期,亲临武汉视察,对医护人员所讲,"你们都穿着防护服,戴着眼罩,我看不到你们的真实面貌,但是你们在我心目中都是最可爱的人"。领袖的关怀,讲出了国人心声,树立了什么是"最美"的标杆,也提供了最重要的育人素材。

谁是最可爱的人?谁是最值得我们崇拜的人?这是引导广大青少年必须直面的"三观"教育重要内容。有什么样的偶像,就有什么样的人生。[1] 为什么张文宏医生一下子成了人们心中的"爱豆"?因为他讲真话、实话,用学识、真知促使我们明理增智。钟南山、李兰娟等英雄,心有大爱,仁者之心,家国情怀,又身怀"硬核"技能。彭银华、夏思思等平凡的医护人员,在党和人民需要的时候,用自己的行动和生命来践行从医誓词,这是任何文字都无法描写的力量。

作为教育者,我们应该引导学生思考人与自然、人与动物、人与人的关系,敬畏生命、敬畏自然、敬畏科学,保护生态,与自然和谐共生,养成健康的生活习惯,练就强壮的身体去迎接未来人生。

要自觉运用"医者仁心"的精神感召力,去滋养学生的善性。教育他们努力成为一个超越"小我"拥抱"大我"的人。不必讳言,随着现代发展带来的思想和价值多元,人性异化甚至滑向利己主义的风险在增加。广大教师尤其有责任引导学生在中华优秀传统文化中汲取力量,计利当计天下利,兼容并蓄,乐于探索真知、追求真理,成为一个促进社会向善、向上、向美的人。

要用丰富多彩的方式让抵达灵魂深处的力量滋养学生的精神成长,让

---

① 本刊评论员,《让这些抵达灵魂深处的力量滋养孩子精神成长》,人民教育,2020年第 6 期.

这种美的基因永远传承,成为立德树人的精神血脉。教育的内容,教育的技术从现实中来,教育的艺术和教育的力量,从这里走进心灵,走向家庭,走向国家民族和人类的未来。让这些最美人物的事迹在学生的心灵中扎根,好好学习,掌握真本领,将来成为一个对国家对社会有益的人,将来也是今天这些最美人群中的一员。

无论是无意走红的刘凯,还是大爱无疆的英雄群体,留给我们最宝贵的财富就是人性美和人情美,要努力让这些充满人间烟火气的美,连同"求真"和"至善",成为广大青少年学子一生的楷模,一生的追求。这,就是教育应该追求的最高境界。

(2020 年 4 月)

热情,是青年教师育人育德的不竭动力

最近,以"感动中国"人物、前敦煌研究院院长、"上海女儿"樊锦诗为原型,历时五年打磨而成的大型沪剧《敦煌女儿》,在第十二届中国艺术节隆重上演,好评如潮。

听到这个信息,笔者脑海里浮现了这样一个画面:五十年前,西北边陲敦煌,漫天风沙,人迹罕至,一派荒凉;一个柔弱淡定的身影,年复一年,与千年文物相伴,像呵护自己的孩子一样,小心翼翼地修复和保护着每一个无声的生命。她的青春付出,让来到这里的人们能够穿越千年,循历史足迹,听丝路驼铃,记得住中华民族的文化乡愁,更懂得华夏文明宝库的艰辛、光荣与梦想。她,如同沙漠里的胡杨林,在一望无边的荒漠中植根一抹绿色,告诉我们生命的从容和价值……那一刻,笔者为素未谋面的"上海女儿"感动,为她对中华文化瑰宝爱护和守望的精神而感动;这种精神对以传承优秀传统文化、弘扬社会主义核心价值观为己任的教育人,尤其是对青年教师而言,是一个生动而鲜活的教材。也让笔者真切地想到这样一个观点:热情,向上向美向善的职业热情,是育人育德的不竭动力源泉。

热情,是人们参与活动或对待别人所表现出来的热烈、积极、主动、友好的情感或态度。热情的反义词是冷漠、消极。热情是与人生观、价值观相关联的。笔者以为,对于育人为天职的广大教师,特别是青年教师而言,热情是育人育德的最重要核心资源。在一定程度上讲,能否培养和保持职业热情,是区分教师职业成长的重要"分水岭"。

热情是一种人生状态,是一种责任和坚守。如果没有热情,就没有动力,更谈不上育人的境界。这样的例子不胜枚举:于漪、吴孟超、钟扬等一连串灿若星辰的名字,他们几十年如一日,在各自平凡的岗位上干出不平凡的业绩。细看他们的事迹,是用一生的坚守和热爱,在平淡中书写神奇。

"两弹一星"元勋们,许多人隐姓埋名几十年,连家人都不告知,那是一种什么样的精神?那是一种青春的理想与脚踏实地结合的坚守和执着。归根到底,是对职业热情的一种生动诠释。

保持热情是一种能力,是一种内质化的能力。热情不仅是和颜悦色和活泼好动,那只是热情之"形",更重要的是热情之"神",就是一种源自内心,对职业、对人生、对社会的一种追求和坚守。对于当下的学校德育工作而言,多元化的社会思潮和利益格局影响,思政课难讲、难听、难近、难化,似乎成了一种"标签"。思政教师的专业地位不高,职业空间有限,一度让一些从事思政课教学的教师积极性不高。但在上海,却有这样一群教师,能将一堂看似枯燥的思政课讲得鲜活生动,趣味盎然;不仅走进了课堂,而且走进了学生的头脑和心灵,自觉地转化为价值认同和思想觉醒。这种神奇之功背后,贯穿始终的就是热情,是对教育的孜孜以求的职业热情,是对育人生涯锲而不舍地追求。比如,2019 年 3 月 18 日,在全国思政教师座谈会上,就有两位来自上海的青年教师代表发言。一位是来自复旦大学的青年教师陈果,一位是来自华东师大一附中的思政课教师陈明青。作为中学思政课教师,熟悉陈明青的人都说,她讲的思政课有一种代入感,学生会觉得它与自己的真实世界有关。问及"秘诀"时,她说:"当你的目标比较大的时候,你就不在乎别人怎么看你,不会在乎多花了一点时间。"笔者之见,她的答案其实就是"热情"。

现实中,人们也经常会见到另一种职场景象。一个时期以来,职业倦怠、精神懈怠随处可见,流行着"佛系人生"的思想。从一个人的价值多元的追求和人权的角度看,似乎是无可厚非。而从育德育人的高度看,它不符合以育人为天职的教师职业要求。由此,笔者联想到在中美贸易战最为激烈的关口,华为创始人任正非,在接受央视专访时,特意引用了一个说法——"一个国家的强盛,是在小学教师的讲台上完成的"。当记者问到:"外界所有人都在担忧华为生死攸关的时刻、在担忧华为能不能活下去的时候,您为什么反而有点超然世外,要谈教育?"任正非的回答是:"中美贸易战背后根本的问题是教育水平!"这振聋发聩的声音,不仅是一个中国企业家的家国情怀,更是对青年人尤其是对教育人的"热情"呼唤。

正如习近平总书记在纪念五四运动 100 周年大会上所讲,一代人有一代人的长征,一代人有一代人的担当。对于新时代的广大青年教师而言,应当听从时代的呼唤,坚守职业热情,实现总书记提出的"期待现在的青年一代将来跑出更好的成绩"。

(2019 年 9 月)

培养有大爱大德大情怀的人

习近平总书记在全国教育大会上的重要讲话中指出，要坚持立德树人，引导每位学生成为"有大爱大德大情怀的人"。这一科学论断是新时代中国特色社会主义教育思想的重要组成，也是新时代学校德育工作的方向和遵循，意义深远，内涵丰富，是社会主义核心价值观的新诠释，需要各个学校和广大教师内化于心、外化于行。依笔者之见，理解和践行培养大爱大德大情怀的人，需要关注以下几个方面。

一是理解大爱、弘扬大爱。"爱"是生而为人的基本情感，也是人类与生俱来的基因组成。"爱"的范畴很丰富，而且是随着时代变迁而不断丰富的。对于我们常人而言，至少要有几个层次的"爱"：一是爱家人爱家庭，尊老爱幼，爱人立己，包括对动物、树木花草等生命的爱，它也是中华美德和人类美德的共同基础，尤其是对于我们这个有着数千年优秀文化传统的国家，"爱"是民族文化之根系。二是对于教育人而言，没有爱就没有教育，教育的真谛就是爱。作为教育人，在广大青少年心田上播撒爱的种子，培养一种爱的能力，孕育美好情感，促进每个学生的个性和谐发展，进而推动人的全面发展，这是最重要的"大爱"。实现这种"大爱"，要求广大教师自觉培养高尚的师德，在平凡而琐碎的工作岗位中培养人格之美，以人格之美塑造人性人品的纯化、优化和美化。

二是理解大德、践行大德。大德的基础是"道德"。以天下为己任，是在中华古代农耕文明直至近代以来中国革命和建设漫长的历史进程中，一直延续的民族精神精髓。正如《老子·道德经》所讲，"道生一，一生二，二生三，三生万物"；又讲，"德之于身，其德乃真；修之于家，其德乃余；修之于乡，其德乃长；修之于邦，其德乃丰；修之于天下，其德乃普"。又如，《大学》中所说："格物、致知、诚意、正心、修身、齐家、治国、平天下"，讲的都是"道德"的内涵和实践。早在 20 世纪 50 年代初,我们国家就提出"五爱"国民公德,即"爱祖国、爱人民、爱科学、爱劳动、爱护公共财物"。这里所说的道德对象,既是"爱"的范畴,也是"德"的范畴。① 今天所倡导的"大德",其范围不仅囿于此,是一个需要用一种跨文化的视野来理解的"大德",要用一种兼容并蓄的开放理念去吸收人类一切有益的文明成果。既要有中华美德的底蕴,还要有世界眼光和格局。这方面,古代中国倡导的"德施普也,天下文明"的伦理核心价值,不仅没有过时,而且随着世界科技和文化的发展,越发具有时代和社会价值,需要我们大力倡导和实践。

三是理解大情怀、培养大情怀。大情怀,是在具备了对"大爱"、"大德"理解的基础上进行深化的。情怀是一个精神范畴的内容,但又是很具象的,看得见也感受得到。在教育领域,这样的优秀代表可以说是层出不穷。也正是有了千千万万个这样的代表,他们身上充盈着大情怀气质,才有了学校德育工作的四梁八柱。大情怀是不囿一己、不拘一时、不限一事、不悦一人,是一种经得起时间的考验和岁月的风霜的定力,是一种让人尊敬和向往的境界。随着人类科学技术迅猛发展,我们已经进入了互联网+和人工智能时代。当下的中国和世界,已经从"地球村"走向了"宇宙村",培养这种人类大情怀是必然的过程。正如人民教育家、改革先锋于漪老师所讲,要培养我们的孩子们既有"世界眼",更要有"中国心"。笔者与于漪老师有过多次近距离交流,当她作为基础教育领域千万教师中唯一的"改革先锋",从北京载誉归来,笔者怀着忐忑不安的心情邀请她为我们团队德育研究新作指导时,她十分真诚地说:"只要是对教育事业发展有利,只要是对青年教师成长有益,我都同意,不要客气。"这,就是一位人民教育家的大情怀。

简言之,讲到"大爱"、"大德"、"大情怀"的"三大",并不是外观和形态意义上的"大",更多的是内涵和格局的"大"。在日常的教育和生活中,其实更要关注的是一个个"小"。这里的"大"和"小"是辩证的。这种"小",是关注

---

① 班华,《做"有大爱大德大情怀"的人——全球视野下的心理-道德教育》,人民教育,2018 年第 24 期.

基础,关注一言一行,关注一事一物。"不积跬步无以至千里,不积小流无以成江河","九层之台,起于垒土"等,讲的都是积累,讲的是"小"的重要,对德育情怀的培育更是如此。

诗人雨果写道:"世界上最浩瀚的是海洋,比海洋更浩瀚的是天空,比天空更浩瀚的是人的心灵。"培养大爱、大德、大情怀的人,心育大有作为,也就是讲,德育工作大有作为!

(2018 年 10 月)

实现学生减负，必须做好社会集体减负

2018年3月2日，全国政协十三届一次会议，举行了首场新闻发布会。在记者提问环节中，第四个问题就是"如何实现学生减负"，发言人王国庆说，恰如古诗云："一山放过一山拦。"几十年喊减负，有些地方孩子们的书包越喊越沉。别再仅仅是坐而论道，眼下能不能呼吁让孩子们每天多睡半个小时、一个小时？语重心长，发人深思，也将全社会的目光再一次聚焦到"教育"领域。

身为教育人，笔者也深感责任重大。当下的学生减负，不是简单地为学生个体减负，实则为全社会减负。学生减负，板子不能轻易打到单一的"教育"身上，而是一个社会综合治理工程。要实现学生减负，必须做好社会集体减负！

学生"减负"，看似发生在广大中小学生身上，表现在教育领域，牵连着众多家庭，影响着社会，实则为社会集体负担。老实讲，这个话题并不新鲜，各级党委政府、教育部门、学校、专家和广大师生都开了很多良方，也有一定的成效。但为什么几十年下来，却不怎么被认可，或者说老百姓的获得感并不强，社会的认同度也不高？那么问题到底出在哪里？如何有效地解决？需要全社会少一点情绪，多一些理性，高度关注并切实进行综合整治。

当下的学生负担有深刻的社会根源。从1977年恢复高考开始，四十多年的教育改革，伴随着社会改革的步伐，最初万民空巷、奔走相告的包括高考、成人高考等各类考试，其实是对社会生产力和人的最大解放。人们基本上都是从物质和体力之"苦"中，通过学习和考试感受到生活的希望，事实上，学业之"苦"也改变着个体、家庭和几代人的命运，整个中国社会，也享受着教育，哪怕是教育之"苦"带来的巨大红利。其实，这中间也不是没有谈过学生减负，也不是没有寻找过减负之策，可以说是一路争议，一路尝试，一路无奈。只是收获感远远掩盖了负担感，或者说，已经成为一种中国式"学业负担文化"被予以接受，一路走到今天。

问题是历史无法重演，至少是不能简单重复。我们不能不将目光适度投放到更广阔的时空。世界经济社会的剧烈变革和中国改革开放的前进步伐，让社会进入了一个全新的时代。在享受知识人口红利的同时，我们也不断经历着改革转型期的痛苦，一些社会改革的成本不可避免地让一些个体和群体承受。比如，20世纪90年代的国企改制造成职工下岗，行业转型又造成一大批社会群体产生巨大的落差。曾经一度的文化精神教育缺失，社会道德下滑，"金钱至上"的价值导向，一些不公平的社会现象，催生了人们内心的人生"比较"，产生了强烈的失落感，其中很多时候就与"受教育程度"，"文凭、学历、学位"，"名校与否"联系起来了。21世纪以来，不经意间出现一个中国式标签的群体，以"80后"、"90后"为主体的"独一代"迅速成长为社会主体，这个群体就是从学生减负矛盾冲突最为剧烈的时期走过来的亲历者，这不可避免地在他们和他们的上一代心中留下"阴影"，进而固化为一种难以改变的观念，比如，"好学校就是好未来"，"好班级就是好圈子"，"不能输在起跑线上"，"光课堂学习不够，必须进特长培训班"等。换句话讲，是现实在教育着人们。对此，要以非常理解的心态对待，千万不能简单化。

与此同时，当下的国情是已经进入了社会主义市场经济时代。利益机构同样看准了教育领域的商机。在经历教育体制内的整治取得一定的成效后，这种利益市场自然地转移到体制外了。以社会机构为主体，当然也有极少数教育"内部人"成为背后推手，甚至参与其中，他们"智慧"地搭建了各类校外培训需求空间和获利平台，并且通过智能化的技术路径让不少学生和家长在参加各类培训中尝到"甜头"，让人们看到了"成功"案例，辅之以强大的娴熟的营销手法，使教育培训市场风生水起，人们一度趋之若鹜。事实上，教育行政部门对于教育领域深化改革的力度不断加大，对中小学生的学业减负也三申五令，并把它作为考核教师和学校的"红线"。应该说，在学校内、课间的学业负担有一定程度的减轻，或者说有较大的好转。但战场却被市场这只"无形之手"拖到了校外培训机构，甚至愈演愈烈，直接的后果就是"内堤守住，外堤失守"。学生在学校是减了负，但却产生了新景观，在城镇特别是大城市的中小学生,很多都是学习日下午三点半放学后,背起书包重新出发;双休日,是父母长辈陪同下全城转战培训班。农村学生特别是留守孩子,家长按月出钱请机构和所谓陪护专业人士代管,出了学校再入培训班。总之,孩子疲惫不堪,苦不堪言。谈何让学生幸福的学习?! 又怎能不引起家庭和社会的抱怨?!

这种怨气和负面影响绝不可低估。家长怨气一来,自然又提到"学校和老师不负责",政府"没管好"、"不作为"。家长怨归怨,培训照上,钱照出,据说有的"特长班"、"一对一"班价格不菲,家庭经济压力很大……多方受损,只有培训机构和极少数敢于"铤而走险"的教师个体获利。正是这样一种现实,引起了党中央和国务院的高度重视,近期以教育部、民政部、人社部、工商总局四部门办公厅名义下发的《关于切实减轻中小学生课外负担开展校外培训机构专项治理行动的通知》,重拳出击,释放了国家真刀实枪真抓真管的强烈信号,这也是一种综合治理的实质性行动,体现了教育治理体系现代化的力度。

同时必须清醒,整治培训机构是切断学生减负的一个重要堡垒,根本的是要构筑良好的教育生态。以教育系统为主体的全社会教育生态的构建才是治本之策,统筹规划是减负取得长久成效的关键要素。

作为政府要优化管理,切实改变应试教育,营造学校、教师、家长、学生都减压的良好教学大环境。要从制度改革层面统筹谋划,大胆改革探索,关注人的需求,引导各级政府和学校建立正确的教育观,提升教育自信。转变观念是一件十分难的工作,要用"打一场人民战争"的思维,切实加强对各类校外培训的管理。

教育行政部门和各级各类学校,要进一步高度重视学生减负。一件事情,群众持续不断地有呼声和怨气,说明我们的工作还有很多没有做到位的地方。尽管这个责任不应该全由教育部门和学校一家承担,但毕竟我们是人民教育,人民群众的呼声和冷暖就是我们工作的晴雨表,也是工作成效的检验器。要直面问题,诚恳接受质询,深入调研,分类指导,逐条梳理,从课程改革到课堂教育方式变革,从教师专业素养提升到师德建设,从开辟第二课堂、提供小学生的"晚托"等非常具体的,让学生和家长得实惠的地方入手,形成可操作性的有效工作方案。

对于广大教师而言,要有一种崇高的教育使命感和责任感,用实际行动和成效为增强全社会的教育自信作贡献。广大教师承担着传播知识、传播思想、传播真理的历史使命,肩负着塑造灵魂、塑造生命、塑造人的时代重任,彰显着党和人民对广大教师的期待。要在课堂上,在操场上,在家访中,在实验室中,在文体活动中,在田野实践中,润物细无声,师爱更无言。涓涓细流,汇集洪流,努力当好新时代"四有"教师。

对于广大家庭和社会各界而言,要营造一种"齐抓共管"的良好环境。融合推进,多头并举。管理部门切实履职尽责,有效管理培训机构在法制化和社会责任感中开展工作,不可唯利是图,更不可失去底线。对少数不法机构和个人要给予重罚,使其付出高昂的违规违法成本。广大家长要克服"攀比"、"跟风"和过度焦虑的心态,理性地看待自己的孩子,自觉从自身做起,尊重成长和学习规律,尊重个性发展,正视差异和差距,不过多将"自己的理想寄托在孩子身上",自觉抵制一些歪风邪气,成为减负大军中的正能量。一起构建优良的教育生态,共同促进学生的健康成长。

(2018 年 3 月)

德育创新并不遥远

金秋十月，云淡天高。新中国诞生 70 周年盛大庆典，让我们每个中国人无不欢欣鼓舞。人们纷纷以各种方式表达对祖国的祝福、对美好生活的向往和自豪之情。在这样一个浓郁的节庆氛围中，一首自新春以来就闪耀中华大地的劲歌"我和我的祖国"红遍大江南北，被男女老少传唱，让人感动、让人难忘。正如一些群众所讲，"这首歌百听不厌，每当置身于这种氛围中，内心就充满了激动，甚至热泪盈眶"。一首看似简单的红歌唱出了亿万人民的爱国之情，音乐的魅力、文化的张力让人震撼。

笔者关注到，这场跨度达一年之久的全民"快闪"活动，可谓是弘扬社会主义核心价值观主旋律的艺术万花筒，是创意大比拼，是艺术大写意，让人真切地感受到贴近人民、贴近生活的喜闻乐见的教育方式其实就在我们身边。不是吗？无论是在那辽阔的草原，还是在那弯弯的水乡；无论是在菁菁校园，还是在现代化工厂；无论是在繁华都市，还是在乡村古镇；无论是在祖国边陲，还是在香港澳门；从队形排列、场景选择、艺术构思到现场氛围，自然和谐中充满了创造和创新，参与者无不是充满激情，充满幸福。面对此情此景，笔者不止一次地感慨：创新，无时无刻不在我们身边。这场旷日持久、广为流传、深入人心的全民文化教育活动，给了学校德育工作很多启示。

德育创新需要抓住灵魂，抓住根本。这个灵魂和根本就是立德树人，就是向上向善向美的人间真情，就是"24"字核心价值观的生动诠释。综观这些形式各异、风情万种的"快闪"展演和文化大合唱，同一首歌之所以让人们百听不厌，就是因为走进了人们的心灵，激起了人们对国家和民族的认同，对家乡和美好生活的热爱。不仅如此，还将这种认同和热爱融入到与每个人朝夕相处、可见可亲的具象空间和情感上了，不是那种生硬的说教和有距离的观看，而是让每个人直接参与和融入，有实实在在的"获得感"。一些德育工作者一度感叹开展社会主义核心价值观教育难,这首红歌的全民"快闪"活动告诉我们,德育工作是一种穿透灵魂的工作,而这种"穿透",就是要走进心灵进而感化心灵。

德育创新要因地制宜,敢于善于建立与时俱进的话语体系和表现形式。关键是要立足地方、单位和个性特色,发掘彰显特色本质的眼光和能力。比如,上海浦东新区在"快闪"活动中,以大陆家嘴和黄浦江为背景,用无人机勾画出"中国70,我爱您"的造型,绚丽的夜空让浦江两岸的观众沉浸到现代科技与爱国主义教育现场感中。又比如,如何上好大中小学校的思政课,对思政教师提出了新考验。我们欣喜地发现,就有这样一些教学"达人",用自己的匠心,巧解了这一"难题"。上海音乐学院创作"不忘初心,培根铸魂"音乐党课,作为"伟大工程"示范党课第一课,用音乐语言开展主题教育,诠释着党课、思政课的奥妙,深受广大党员和师生们的喜爱。还有,70年阅兵活动结束后,中央广播电视总台迅速组织力量,两天时间内就研制了《此时此刻——国庆70周年盛典》4K粤语版电影,在广东20家影院首映,打通电视与电影、客厅与影院的联系,这种尝试,火爆一时,实现了社会效益与经济效益双丰收。

德育创新要尊重基层一线的首创精神,充分依靠和相信群众。群众的创造力是无穷的,需要教育者走出书斋,走出经验,走出小我,用情用心。要创造条件,让德育活动与每个师生相关,让每个师生主动参与,从而汇聚起文化的海洋,激荡出大海的力量。由此,不禁想起2019年春节期间在中国最美乡村、中国快递之乡——浙江桐庐休闲游的一个场景,在这里我看到了一个"不一样的村庄"。位于桐庐江南古村落之一的狄浦村,一些曾经是大集体时代的养牛栏和猪圈,掩鼻而过的地方,现被聪慧的狄浦村民用丰富的想象和超人的眼光,原地改造为牛栏咖啡馆和猪栏茶吧,起了"快乐猪"、"幸福猪"、"三顺猪"等一个个好听吉祥的名字。在猪年春节,在一个猪栏改造的茶吧中听"猪"的故事,看美丽乡村,品幸福生活,别有一种意境。让人不由感慨:山还是那片山,地还是那块地,但不同的人去耕种产出了不一样的庄稼。德育工作何尝不是如此?!

《诗经》有云,"周虽旧邦,其命维新"。德育工作者中的很多人或者说大多数人,注定了是坚守教育园地的"旧人";但时代和教育事业的发展要求我们追求创新。同样,只要有梦想、有行动,我们还是能成为创新的新人,新时代教育过往的发展历程雄辩地告诉了我们这一事实:德育创新,其实离我们并不遥远。

(2019 年 10 月)

德育工作需要静下心来做

入秋时分，一年一度的报刊订阅季到来了。笔者像往年一样又订阅了《读者》杂志，有趣的是不少同事受我的影响，也订阅了这本杂志。在互联网＋和自媒体泛化的时代，我之所以多年订阅《读者》，是坚持地认为，这是一本有思想、有灵魂、有品位的文化精品，为读者提供了一个平静安定、别具风格的心灵家园，让人在阅读中收益多多。

同样的金秋时节，亿万人民一道亲历了新中国 70 华诞的盛大庆典。其中，有这样一群人让我们铭记，他们堪称共和国的骄傲和脊梁，那就是国家功勋和国家荣誉称号获得者：于敏、袁隆平、屠呦呦、于漪、王启民、秦怡、张富清等，这一串串灿若星辰的名字镌刻进共和国的历史，也刻进了国人的心灵。这些先进人物身上有一个共同点"安静"，岁月在他们身上就是一条河，静水深流，绵延流长。

一个是 38 年坚持求真向善唯美的文化刊物，一个是一辈子坚守初心的先进人物群体，两者固然不可相提并论，但有一个共同的特质，就是"安静"和"坚守"。它启发我们，开展学校德育工作，实现立德树人，需要这种"安静"的精神，需要沉下心来做好育人工作。

当下的学校德育迎来了发展好机遇，方方面面对德育工作的重视支持可谓竭尽所能。但实事求是地讲，也面临着不少新情况、新问题和新挑战，进入了"深水区"。其中一个突出的问题是，一些学校德育工作过于追求"热闹"。君不见，各种冠以教育的新理念、新理论不断灌输，五花八门的展示活动忙忙碌碌，各式各样评比考核轮番上阵，时常让学校疲于应付，让老师无所适从、难以安静，让学生和家长盲目"追风"甚至走入误区。原因有很多，问题也不出在"热闹"本身，出发点往往是"善意的"，只是事与愿违。"症结"就在于急功近利，没有明白德育不需要太热闹，需要安静下来做。

德育工作的"静",是指要有工匠精神,慢工出细活。常言道,十年树木、百年树人,育德首要的就是耐心和定力。想想看,袁隆平研究杂交水稻,屠呦呦和她的团队研究青蒿素,于漪对于教育的钻研等,无一不是究其毕生精力,活到老,学到老,干到老。正如于漪老师所讲"一辈子做教师,一辈子学做教师"。学生的成长尤其是品德修养,需要老师和家长有一种长期浇灌的思想和行动,要有静待花开的耐心,有时还要有帮助走过弯路或"叛逆"的孩子心智转化的智慧。相反,如果急功近利,忙于策划,精于炒作,浮于表面,稍不如意或遇到挫折就会坚持不住,就无法到达德育的彼岸。

德育工作的"静",是指要有耐得住寂寞的定力,着眼长远做好当下。2019年8月21日,习近平总书记专程到《读者》编辑部视察,在讲话中说,文艺工作者要志存高远,就要有"望尽天涯路"的追求,耐得住"独上高楼"的寂寞,即便是"衣带渐宽"也"终不悔",即便是"人憔悴"也心甘情愿,最后达到"众里寻他千百度","蓦然回首,那人却在,灯火阑珊处"的领悟。这段经典引用,用到《读者》杂志恰如其分,如果用到学校德育工作,也名至实归。事实上,无数事实证明,凡是德育工作抓得好的学校,凡是成为"四有好教师"的老师,无不是在三尺讲台上沉下心来精耕细作,如蜜蜂一般辛勤酝酿;无不是在一节课、一个知识点、一次家访、一份对学生的关怀细节和看似简单重复的坚持中实现的。

德育工作的"静",归根到底是一种信仰,是一种情怀。德育工作就是将社会主义核心价值观植入青少年学生心田的过程。既然是做"人"的工作,就要摒弃"立杆见影"的念头,要有"功成不必在我,功成一定有我"的境界,有甘为人梯的精神和气度。"敦煌女儿"樊锦诗在坚守莫高窟时,也有商家要求包装敦煌,搞大手笔商业开发,甚至嘲笑她们"守着金山受穷"。她的回答是为了保护好中华优秀传统文化的无价之宝,自己宁可要这种"迂"甚至是"傻"。笔者认为,这种"迂气"和"傻气"就是情怀,就是信仰,对于德育工作和德育人而言,也是必备品格。

哲人讲,有趣的灵魂都有静气。一般人不能感受趣味,大半是因为心太忙,不空,所以不灵。这个比喻用在德育工作者身上,同样适用。当然,笔者讲的"静",是指心界的凝神静气,不是反对必要的仪式或展示交流活动,我们强调的是不能追求"热闹"和过度功利化,做好德育工作,需要我们培养和营造这种不急不躁、静心做事的品格和心境。

（2019 年 9 月）

德育工作需要融合起来做

在专业化分工越来越细,教育内涵发展要求越来越高的今天,学校德育工作同样需要分工和精耕细作。近年来,各地按照《中小学校德育工作指南》精神,结合传统,将学校德育工作分为理想信念教育、行为规范教育、优秀传统文化教育、心理健康教育和家庭教育等若干个条块,形成了很多项目组,设立了工作机构,落实了专职人员,有效推动了学校德育工作的发展。但在推进中,笔者注意到,机构、项目和人员的分工,本意是为了更好更专业地开展工作,但久而久之,却不同程度地异化成各自为政的"一亩三分地","楚河汉界"清清楚楚,甚至各吹各的号,各唱各的调,本应"同向划船",结果变成了逆向而行。这些尽管不是主流,却在不同层面还比较普遍,一定程度上影响和削弱了学校德育工作的实效,值得关注。

客观地讲,这种现象并不是一个个体人际关系问题。应该说,这些机构中的专业人员绝大多数的人际关系是比较融洽的。那么问题出在哪儿?从根本上讲,是关乎是否具有正确的教育观、德育观和利益观的问题,是关乎文化心态和教育格局的问题。尽管各方在强调协作互动、合力育人,但事实上这种"分割"、"分离"现象仍然比较突出。如何有效防范和化解这种壁垒,真正实现合力育人?笔者以为,要努力做到三个"融合"。

一是教育理念的融合。作家若泽·萨拉马戈说:"电子邮件永远不会沾泪水。"人之所以为人,就是有情感,需要互动,需要融合。单纯的技术永远无法解决那种精神和情感层面的东西,这也是学校德育与其他领域的根本区别所在。学校德育工作,就是围绕人以及人与人之间关系进行的工作,它是教育学生如何面向世界,与他人相处,自己独处以及与自然共处。要理解育人和育人工作是一个有机体,是一个生态系统。各个"器官"和系统是彼此联系,互为关照的。不能将一个活生生的人进行肢解,否则,就会破坏系统平衡,阻塞能量互补通道。况且,许多"专业分工"只是出于一种工作方便和习惯,是人为的。简言之,育人是一个育心育智育体的综合性过程,相关工作不可能"独善其身",不能搞自娱自乐的"独奏",而应该是有多方参与的"大合唱"。

二是工作方法的融合。正确的理念形成后,需要有效的方法推进。以笔者之见,在当下需要倡导学校教研、科研、德研一体推进,融合发展。克服以"自我"为中心,本位主义和本体利益至上的错误思想,更不能搞无谓的竞争,一定要形成真正意义上的育人合力。要清醒地认识到,学校德育工作各个组成是"一荣俱荣,一损俱损"的利益共同体,是一个没有"再次"的一次性工作。鲜活的人和生命体是不能拿来当试验品的。可惜的是,这种本应该也可以避免的现象却不时在上演,需要管理部门和决策者,每位教育人特别是德育工作者真正重视起来,并加以切实解决。从内容上讲,要大力开展学科德育渗透,实现学校内部诸要素如课堂教学、教育管理、校园文化和实践活动的融合;从主体上讲,推进学校、家庭、社会协作育人,成为高效德育场;从途径上讲,落实全员育人、全程育人和全方位育人等"三全"育人。

三是专业行动的融合。理念有了,方法也具备了,关键在于行动。这种行动不仅是在技术层面,还需要在"道"的层面落实。需要德育工作者具有"功成不必在我,功成一定有我"的胸襟,还要有敢于突破"小我"的勇气和行动。不能有路径依赖,要大胆突破思维定势和工作惯性。比如,这些年,笔者和团队成员在抓教师专业建设和育德能力提升中,深刻认识到,培养教师的家教指导能力十分重要。我们有一系列的举措,也有初步成效,当然在实践中也遇到了一些"阻力"。怎样做比较好呢?针对一些对教师家教指导力认识不足的种种心态,我们用"庭院"作比喻来告诉广大教师,就如同一个个散落的未经整理的庭院中的石头、树木和一些花草,表面看,显得杂乱无章,有的还是累赘,倘若让一个高明的设计师、园林规划师和建筑师,一个热爱生活和懂得生活的人来参与,只需要稍加栽培、排列和布局,适度增加和减少一些内容,立马就有一个全新的庭院展示在人们面前,焕发新的生机和活力。家教指导力与教师的其他专业能力就如同这座"庭院"中的相关元素,只有经过有机的设计和排列组合,各种专业力量相互融合、相互促进,才能产生"1+1>2"的效果,这也是"家校社"合力育人的原旨所在。

千融合万融合,最根本的是心的融合。让一个个孤独的心,由共同的力量和目标,扭在一起,融在一起,这既是德育的方法,更是德育的目的。唯有如此,德育工作才有成效。

(2019 年 11 月)

德育工作需要因时而动

2019年12月初,由上海市教卫工作党委、市教委主办的上海市区域德育管理干部培训班在华东师范大学开班。本次培训班的主题是"学习贯彻落实党的十九届四中全会精神,健全立德树人系统化落实机制"。内容比较丰富,针对性、操作性强,对如何做好新形势下的学校德育工作展开了深入研讨。笔者有幸参与了学习,感到很有收获,很受启发。其中一个最直观的感受就是,新形势下学校德育工作要主动研究教育生态,或者讲,学校德育工作要适时而动,与时俱进。本期培训本身就是上海学校德育工作发展的关键节点,抓住关键人、关键事的一种现实体现。

古语道,明者因时而变,知者随事而制。了解所处的时代方位,了解教育变革形势,了解学生的学习方式和心理状态,了解社会对教育的需求期待,做到因时而变,适时而作,这是做好学校德育工作的必修课。延伸到各行各业,无不需要这种"因时而动"的战略思维和眼界。

事实上,从对学校德育的环境认识,到德育新理念的建构,到德育教育内容的调整,到教育形式的主动创新,到德育教育效果的科学评价,是一个全方位的动态发展过程。这种因时而动,不是肤浅地追风做"盆景",而是要适应形势的深刻变化,及时构建"风景"。同样,了解和适应教育生态环境不是一件易事,要有一种主流价值观和主流信息渠道,不可断章取义,不可主观臆想,更不可盲人摸象和人云亦云,而需要有科学的方法和策略。

首先,从区域和学校层面,要努力适应形势变化,做到理念的提升,将潜在的德育理念转化为每位教师的价值认同。从现实的情况看,复杂的社会矛盾、多元的社会思潮,集中投射到教育,到校园,一定程度上导致教育和学校教育不堪之重,需要引起我们德育工作者的关注。要把握大变局下的教育环境特征有哪些。比如,随着信息化时代的到来,自媒体、全媒体和人际交往的方式变化对青年学生的思想状态产生了新冲击,虚拟世界的影响不可小觑。又比如,高考、中考改革对教育教学方式的需求转变,对中小学生学习状态的变化要及时进行分析。要理解考试制度改革,本质是人对学习的理解,要实现"从文件转化为教材,从教材进课堂到学生乐于接受",这个过程不是一个机械的自然生成和简单的技术处理,更需要主动作为和教育智慧。还有,对一些曾经耳熟能详的教育理念或口号,需要我们重新冷静反思,不能依赖惯性。

其二,要关注和回归教师主体,思考教师育德主体作用发挥和育德能力培养。知识的传授和对人的培育是两个概念,需要更加关注教师队伍建设。要将学科育德落到实处,不仅是知识的传授,而且是一个能力的培养。要让所有的教师认识到育人育德是基础和全部,做到教师育德能力培养训练科目化、科学化和制度化。学校校长的领导力要渗透在育人和育德的落实过程中,让"三全"育人落到实处。要关心教师的工作和生活状态,关心青年教师的成长,提供再学习的环境条件,不断提高教师的专业视野和育人视野,不能让行走在"崩溃"边缘的教师再有压垮的"稻草"。要从细节入手,学校体育老师的口号,食堂阿姨做菜的名称、打饭菜的话语和动作,都会对学生产生直观的影响,这些都是育德的现实环境,与每个人紧密相关,必须高度关注。

其三,要顺势而为,选择合适的教育方式和话语体系,构建学校德育工作新模式。这是最重要,也是最难实现的,但又是必须突破和实现的关键。事实上,这方面我们也有不少鲜活的案例。比如,"观察者网"公众号发布的复旦大学国际问题研究院张维为教授《这就是中国》精编内容,开创了思政教育新模式,第一次采用了"演讲+真人秀"的形式,张维为教授用自己走访100多个国家的所见所闻,以儒雅博学和坦诚自信的风格娓娓道来。每次点击都超 10 万,节目在海内外传播覆盖区域达 233 个国家和地区,影响深远。谈及为何作品传播力如此大时,用张教授自己的话讲,就是"顺势而为",努力打破次元壁,用中国故事感染青年一代。用观察者网总编辑金仲伟的话讲,是张教授的话语所独有的"全球化、网络化"特色,他是讲给全球受众听的。把中国放入"人类命运共同体"的语境中,接受严格的"全球约束"标准的检验。它符合"90"后、"00"后年轻一代全新的"互联网认知模式";将高大上理论内化为自身丰富的人生阅历,进行经验性表达与分享,对年轻人而言,这是入口入心的"菜"。它也启发我们德育工作者,合乎时,合乎人是何等重要!

(2019 年 12 月)

德育工作需要因人而施

　　学校德育工作是实现"为谁培养人，培养什么样的人"的基础工作。德育工作面对的是人数众多的群体，也可以说，是受众最多的群体。有学生，有教师，有家长，还有社会各界人士，甚至涵盖全社会的方方面面。如何既能重视到位，还要落实到人，其中一个重要的方面，就是要因人而施，真正实现让每个个体得到充分而有个性化的发展。

　　因材施教，分类指导，是一种既传统又不过时的工作理念和方法。从孔子倡导因材施教、有教无类，到西方现代教育理论提倡的"因人而为"，其中有众多的精辟论述和历史经验。这些人类教育的思想精华，都值得我们今天借鉴、传承和发扬光大。

　　在日常教育工作中，"因人而为"这个看似普通而平常的工作方法，在现实中却做得不是很到位，还没有达到预期效果，甚至个别人还不以为然。一些组织者习惯于面上指导，热衷于大一统的集体活动，讲究规格和人数，追求排场、气势、腔调，偏爱宣传炒作，而耐心的细致工作不够，或者说，普通受众的参与度和获得感不够，更有甚者，还有作秀的成分。久而久之，离工作对象的距离越来越远，达不到应有的实效。尽管这些现象占比并不高，但其危害也不可小觑。究其原因有多种，但最关键的还是在德育观和政绩观上出现了偏差，在思想理念和方法举措上出现了偏离。我们讲，集体指导是需要的，必要规模的大场面活动也是有价值的，但更多的是要"因人而为"，强调个性化教育，突出德育实效。如何做到"因人而为"，方法也是不一而足。笔者以为，最主要的要掌握如下几条。

　　一是心中有人。心中有人是一种境界，是一种情怀，更是一门学问。具体点讲，就是要将学生和家长的需求牢牢放在心中，想方设法满足需求。心中有人，就要了解人、理解人。了解德育对象的现实情况，了解他们所思、所盼、所忧。以问题为导向，从需求出发，而不是先入为主，主观臆想，更不是画地为牢。这是做好德育工作的出发点，舍此别无其他。这方面一线教师中有一大批先进典型的：2019年"全国模范教师"、上海教书育人楷模、上海工商外国语学校谢永业老师的教育特色是因材施教。在接手新班级的前两个月里，他首先会观察与分析学生的学习基础、学习风格、学习方式，然后根据学生实际，进行差异化教学方式设计。他十分注重课堂心理环境的创设，力求营造一种安全、轻松的教学环境，让学生在课堂上想讲、敢讲、能讲。正是他的这种"心中有人"，使他对学生有着足够的了解和熟悉，在他的心中给学生建了一本"活档案"，为采取有效的教育方法打下了坚实的基础。

二是学会育人。了解人是第一步，如何育人才是关键。德育工作是一门学问很深的专业，需要用专业化的思维和行动来开展。教育部部长陈宝生讲，教育是"五术"（道术、学术、技术、艺术、仁术）。笔者以为，这其中一个道术，一个仁术，道出了教育尤其是德育的根本所在。要克服对德育工作的偏见，树立一个清晰的理念，"不是随便什么人都适合从事德育工作的"。近年来，《中小学德育工作指南》《公民道德实施纲要》等都提供了很好的指导路径，需要德育工作者认真贯彻和消化。具体工作中，需要德育工作者沉到一线，研究问题，积累案例，提炼经验，形成理论，真正掌握育人这门大学问，成为名副其实的专家。需要指出的是，德育工作更多的是要关注人，提倡从每个个体的案例开始，有一种滴水穿石的韧劲，在海量的案例中形成独有的风格。要有一种工匠精神，耐得住寂寞，经得起定力，润物细无声。

三是做到成人。成人成事，是教育的根本目标。让学生成人，让教师成长，让教育成功，是德育工作的基本遵循，也是检验德育工作成效的试金石。要多为工作对象搭建平台，提供发展机会。要甘为人梯，乐当贵人。笔者曾经多次请教人民教育家于漪老师，2018年10月，专门请她为我们课题组形成的研究成果提供指导，那时她刚从北京参加"改革先锋"颁奖回来，作为全国1 700万中小学教师中唯一一位获此殊荣的名人，先生能否有空对我们进行指导，笔者真的有点忐忑。当听完我们的邀请，她一如往常地对我们讲，"只要对教育事业发展有利，只要对青年教师成长有益，我都同意。你们不要客气"。先生的境界，先生对后辈的关爱，让人有一种"高山仰止，虽不能至，心向往之"的感觉。

因材施教，是一门无穷的学问，也不可能有固定的模式。正因为如此，方显德育工作的复杂性、艰巨性和艺术性。正如哲人所讲，世界上没有比心更宽的海，也没有脚越不过的山。让我们为育德育人共同努力。

（2020 年 1 月）

德育工作需要因地而行

天时、地利、人和,是成就一番事业的三个基本要素。古往今来,人们无不重视这"三大要素"的积累。"淮南为橘,淮北为枳。"讲的就是不同的地方、不同的环境而产生出不同的结果。《孙子兵法》对战争"因地制行"也作了精辟地讲解,以育人为天职的学校德育工作,同样需要重视这"三要素",其中重要一项就是要因地而行。

学校德育是做人的工作,人是自然的产物,也是与特定的地理相伴而生的。古人常常三五好友结伴游历名山大川,如李白和杜甫同游,于徂徕山下结成的"竹溪六逸",在面对空旷的大自然诞生无穷的诗情画意。作家路遥生前有一个写作习惯,每当酝酿一部作品,他会一个人找一个十分安静的地方行走。在创作《平凡世界》这部鸿篇巨著前,他孤身一人来到故乡毛乌素大沙漠,一个人静静地走,静静地思,漫无目的,与自己的心灵对话,有如大地之子安泰对于土地的眷恋。事实上,这种"禅悟"行为,是有一定科学道理的。所谓静能养气,静能生悟,每逢大事必有静气。人,如果没有对大自然的依恋之情,没有对大背景的体悟感知,就必然会缺失王国维所说的那种"气象",用今天的话讲,就是缺乏格局或气场,难成大气。

德育工作"因地而行",就是要求我们对于区情校情的深刻把握,对于教育对象的深刻理解和把握。既然是做人的工作,首要的就是要了解环境,了解对象,了解需求。基本的工作就是调查研究,要对现实的情况有深刻认识和理解,不然就是盲目主观,一厢情愿。正如革命战争年代,毛泽东因地而施,主张打游击战和运动战,取得了一个又一个的辉煌胜利。相反,军事顾问李德,照搬照抄,强行推行阵地战堡垒战,导致了红军第五次"反围剿"的失败。这个革命历史题材本身就是一个鲜活的案例。延伸到历史地缘政治学视角看,在陆权时代,以汉、唐两朝为代表,国家面向西塞,促成了"丝绸之路"；海洋时代，明、清两朝，我们只知宣示天朝国威，以致闭关锁国，错失了海洋机遇，导致被动挨打。今天进入了互联网时代，世界成了"地球村"，但国际利益的壁垒并没有打破，事实上国际封锁和制肘只会越来越多。面对这种历史地理现实，就要教育青少年学生，这是一个实力尤其是科技创新实力为王的时代，要从小培养科技创新能力，为国家屹立世界民族之林打基础。由此提醒我们，城市学校有城市的特点，乡村学校有乡村的特质，不能一个模式下山，更不能照抄照搬，要善于因地因校制宜，构建个性化的德育教育特色。

"因地而行"，要求我们具有强大的环境营造能力，充分发挥环境育人的功能。校园中每面墙，每间教室，每条廊道，一草一木，都是会说话的环境，都是德育的重要资源和载体。除了硬环境，更重要的是软环境，是校园文化和德育文化的建设。比如，上海的红色文化、江南文化和海派文化这"三大文化"，是我们德育工作得天独厚的文化教育资源。要用好这些资源，让孩子们了解自己的家乡，爱自己的家乡，为自己的家乡而自豪。这种文化认同，是青少年学生的"三观"源头，是初心出发地，也是一生的乡愁。因此，德育工作者要有"螺蛳壳里做道场"的功夫，有《核舟记》中所讲的"核舟"制作能力，在细微处下功夫，让从这里走出去的学生刻上本校深厚的文化印记。

"因地而行"，还要求我们不能被动地等待，而要有一种改造客观环境的勇气和行动。地理和环境条件固然重要，但人是决定一切的因素，精神在一定条件下是可以转变为物质的。同一个环境，同等的条件，在不同的人手中产生的结果完全不同。或者讲，是天壤之别。同一所学校，同一个班级，同样的一个学生生源群体，在不同的班主任和任课教师手中，也有不一样的收获。需要我们的教育工作者具有一种营造环境的能力。事实上，人人都是德育工作者，就是要求我们不是被动地等待，更不是一味地指责条件不好，而是要有一种主观能动的改造能力。美国硅谷，本来就不是一个十分起眼的地方，在人的努力下，成为世界创新技术之都，创业创新者的天堂。国内的浙江义乌市，地理上并不具备优势，却在几代人的努力下，成为连接世界的小商品市场。人间万象，教育奇迹，不是在热闹中产生，而是在安静中孕育，是一方水土育出一方人。

黑格尔曾经说过，爱奥尼亚明媚的天空，固然大大有助于《荷马史诗》的优美,但是这个明媚的天空决不可单独产生荷马。而且事实上,它也没有继续产生其他的荷马。这也充分地说明,人是第一要素,所有的外在环境都只有在人的作用下才能产生作用。德育因地而行,最根本的还是以人为本。

(2020 年 2 月)

AI＋教育，又一个需要关注的德育场

　　金秋时节，一个时代的风口悄然降临中国，亲近上海。以"人工智能赋能新时代"为主题的首届世界人工智能大会，在上海召开，其意义十分深远，对各行各业有着深刻变革的启示。作为以传播新思想、传授新技术为己任的教育领域和教育人，更应以时不我待、只争朝夕的态度迎"风"而上，让人工智能（简称 AI）在教育领域落地生根。笔者之见，AI＋教育，是教育领域又一个需要关注的"德育场"。

　　要深刻理解这场新技术变革盛宴的能量所在，自觉学习和传播新技术新思想，转化为新时代学校德育思想高地的重要内容。作为引领未来的战略性技术，人工智能正全面赋能各行各业，成为新一轮产业变革的核心驱动力，将对经济社会发展乃至人类世界带来深刻的变革。"人工智能＋"将无时不有、无处不在。对于促进人和社会发展基础性、先导性的教育领域，德育工作在本质上就是一项赋能的工作，是将深厚的文化传统和时代的思想精华传递给受教育者，这种赋能必须是正能量的，引领人的价值导向和精神追求。德育工作也是耳熟能详的世界观、人生观和价值观的"三观"教育。从这个角度看，尽管一个是技术领域，致力于改变生产生活方式；一个是精神领域，专注对人的情感和精神世界引导，但两者的本质是相通的。这就需要教育人尤其是德育工作者，主动学习，深入了解 AI，自觉掌握和运用 AI理念和方法，如同最初互联网的出现，各种网络游戏的产生对青少年学生的影响一样，深入了解青少年群体对 AI 的敏感和掌握程度，找到共同语言，建立有效的德育话语体系，这是做好新时代学校德育的前提和基础。

　　要从教育教学范式和流程锻造上早做准备，厚植学校德育内容。任何一种新思维新技术都要影响甚至主导教育教学思想的变革。可以肯定地讲，随着 AI 的普及应用，对于学校教育而言，教的工具、学的工具、评的工具,课的结构、课的形态等一定会发生变革。要深度思考:AI+教育如何影响我们青少年学生的思想和价值观?如何重构我们的教学方式?如何实现AI视野下的课堂变革?等等。这些教育教学要素的变革,带来的是参与的主体"人"的变革。这个"人",就是广大教师和学生。要从教学思想和学习思想进行主动的变革,教育和引导学生不仅掌握"关于世界的知识",更要真正掌握"进入世界的知识"。坚守优秀传统和沿用实践检验行之有效的方法的同时,主动参与变革,应用AI思想方法,厚植教育教学内容,实现更高效的学习过程,提供更公平的教育机会。

要因地制宜让"AI+教育"资源变为育德资源,实现学校育德途径和方式的变革运用。要让学生不光了解AI,还要知道人类的科技发展历程,了解中国科技的历史辉煌和发展轨迹,也要清醒地看到当下的中国科技发展与世界科技发达国家之间的差距,尤其是原创成果和国民整体科技素养的差距,在自信中激发动力,树立为提高国家和民族科技实力而努力学习的远大理想,让一度出现的"芯"战不再重演。要在教育学生学会追根溯源过程中,培植德育资源和寻找德育新途径新方法。比如,首届世界人工智能大会会址——上海徐汇滨江西岸地区本身就有深刻的历史人文教育意义。1950年,"人工智能之父"阿兰·图灵向全人类首次公开提出"人工智能"概念,巧合的是,上海飞机制造厂也就是这一年在徐汇西岸成立,诞生了新中国首架水上飞机"飞龙一号"。改革开放铸就的新滨江西岸吸引了阿里、腾讯、小米等众多的互联网巨头企业入驻,正在布局和打造AI+交通、+教育、+健康、+零售、+智造、+金融、+服务等多领域应用,其意义和价值不可估量。还要引导学生关注技术的"两面性",教育学生学会正确地看待和选择。机器智能在某些方面固然比人更聪明,但人的智能在很多方面是机器智能无法替代的。就像阿尔法狗能够击败人类围棋高手,但阿尔法狗永远无法替代人类。人的情感、精神世界的丰富和高尚,它是具体而鲜活的。同样,单纯的"技术"外,还需要法律和伦理的合作。树立科学"三观"、健全人格养成,这一切,都是技术本身无法完成的。它是德育工作的重要内容和责任使命所在,也是学校德育的立身之本。

(2018年10月)

新时代学校德育工作必须处理好几对关系

　　全国教育大会提出,要坚持立德树人,培养德智体美劳全面发展的社会主义事业接班人和建设者,将广大学生培养成"有大德大爱大情怀的人"。为新时代学校德育工作指明了方向。新年伊始,教育部出台的 2019 年工作要点,就如何贯彻落实《中小学德育工作指南》提出了"五育并举"、"六个育人"的新途径。刚刚印发的《中国教育现代化 2035》和《加快推进教育现代化实施方案(2018—2022 年)》,对抓好新时代学校德育工作,提出了战略性谋划和具体的实施路径。这些都是新时代中小学校德育工作的根本遵循。可以说学校德育工作的春天到来了,德育工作者大有可为的时代到来了。在具体推进工作中,笔者以为,要处理好几对关系。

　　一是要处理好"硬"与"软"的关系。这是一个教育观尤其是德育观的问题。如何正确看待学校德育工作和处理"育分"与"育人"的关系,事关立德树人能否落到实处的前提和基础。尽管这些年来从党中央到地方各级,对学校德育工作的认识和重视程度不断提高,教育导向是要求学生全面发展和综合素养导向。但在具体实践中,还存在观念难以改变的问题,离全面发展的目标还有一段很长的路要走。最现实的情况是,政绩与升学率挂钩,只关注清华北大和 985 学校升学率;成绩好了"一俊遮百丑","分数是硬道理","升学是硬指标"。这样一种难以改变的观念,导致的直接后果就是改革推进缓慢,"轰轰烈烈搞素养,扎扎实实抓分数"。为什么喊了这么多年的减负问题没有得到根本好转,其原因虽然复杂,但最根本的是教育背后的社会利益的再分配和只讲教育功利观,它表现在学生身上,实则暗含在千万个家庭的利益附着上。简言之,它不再是单纯的教育问题,而是社会问题。

　　二是要处理好"快"与"慢"的关系。教育尤其是中小学校是基础教育,本质上是一个慢成长的过程,是一个环环相扣、层层递进、有机衔接的融合关系,是急不得、急不来的自然和社会规律。而时下,各学段的衔接尤其是德育工作思路还存在"各吹各的号","各走各的路","铁路警察各管一段",甚至是"老死不相往来"的现象。还存在着互相指责,认为某一学段没有做好工作,"将不优质的生源推给我"。还有就是浮躁之气弥漫,大干快上,急于求成,功利主义和现实主义的思想和行为大有市场。什么时髦抓什么,追风应景,追星逐月,上面提什么,马上就会出经验。而对一些管长远、打基础的工作不感兴趣,比如,行为规范教育,生态环境教育,流于形式,讲在口上,说一套、做一套。

三是要处理好"虚"与"实"的关系。这是一个老生常谈的话题。总认为德育工作是虚的,学业成绩上去了,升重点率上去了,才是硬道理,抓好当下才是实的。还有一种说法,"理想是丰满的,现实是骨感的",唱唱高调可以,具体到我这里是不行的。诸如此类,影响了学校德育工作的整体谋划和具体推进。而事实上,抓好了学校德育,不仅不是虚的,恰恰是真金白银的收获。上海市杨浦区辛灵中学校长谢小双,上海交大思政课教师施索华,用自己的无私大爱,熏陶和感染着学生,让曾经是枯燥的思政课和思政教育变得充满生机,充满人间温暖,有温度的教育,感化出有温度的学生。这样的案例举不胜举。

四是要处理好"物"与"人"的关系。德育工作早已不是"口头说教"的时代,而是需要借助丰富而现代的"器物资源"的时代,比如,互联网+、人工智能,直接的条件就是要配备相关资源,有的投入还比较大;创新实验室,3D打印等,都是需要资源配置;有的开展研学旅行,开启世界之窗,走到国外走进名校等。丰富多彩的活动,是育人的最好载体,这些都离不开优质的资源和条件。但现实的情况是地区发展的不平衡和家庭状况的差异,还有师资力量的差异,等等,带来的现实是"几家欢喜几家愁",在这种情况下,就产生了"条件决定论","没有条件不好办"等消极观望心态。但事实并非如此,学校教育固然需要必要的物质条件和资源,但决不是"条件决定论",更不是"物质论英雄"。德育工作是做人的工作。如何正确看待条件,如何有效地、因地制宜地利用和创造资源条件,对德育工作者提出了智慧的要求。经典咏流传中的许多案例,比如,有一群大山的孩子,条件十分艰苦,然而,他们在老师带领下,因地制宜,寻找自己的快乐,这就是曾在网络很热的"苔"的故事,师生脸上看不出苦难和愁容,相反是一脸的自信和阳光,那一幕,感天动地。无数的事实和案例告诉我们,艰苦的环境和相对落后的条件不仅不是一个包袱,相反还是一笔丰厚的人生财富。

当然,做好新形势下的学校德育工作是一项系统工程,需要各方协同,也会遇到各种可预计和无法预计的困难。只要我们能够用改革的思维、务实的作风,形成有效的举措,立德树人的目标就会变得可亲可行。

(2019 年 4 月)

教育精神和精神教育

2018 年春节期间热播的电影《无问西东》,甚是火爆。这个片子其实就是写百年清华史。以爱与坚守为主线,讲述几代清华人与时代、与国家和民族紧密相连的命运。四个不同时代,无论伟人,还是凡人,做最真实的自己,坚守自己所思所感,行己所行,爱己所爱,立德立言,无问西东。

一篇原载《南方都市报》,后被《读者》杂志转载的《交大西迁》也受到读者的热捧。它讲的是 1955 年,党中央一纸命令,上海交大师生们积极响应,无条件放弃了大上海的热闹繁华,放弃优越的学习、研究和生活环境,举校西迁,成就了今日的西安交大。一段 62 年的历史,从尘封中拂开,让读者为之动容。

发生在不同时代或者说时空迥异的故事,有许多值得观众回味的场景和意境:票房满满的背后不是追风,而是一种与时下不少领域弥漫的"心灵鸡汤"式舔伤自怜迥异的精神境界。以笔者之见,这是通过教育"精神"来开展的"精神"教育。这种"精神",不是以高大上的说教出现的,而是散落在不同的个体和群体身上,闪耀在历史的长河中,没有因岁月流逝而淡化。相反,当进入新时代,举国推进中华民族伟大复兴的征程中,对于教育这个全民关注也是复兴之基的事业,人们都会不约而同地想起或者说怀念这种教育精神。

莎翁讲过,一千个人眼中有一千个哈姆雷特。同样,教育精神有极丰富的内容,远不只诸如"自强不息,厚德载物"等校训校歌能表达清楚、表达完整。我想,凡是不因时空转变,能让时代和个人铭记内心,进而转化为一种动力源泉的教育,都可称之为教育精神。

从另一个视角冷静反思,相比之下,当下的教育在火热发展中,还是欠缺一种精神。欠缺什么精神? 欠缺一种一以贯之且行之有效的精神教育。

也正是如此,无论是新颁布的《中小学德育工作指南》,还是十九大报告,还是 2018 年新年后,党中央印发的《关于全面深化新时代教师队伍建设改革的意见》,都无一例外地强调立德树人教育。

开展精神教育的内容、路径有很多,没有固定模式。依笔者之见,对广大教师而言,无论是自身修养的提升,还是对学生开展德育工作,最基本的,要关注三种精神教育。

其一,红色精神教育。也就是理想信念教育,这是管长远的基础性教育。我们讲,不忘初心,方得始终。这个"初心",在时下的中国,就是红色精神。这是从红船精神、井冈山精神、长征精神、延安精神、大庆精神、雷锋精神、"两弹一星"精神、抗洪精神、航天精神、改革精神……一个个具体的时代精神,所串起的共产党人的精神谱系。它是永远的传家宝,也是中国共产党人的原教旨。作为人民教师,需要用红色精神自觉武装头脑,并用广大学生喜闻乐见的形式进行植根教育。

其二,育人精神教育。它属于教师职业道德的范畴,更是教师价值观的根本体现,也是育人者自身教育和开展育人教育的源头活水。小到教育学生孝敬父母、爱护环境,大到帮助学生立志成才,需要广大教师用"燃灯者"的精神来开展。来自贵州石门坎的乡村教师梁俊,最近成为受瞩目的新闻人物:他带着自己的一帮学生上了央视《经典咏流传》的舞台,吟唱了一首由清代诗人袁枚的小诗《苔》改编的歌,孩子们质素如洗的天籁之音,感动了亿万观众。借助诗歌和音乐告诉孩子们,即使是在大山里,在艰苦的环境中,也不要小看自己。他用诗歌和音乐蕴含的神奇能量,带给孩子们走出大山的希望。全国教书育人楷模、上海辛灵中学(特殊教育学校)校长谢小双,十几年如一日,面对特殊学生,用"一个都不放弃"为信念,以心育人,让一个个走入人生迷途或者先天智障的孩子成人成才。一个是偏远山村,一个是繁华都市,教育方式和内容各有不同,但都用教师博大精深的爱,与平中见奇的教育智慧,烛照孩子们前进的航向。这种育人精神需要每位教师内化。

其三,创新精神教育。时下,"创新"既是一个热词,也是一个容易让人产生距离的词。创新与想象分不开。画家吴冠中谈到自己教学生的艺术课的心得时,总是回忆自己在当年杭州艺专学习的情景,老校长林风眠先生笑眯眯地说:"乱画嘛!"聪明的学生当然领会此"乱"非彼"乱"! 这是解放心灵约束的同义词,道出了让学生的艺术天性释放的真谛,成为他一生创新的心灵滋养。它告诉我们,创新教育不是一种空洞的说教,而是植根于大地的行动。植根于校园一草一木,植根于课堂一文一题,植根于实验室的每一次观察,植根于实践沃土中的一问一答。

丰子恺先生讲过:"这个世界不是有钱人的世界,也不是无钱人的世界,是有心人的世界。"笔者认为,简言之,这个世界是充满正能量的人的世界。正能量从哪里来? 是从"精神"教育中来,这是一个国家、一个民族走得实、走得远的根基和命脉所系。同样,这个时代需要教育精神和精神教育,这是解决"教育之问"的根本所在。

(2018 年 2 月)

清明遐思

清明小长假，我携家人参观了上海市历史博物馆（上海革命历史博物馆）。它位于南京西路 325 号，原为上海跑马总会大楼，是上海市中心区最重要的近代优秀历史建筑之一。展馆全面梳理上海近 6 000 年历史脉络，展现城市发展各个历史时期的重要节点和重大革命历史事件。精选的展陈文物，将红色文化、海派文化和江南文化这三种独具魅力的上海城市文化娓娓道来。展陈体系以故事线、体验区和互联网为核心，辅之以声光电和新技术的应用，使得上海历史文化的演绎，更加具有直观、形象、深邃的教育功能，让人有触摸历史之感。观众中很多是一家老少几代人齐聚，驻足观看，神情专注。身为教育工作者，面对此情此景，思绪禁不住放飞到更为辽远的时空。

我想到了清明之于家庭。清明是追思的时节，是对生命的敬畏，是对生活的感恩。清明节是中华民族几千年来留下的优良传统，不仅有利于弘扬孝道亲情，唤醒家庭共同记忆，更能促进家庭成员乃至民族的凝聚力和认同感，不是吗？北川中学那定格的"5·12"针摆，分明在提醒人们天灾无情人有情，不是吗？无论是对大无大有周恩来总理的纪念，还是对王伟、黄大年、钟扬等英模人物的追思，还是对更多的默默无闻的生命的缅怀，都是在诉说一个个血浓于水、国大于家的亲情友情故事。也就是这样一种"修身齐家"的积淀，培植了"治国平天下"的人生出发点；也就有"父母在，人生尚有来处；父母走，人生只有归途"的感悟；也就有已故诗人余光中的一道"乡愁"，积存了万千中华儿女共同的绵远乡愁。

我想到了清明之于国家。清明是文化的脐带，是民族的基因，是家国情怀的精神家园。家是最小国，国是千万家。清明当天，央视录制的微视频《追思与铭记》让观众泪奔。微视频由 7 位播音员、主持人，为英烈的诗信配音,以诗信为载体,传递公而忘私、为国为民的英雄情怀。从"休言女子非英物,夜夜龙泉壁上鸣"的秋瑾,到"杀了夏明翰,还有后来人"的烈士夏明翰;从"革命需要这样的'傻子',建设也需要这样的'傻子'"的雷锋,到"百姓谁不爱好官? 把泪焦桐成雨"的焦裕禄……一串串熟悉的名字,让历史铭记,让共和国铭记。缅怀先烈、崇敬英雄,是习近平总书记反复强调的一种"民族气质"。他说:对一切为国家、为民族、为和平付出宝贵生命的人们,不管时代怎样变化,我们都要永远铭记他们的牺牲和奉献。不是吗? 理想之光不灭,信念之光不灭,奋斗之光不灭;生生不息的民族精神,是中华民族行稳致远的精神支柱,清明就是这样一个"节点",清明也堪当此重任!

我想到了清明之于教育。清明是一个教育的符号,是宝贵的教育资源,是鲜活的历史教科书。从自然气象来看,清明是中国传统二十四节气中的一个。《岁时百问》说:"万物生长此时,皆清洁而明净。故谓之清明。"清明一到,气温升高,正是春耕春种的大好时节,故有"清明前后,种瓜点豆"、"植树造林,莫过清明"的农谚。从文化来看,清明是烙上中华传统的文化符号,让无数的文人墨客为之述怀,留下了许多名篇佳句,最有代表的莫过于杜牧的诗句:"清明时节雨纷纷,路上行人欲断魂。借问酒家何处有? 牧童遥指杏花村。"不仅如此,清明还是一部博大精深的德育资源库,成为联结"家"与"国"、"情"与"爱"的桥梁和纽带。近代上海展区"百年校歌"展,将近代百年来的上海各类学校的校歌进行汇集,现场中许多青少年学生凝神齐听那耳熟能详的校歌。那投入的神情,那一脸的自豪,那一脸的庄重,让青春的朝气在历史时空中回荡、升腾。这一幕,分明在告诉我们,鲜活的德育资源无处不在,德育教育力量无穷!

展馆出口处,观众留言墙上贴满了观众的心声。许多参观者在现场用笔表达了自己的心声,一位小学二年级的小朋友写下了"我爱中国,我爱上海"。让我顿悟,这就是清明的气质,文化的力量,也是教育的责任。

(2018 年 4 月)

让"感谢贫穷"变为"感恩生活"

刚刚过去不久的暑期,有很多新闻事件让国人关注。倘若评网红文章,有一位名叫王心仪的 18 岁河北农家女,她的一篇《感谢贫穷》当仁不让。她写道:"贫穷带来的远不止痛苦、挣扎与迷茫。尽管它狭窄了我的视野,刺伤了我的自尊,甚至间接带走了至亲的生命,但我仍想说,谢谢你,贫穷。"凭着自己自强不息的精神、阳光的心态和勤奋的努力,王同学以优异的成绩即将步入众多学子们无限向往的北大。这样一种特殊的经历,让她的关于自己、关于贫穷、关于希望的文章,引发了网友的强烈反响。她的情况,也引起了她的家乡所在地党委政府、北大以及社会的关注,人们以各种方式对她和她的家人给予关心帮助,使她能够顺利安心就学。

作为一名教育工作者,看了相关报道后,我发自内心地为王同学自强不息的精神点赞,为当地党委政府和北大的责任感点赞,为好心人的善举点赞。同时,也引发了自己一些深度思考:对王同学的"感谢贫穷",我们需要的不只是赞誉,也不能只是感动,最需要的是理性看待。将此作为一堂教育课,从多方面深刻反思我们的社会,反思我们的教育。归根结底一句话,就是希望全社会齐努力,能够让孩子的心灵中不再有"感谢贫穷"的概念,而应该由"感恩生活"所组成的阳光世界。

首先,要努力实现全社会告别贫穷,让贫穷不再是孩子们求学道路上的拦路虎。尽管这个任务十分艰巨、十分繁重,但这是一个必须破解的大前提。毋庸置疑,改革开放的四十年是伟大的四十年。改革开放事业取得了举世瞩目的成就,我们用几十年的时间,走过了西方发达国家几百年走过的历程。在看到伟大成绩的同时,还要清醒地认识到,脱贫攻坚任务仍然严峻,还有相当一部分群众的生活,仍处于贫穷状态,王同学的家庭只是其中之一。各级党委政府和领导干部,要有一种时不我待的紧迫感和责任感,打好脱贫攻坚战,交好精准扶贫答卷。让每个家庭走上共同富裕之路,让我们的孩子的幼小心灵不再有贫穷的阴影。众所周知,消除贫困需要一个过程,更需要有破解的智慧。8月初,国家出台了"公费师范生"新政,对贫困家庭的优秀学子,是一个福音。在笔者求学的20世纪七八十年代,国家就为师范、农林水石油地质等战略行业的学子,提供了一揽子免费就学政策,激励了不少家庭贫困的优秀学生报考。这样一个良性环境,为他们提供了一个既可以获得优质教育,减轻家庭负担,还可以更好回报社会的良性通道。事实上,这个群体中涌现了数以万计的优秀人才。它启发我们,改革不是将过去的做法统统革除,而是该保留的好传统好做法还要保留,而且要随着时代发展焕发新的政策光芒,照亮更多的更需要的群体。由此,笔者呼吁,要在现有的基础上,出台更多的惠及面更广的扶持政策。通过这些好政策,让学子们感念党的恩情,感受社会主义制度的优越性,真正从内心对中国特色社会主义道路、制度、理论和文化的"四个认同",转化为"四个自信",从而打下坚实的思想基础。

第二,要让贫穷不再是阶层固化的代名词,教育公平和教育关怀任重道远。依笔者之见,教育公平和教育质量一个都不能少,在一定程度上,教育公平更加重要。18岁女孩王同学的感慨——感谢贫穷,对我们来说,真正是一堂深刻的教育课。我们的教育,必须是更多地关注贫困地区、贫困家庭的孩子,以此提高教育的"短板",均衡优质教育资源。让更多贫穷孩子,与其他孩子站在同一起跑线上,让那些有潜质的孩子,不被贫困所潦倒,能够在良好的环境中接受教育。对于广大中小学校,要有一本"台账":能对每个学生和他们的家庭情况,做到一目了然。在坚持"教育教学为中心"同时,能关心爱护孩子尤其是贫困家庭学生的学习和生活,帮助他们从贫困的阴影中走出来,让他们感受到"贫穷不是他们的错",他们在改变贫穷的路上,有强大的靠山和支持,周围的老师和同学都是他们的伙伴。还要教育孩子正确看待眼前困难,做到自强自立,坚信困难是暂时的,唯有多读书、多学习知识,才能有光明的未来,才能彻底远离贫困。

第三,大力开展阳光教育,引导和教育学生正确对待贫穷和其他困难,在生活的磨练中培养一种阳光的心态和向上的精神力量。中华民族自古就有"贫贱不能移,威武不能屈,富贵不能淫"的优良传统美德。我们无法选择自己的家庭,但我们生活在一个充满正能量的环境,从父母坚韧不拔和勤劳朴实的身影,从身边的同学和师长关心帮助,感受到人生路上我们并不孤独、更不是无助。也许你的家庭不贫穷或者比较富有,但你可能会遇上其他的不幸遭遇,同样也有一个如何面对困难、面对挫折的问题。正如作家莫言所说,"人,来到这世上,总会有许多的不如意,也会有许多的不公平。会有许多的失落,也会有许多的羡慕。"参差不齐,才构成了这世界上一道道亮丽的风景。

作为学生,当下的任务就是认真学习,培养意志力,提高脱贫和战胜困难的本领。今后不仅可以使自己的家人脱贫,还可以关心他人、回报社会。唯其如此,"贫穷"就只是人生路上一个励志记忆和源泉。

我想,如果实现了以上目标,"感谢贫穷"也就自然转变成了"感恩生活"。这就是解读王同学这篇文章的更深层意义所在。

(2018 年 8 月)

高中生当"单车猎人"引发的德育思考

今年国庆期间,一则报道让人眼睛一亮:标题为《高中生"打猎"3年心疼那些被错待的共享单车》,报道的是3位上海高中生从2016年起,就成为共享单车"猎人"的事迹。

文章写道,国庆假日,三位年龄不过17岁的上海高中生,深入小区,开锁,把共享单车从住宅小区里推出来重新摆放好;关锁,继续搬运下一辆……这些被认为是共享单车运营方该做的事情,被这群一脸青葱朝气的高中生们承担了。一天下来,"战果"不菲。学生们把自己称为"单车猎人"。谈到自己当"单车猎人"的动机,他们觉得,自己的行为"是往水泥森林里引入阳光",希望能让更多的人明白公共资源该如何使用,该如何与他人共享。这三位高中生,活生生地将一件好事,做出了时代味道,引起了笔者的久久沉思。

被称为"新四大发明"之一的共享单车的出现,解决了人们出行"最后一公里"的难题。但在使用过程中,这些单车也成为了人性的"试金石":占道停放、恶意损坏、据为己有等不文明现象随处可见。共享单车的过度无序投放,违停给城市带来不少新问题,成了道路上的"血栓"。一个好端端的事物,居然一度成为让人生厌的累赘,甚至成为一种防备的对象。君不见,一些单位和小区门口张贴的告示,"共享单车严禁入内",时间长了,在城市的周边,就形成了一处处的共享单车堆场,也就是民众在互联网上俗称的"单车坟场"。既浪费了资源,也伤害了社会对新生事物的热情。

这些半大孩子不是因为追风才去当猎人,他们还说,他们这群猎人的存在就是为了消亡,当猎人不再被需要时,他们现在做的事情才有了意义。这些高中生的行为告诉我们,社会需要正能量,德育工作其实就在身边。这样一种行为,既是传统的雷锋精神的体现,又是新时代志愿者精神的光大。其最重要的意义,在于体现了新时代青少年学生在"传统与现代"之间弘扬了一个不变的精神,那就是乐于助人、甘于奉献、与时俱进的精神。从中也让我们看到,一度有人和媒体曾提出"对'90后、00后'的德育教育堪忧,其实是一种化解"。事实证明,当下广大青少年中正能量仍然居多。只是学校德育工作的方式方法要有与时俱进的理念和方法,要有一种乐当"晴雨表"的精神,随时面对不断变化的外界,密切关注新领域的德育现象,实现学校德育的社会化、即时化、灵活化和科学化。

这个典型案例也告诉我们,德育课堂其实无处不在。不是要在一种单纯的说教上,也不一定要刻意"设计",而是要有一种猎人般的敏锐嗅觉,及时与社会现实紧密契合。在关注青少年对新生事物的好奇心和行动中,寻找社会现象和学校德育的"最大公约数"。除了共享单车猎人,还有一些新兴领域同样需要引起关注。比如,随着人工智能(简称AI)的兴起,"AI+教育"又是当下一个新的德育场。其最鲜明的特点就是,AI+是人类社会科技进步的重要标志,但AI又不是为了且无法替代人类。需要我们教育工作者未雨绸缪,主动学习,及早了解和关注AI,自觉运用和掌握AI理念和方法,如同最初互联网的出现,各种网络游戏的产生对青少年学生的影响一样,深入了解青少年群体对AI的敏感和掌握程度,找到共用语言,建立有效的德育话语体系。这样就将德育工作与现代科技发展有机的结合,切实解决一度出现的"两张皮"的问题。

从这个事例还启发我们,教育社会和教育青少年学生的最好方式,是理性看待和科学引导,而不是一味地封堵或者说教。比如,单车的处理就不能是一张告示而万事大吉,这不是治本之策。治本之策在于相关管理部门从源头上对单车的投放企业准入资格严格,对投放的规模和方式给予有序引导,从场地、标识和方式等方面进行系统化的制度设计和安排,而不是大呼隆"上",接着又是粗暴式"封";一方面当初是热脸相迎,出了一点问题又是"人人喊打",出现了左右摇摆,走了两个极端,对城市治理体系和治理水平提出了新要求。这种系统辩证的思维、抓住根本的工作方式对于我们德育工作者同样适用。

当然,广大学生尤其是中小学生的主要任务是学习。在鼓励他们做力所能及的社会公益事业的同时,也要教育和引导他们,如何正确地看待和参与公益事业。保护这种热情,是在学有余力、体力适应的时候去参与,而且要有"选择"。比如,当"单车猎人"就不大适合小学生参与。同时还要防止一些机构和个人,打着公益事业的招牌,利用青少年学生的单纯和热情,过度"消费"。这就需要学校和相关社会机构,及时跟进,对这类公益事业形成有效的跟进措施。管理维护和猎人主体仍然应该是投放单车的企业、城管部门和公益机构,共同为青少年学生提供一种良好的公益通道。如果是这样,我们的德育,就不再是一度被讹传和误解的刻板和机械,而是有血有肉的,有利于青少年学生成长和发展的新天地。

(2018 年 10 月)

进博会带来的上海德育之光

2018 年的 11 月 5 日—10 日,注定将记入中国的历史,载入上海的史册。一场全球开放发展的"盛宴"——首届中国国际进口博览会(简称"进博会")在中国上海成功举办。它向世人展示了开放的中国新形象,让上海这个"东方之珠"再添新风彩,更为上海这座城市当好改革开放的排头兵和创新发展的先行者,提供了新的动力、新的活力。这份荣耀,这份光彩,让每个中国人,让每位上海市民,无比感动和无比珍惜。作为教育工作者,见证这份上海历史荣誉的同时,深切地感受到这次盛会意义和效应超越时空,是上海教育尤其是上海学校德育工作难得的生动题材。

这场盛会,带来了中国改革开放的新宣言书。正如习近平总书记在开幕式上的演讲所表达的,开放的大门是越打越开,但开放的道路是不平坦的,用"大海"比喻中国经济。他说,"中国经济是一片大海,而不是一个小池塘。大海有风平浪静之时,也有风狂雨骤之时","经历了无数的暴风骤雨,大海仍旧在那儿"。总书记的这番讲话,启发我们,要教育我们的孩子,与一个国家和地区发展一样,人生发展道路都是不平坦的,要努力培养一种大海般的品格,从扣好人生的第一粒扣子开始,为走好自己的人生路奠定思想和精神基础。

这场盛会,推动了上海城市能级提升和创新的新动能。党的十九大以来,上海对自身的城市定位,科学地提出了建设"五个中心"和打造"四大品牌"的城市发展新战略,用刀刃向内的精神,不断革除与城市创新发展不相容的种种陋习。比如,进博会展示了来自世界各国各地区的先进技术和产品,让我们在充分看到中国和上海发展的同时,切实树立起"改革开放等不起",更不可"闭门造车"、"自娱自乐"。最重要的是要树立与时代同步的创新思维和精神,让我们在感受到中国改革开放成就,不断增强自信心的同时,还要清醒地看到综合国力竞争的激烈程度,中国与先进发达国家的技术创新还存在较大的差距,更要明白"核心技术必须掌握在自己的手中"的道理。教育广大青少年学生为增强国家实力而学习,为掌握核心技术和创新本领而努力。

这场盛会,带来了上海开放发展的新期待。习总书记讲到,进博会在上海召开有着十分重要的意义,"上海之所以发展得这么好,同其开放品格、开放优势、开放作为紧密相连"。又说,"开放、创新、包容已成为上海最鲜明的品格,这种品格是当代中国最进步的生动写照"。这是对上海这座城市的最大褒奖,更是对这座城市寄予的厚望。要教育我们的孩子们珍惜这份荣誉,更要牢记这份嘱托,在日常的学习生活中将自己的品格与这座城市的品格相连,上海城市的品格养成与每位生活和工作在这座城市的人们紧密相连,需要从我做起,从现在做起,从点滴做起。唯有如此,开放的上海品格才会更加释放出新时代的巨大正能量,真正成为引领时代风气的动力之源,精神之光。

这场盛会,带来了对上海市民素养的新要求。要求每位工作和生活在上海的市民,时刻牢记自己不仅是一位普通公民,更是一位上海城市甚至是中国开放的形象大使,对每个人的言行和素养提出了更高更新的要求。可以说,从日常生活点滴到公共场所,从各类经济建设到各类社会交往中,都承担着展示上海的重任。哲人讲过,责任和荣誉总是相伴的。既然我们是这座城市的一分子,在荣幸地享受这座城市荣耀的同时,更要自觉地承担着爱护这座城市荣耀的责任。从进博会现场报道传来的一些小花絮看到,进博会志愿者"小四叶草"们的优良表现,给中外佳宾和客商们提供的细致周到优质服务,给人们留下了美好的上海印象。11月4日上观新闻一篇题为"进博外宾不慎遗忘护照,大众的哥连夜火速送回"的报道,瞬间成为"网红"。联系过往的世博会"小白菜",APEC峰会志愿者,还有那些在上海地铁、景区、景点和社区中活跃的志愿者们,都为上海城市形象提供了重要支撑。这种"上海志愿者"形象还需要继续保持和进一步发扬,这也是上海这座城市发展的重要精神源泉。有效承担这份职责,首先就是要教育好青少年一代,教育他们自觉在内心深处,种下"与上海城市同成长"的种子。

正因为如此,笔者建议,在进博会之后,要及时将进博会精神教育落实到学校德育教育实践中。通过收看相关节目,组织学生参观进博会会址、开展现场教学,举办相关征文和各类社会实践活动。用丰富多彩、喜闻乐见的形式,让进博会成为学生心中的永恒记忆,伴随着城市和自身成长,让这场盛会定格为时代之光,转化为不竭的德育之源。

(2018 年 11 月)

从垃圾分类到品格养成

　　7月的上海，最吸引外界眼球的新闻之一，就是在全国率先实施垃圾分类。其产生的各类社会反映，纷纷见诸各大媒体，也传遍街头巷尾，甚至成了全国各地民众的热门话题。以笔者所接触的信息看，人们对实行垃圾分类这件事，持正能量的评价居绝大多数，对上海这座城市的率先之举给予充分肯定和认可。即便有少数不同的声音，比如对一些具体操作方法持不同的看法，在笔者看来，更多的是担心无法长期有效地坚持，担心"好经"念"歪"，但说到底，还是对这件事持善意期待。

　　笔者所居住的小区，是位于浦东中环的大型新型社区。自垃圾分类实施以来，小区最大的变化是，居民们都对这件事持积极的响应态度，行动上的自觉带来了小区环境新变化，变得更整洁、更清爽。随着操作的深入，垃圾分类管理方法也在不断完善。比如，由于需要将湿垃圾当场倒入湿垃圾桶，将垃圾袋另放入干垃圾桶，这个过程，既不卫生也容易使手沾上垃圾，多有不便。小区很快就在垃圾分类倒置点旁边，安装了移动式洗手水箱，使居民再也不担心倒垃圾而手上易脏的顾虑。这些人性化的细小改进，让笔者深刻感受到，上海这座城市管理的精细化程度，是"绣花针"功夫的具体化。由此联想到，对于以教育人的品格养成为主要任务的学校教育，不仅要带头推动垃圾分类有效实施，更要以此为契机，通过引导实施垃圾分类等日常行为，更好培养广大青少年学生良好的道德品行。

　　实施垃圾分类，看似生活小事，实则为民生大事。它是对一座城市的广大居民以及全社会文明素养的重要培养点和检验器，是优化和美化自然生态，构建和谐美丽社会生态的重要载体。其重要性和必要性不言而喻。

　　做好垃圾分类和处理这篇大文章，不是一件易事。上海这座城市历来有开风气之先的优良传统，不论是开埠时的"远东第一都市"，还是改革开放以来"东方之珠"之美誉,这座城市的外观形态,已经不比世界上任何一座城市逊色,有许多地方甚至已超过一些世界级著名城市。经常有外出访问和旅游的市民,包括笔者到国外,都有这样一种感受,上海真的很美,真的很好。但冷静思考,对标国际化都市,上海还有很多需要改进的地方,站在新的起点上,上海城市的文明程度还有提升空间。也正是基于此,上海自加压力再出发,带头实行垃圾分类,处理这个当下公认的社会管理难题。可以说这项工作让"海纳百川,有容乃大,开明睿智,大气谦和"的上海城市精神,在新时代大放新光彩。

做到垃圾分类的有序化和常态化,需要全体市民的自觉行动和共同维护,尤其需要对城市文明传承和传播的最重要群体——广大青少年学生进行教育,引导他们自觉践行。青少年学生的行为习惯可塑性极强,青少年阶段是人生的"拔节孕穗期",最需要精心引导和栽培。通过垃圾分类的实施,教育和影响更多的青少年学生从"知道要分类"转变为"知道怎么分类",从"知道很重要"转变为"自己要参与",这也是将社会主义核心价值观落细、落小、落实的具体行动。对学校而言,要立足校园环境的整洁美化,自觉按照垃圾分类的规范化要求,不折不扣抓落实。教室里,运动场,餐厅和公共空间,都要营造"科学分类,自觉践行"的氛围,从一个个具体的物理空间的改善,让科学分类和爱护环境意识,在学生心理空间上扎根,进而营造"环境改善引领品格养成"的良好文化空间。

要看到,垃圾分类不是一项简单的教育活动,而是一个丰富的教育宝库。要创新教育思维,可以以垃圾分类和处理为主题,因地因校制宜,设计成学生社会实践和劳动教育课程,分类指导,分层推进。教育广大学生,热爱劳动,参与劳动,通过自己的辛勤劳动建设美丽校园,使"劳动创造美好生活"观念在青少年心田中扎根。还可以精心设计,引导孩子们研究垃圾分类和处理的相关小课题,启发创新思维,激发奇思妙想,与互联网＋和人工智能相结合,开展垃圾分类和处理的发明创造,使一个看似"单调"的垃圾分类行动,转化为"有趣"的科研探究实践。激发他们参与科学研究,树立远大理想、造福人类的动力和追求。

一项潮流的风行,需要孕育它的"土壤"。这片"土壤"从外观上看,是从源头分类投放到末端分类处置的全程分类配套设施体系。更重要的是,要培育内化的社会文化"土壤"。要推进家庭、学校和社区联动,教育广大学生回到家庭和社区中,带头开展垃圾分类,小手牵大手,推动垃圾分类处置的合力和自觉行动。

哲人讲,播种行为,收获习惯,播种习惯,收获性格,播种性格,收获命运。要通过垃圾分类的实施等具体行为,引导青少年学生的习惯养成,进而到德育品行培育,再到城市文化积淀,努力成长为一座城市文化性格的重要组成。倘能如此,上海建成社会主义现代化国际大都市的目标,指日可待。

(2019 年 7 月)

阳光少年从"心"开始

十八大以来，我们党和国家实施精准扶贫政策。以每年减贫 1 300 万人以上的成就，书写了人类反贫困斗争史上"最伟大的故事"，令世界为之震惊。

在实施精准脱贫的过程，我们还要将目光投放到更大的领域。因为"贫困"，不仅仅指经济上的贫困，更指精神贫困与能力贫困。在千方百计开展经济"精准脱贫"的同时，找准"精神贫困"与"能力贫困"的破解之道，同样不能忽视。笔者认为，解决精神的贫瘠、能力的匮乏之根本在于教育。现阶段，人们对优质教育资源的需求和教育发展不平衡不充分之间的矛盾，同样符合教育的阶段性特征。要化解这个矛盾，既要从面上关注一些欠发达地区和薄弱学校的校舍建设、师资配备等易于物化和显性化的"硬资源"扶助，同时还要既"扶智"又"扶志"，关注青少年学生心理健康教育，努力培养阳光少年。

教育实践经验告诉我们，青少年的心理健康教育，再怎么关注都不为过。因为心理健康的青少年，能积极应对自己的自卑与无助，能摆脱"自我限制"的桎梏，能发展出人格成长的内在动力。做好青少年心理健康教育，是实现立德树人教育目标的基石。换句话说，教育领域"精准脱贫"的重要内容和精准之"穴"，在于提高广大青少年的心理健康水平。

现实的情况下，做好以关注青少年学生心理健康的教育"精准脱贫"，既是教育扶贫的重要抓手，也是新形势下教育供给侧改革的重要动力和载体。从历史和现实看，至少可以从四个角度切入：

一是要加大顶层设计，厚植家校共育生态。"优先发展教育"、"努力让每个孩子都能享有公平而有质量的教育"、"落实立德树人根本任务，发展素质教育，推进教育公平，培养德智体美全面发展的社会主义建设者和接班人"，这些科学论断是习近平新时代中国特色社会主义教育思想的重要内容，也是推进教育事业发展，加快教育现代化，建设教育强国的重要指导思想。各级党委政府要围绕贯彻"人民为中心"的教育思想，加强顶层设计，进一步理顺相关部门职责，将关注弱势群体与特殊群体的教育放在首位，明确"教育不再只是学校一家的事，家庭教育不再是私事"的理念，树立家校合作育人理念，加大人力物力投入，鼓励社会力量协同开展教育"精准脱贫"，形成家校共育生态，共同关注青少年的心理健康教育。

二是要关注机制建设，有序推进保障工作。教育行政部门要承担起区域青少年心理健康工作的职责，组建和完善相关工作的领导机构，畅通管理制度，形成长效机制。要调动相关资源，充分发挥以区域青少年心理健康教育中心、家教中心和家委会等为代表的专业机构在区域心理健康教育中的服务、指导和研究功能。要加大师资力量和经费投入，关注心理健康教师队伍的建设与培养，拿出切切实实促进软硬件发展的举措，如加快心理教师的专业化进程，在目前高中阶段已经实现专职心理教师比率 100% 的基础上，努力实现小学、初中的专职心理教师全覆盖。同时完善对教师专业发展的鼓励机制。

三是要筑牢主阵地，学校和教师精准施策。学校，直接接触广大学生，直接面对千家万户，是教育的主阵地。要将心理健康教育纳入学校发展规划，尤其应关注弱势群体和特殊群体学生的身心健康，做到有计划、有总结、有措施。学校应有一本对学生及家庭情况"一口清"的"台账"，全面把握学生及家庭情况，如建立学生成长档案，形成有针对性的"靶向治疗"的实施方案，发挥学校家委会、班级家委会、家校网络平台、相关主题家长学校等沟通渠道，创新家校沟通方式。在保护隐私的前提下，拿出符合区域、学段、学科和对象的针对性举措，千方百计形成家校联动的扶助机制。教师是学生直接面对的教育者，也是对青少年身心成长影响最大的人。实现教育"精准脱贫"，教师是主要落实者。应努力构建心理健康教育三级网络，形成学科教师、班主任、心理健康教师，共同关注特殊群体学生心理健康的局面。

四是要形成立体防护网络，专业化综合推进。"精准脱贫"之"精准"，重点强调其针对性、实效性和专业性。有赖相关教育研究机构，加强与社会服务机构、志愿者机构合作，加大对"精准脱贫"的研究。尽可能做到心理援助有的放矢,能研究本区域经济发展状况、社会人员构成情况,定期开展青少年心理健康和家庭教育现状调研,为弱势群体和特殊群体提供心理援助,在原有的基础上进一步提出有针对性地面对弱势群体和特殊群体的心理健康教育实施方案,形成可推广、可复制的经验做法,提炼制度化、机制化的理论成果。

关注青少年心理健康教育,是一项系统工程,也是一项德政工程。它不可能一蹴而就。要坚持"大德育"理念,树立打攻坚战、持久战的准备,从思想上、行动上、举措上齐抓共管,努力让每个孩子健康成长,每个家庭和谐发展,为实现立德树人的教育目标打基础。

(2017 年 6 月)

学生综合素养培养，不只在课堂

日前，由上海市教委、团市委和上海报业集团担任指导单位，《新闻晨报》"周到上海"主办的主题为"WE观长三角，用镜头连接未来"的第二届未来媒体人创意实践活动正式启动，来自沪苏浙皖的名师名校长和100多所学校代表参加。此项活动旨在多方协作，引导中小学生们走出课堂、走向实践，通过动图或者视频拍摄，用新媒体语言，表达自己眼中的世界。

笔者有幸连续两届参加了此项活动，亲历了活动参与面不断扩大的盛况，目睹了社会协作教育的多赢局面，看到了孩子们丰富的创意和精美的作品，感受到活动区域由上海向长三角深度辐射的发展过程，令人欣慰。

可以说，它是新闻媒体"铁肩担道义"的生动体现。活动给了我们很多启发，聚焦一点，就是学生综合素养培养不只是在课堂。提醒教育工作者，育人工作要以更加开放的视野和融合的格局，主动参与社会协作的方方面面，关注和开辟课堂之外的成长空间。

教育事关民生大事，是永恒的热门话题。只是不同时期的关注重点有别。近年来，无论是教师，还是家长，都有一种强烈的感觉："现在的小孩子不好教了。"原因也许是多种多样，其中不外乎有几条：首先是以互联网、人工智能为代表的新技术新媒体极速传播，学生们接受的信息，不再是仅从老师处获得，而且信息获得的时效性也大大提高，许多老师常常会有一种"快跟不上"的感叹。再从教育领域自身看，青少年综合素质评价和中高考制度改革带来了新理念新导向，吹来了一股清新的教育之风，对教学方式、育人路径和评价体系也带来了前所未有的挑战，让一些传统教育思维和行为方式出现"旧瓶装不了新酒"的现实。

还有，对于学生核心素养理解的差异，所引发的关注也是众说纷纭，有些人还心存疑虑，加之社会上仍然对"分数至上"、"名校情结"的功利性"眷恋"，以致少数学校和老师只能以"不变应万变"，出现了"轰轰烈烈讲素养，扎扎实实抓分数"的窘状。简言之，学生综合素养的培养还是思路不宽，办法不多，略显心有余而力不足。

问题发现并不难，关键是如何有效解决。从未来媒介活动的热潮和受欢迎程度，我们可以看出，"跳出教育看教育"、"跳出课堂抓育人"、"社会协作抓教育"是破解"素养实现难题"的答案之一。开展未来媒体活动，是学校、社会和媒体围绕学生综合素养提升，促进全面发展的一个非常好的平台和实践，值得在教育实践中探索和完善。

学校教育从"知识本位"向"素养本位"的转型，是世界教育发展的共同趋势。学生的综合素养有很多方面，其中媒介素养就是培养实践能力、观察能力和动手能力的一个重要点。开展这类活动，可以有效提升学生们的成长获得感，让青少年了解自己生活的地方，了解外面的风景世界，用镜头或者视频表达自己的好奇和思考，让外界和心灵更紧密联系，发现更好的自己，发现更精彩的外部世界。在经典媒体走向现代媒体过程中，让广大青少年充分接触和感受，培养媒介"原居民"意识，慢慢浸润为一种学习理念和校园文化。

同时，未来媒体活动，对教育人而言就是一个实证教育研究的过程，让家校社协作，更好地关心关注学生成长过程。从孩子们的视角去思考内容和传播表达创意，激发孩子们对外部世界的好奇心，培养学生的发现能力、记录能力和传播能力，从教育方而言，还可以全程跟踪和记录，让教育过程中积累经验和形成范式。

随着各级党委政府对教育日益重视和投入的增加，绝大多数学校的硬件办学条件得到了极大的改善。各类教育资源空间、功能空间有效拓展，学校可以开设媒体课程，引导和教育孩子们在海量多元的信息中，学会辨别，学会思考，学会选择，学会制作和传播，实现实践求真。正如在当天活动现场的校长们所讲，可以引导学生们通过读书、读图、读人，"读懂一座城，读懂一群人"。实现各方教育资源效益的最大化，让冰冷的机器和工具变成有温度的媒介和记忆。

这次活动还有一个亮点，就是邀请来自沪苏浙皖的 12 位名师名校长们，围绕如何培养未来媒体人献计献策。他们还带来了精彩的活动题目，5

名出题者分别来自沪苏浙皖四地,题目也体现了多元和丰富,分别是:"被手机改变的生活","课业负担调查","我家的新闻","富庶长三角、美丽长三角、人文长三角","因地制宜,来一场不一样的研学旅行"。这些题目充满正能量,非常贴近青少年的日常生活,涵盖家校社,课堂内外,校园内外,让孩子们人人有话说,有话能说,能更好地说,从另一个视角让教育变得更加丰富多彩。尤其让人感动的是,整个活动从家庭到学校到社区,从农村到城市,从一地到多地,让学生素质培养的空间不断扩大,让城乡教育融合,让教育和媒体融合,让区域融合,联结起长三角地区的教育之桥、文化之桥和心灵之桥。这样的实践活动值得期待!

(2019 年 12 月)

让"强基计划"落到实处

日前,教育部发布了《关于在部分高校开展基础学科招生改革试点工作的意见》,也称"强基计划"。计划从 2020 年起实施,起步阶段将选部分"一流大学"试点,主要选拔有志于服务国家重大战略需求且综合素质优秀或者基础学科拔尖的学生。同时,原有的高校自主招生方式不再使用。这则信息引起了全社会关注,也引发了对于教育改革的种种期待,成了年末岁首的重磅新闻之一。

众所周知,高考招生历来是全社会关注的热点焦点,也是教育改革的难点。"强基计划"的出台,直接关系着千万考生,关联着千家万户,比其他教育改革举措更加直接地引导人们的关注,是继《国务院关于深化考试招生制度改革的实施意见》发布以来,高校人才选拔培养迎来的又一重大变革。如何正确理解"强基计划",使之有效落实,需要全社会尤其是教育人准确领会要义,并且在思想和行为上及时调整,同频共振。

首先,各级教育行政部门和学校,要及时领会精神实质,主动在教育理念和育人思想上进行调整和转型。从权威文件解读可以得知,"强基计划"开宗明义,是聚焦国家重大战略需求,旨在确保公平公正的前提下,探索建立多维度考核学生的评价模式,逐步形成基础学科拔尖创新人才培养的有效机制,重点破解基础学科领军人才短缺和长远发展的瓶颈问题。这个解读,也直观地告诉我们,强基计划是围绕"立德树人"这个大目标,聚焦国家战略需要,突出基础学科的支撑引领作用。按照"为谁培养人,培养什么样的人,怎样培养人"这条主线,进行一系列的教育制度改革,并且要构建一个基于公平公正基础上的人才选拔评价导向和机制,有一整套完善的标准和规范的程序。当然首先有一个试点的过程,可以概括为"变、改、试"三个字。也是综合以往多年的高校选拔和招生考试制度以及方式方法,从选拔定位、招生专业、入围依据、录取方式、培养模式等进行了重大调整,具有十分鲜明的针对性。需要各级教育行政部门、相关高等学校和广大中小学校,要准确理解,不能断章取义,切忌人云亦云。要早作准备,因地因校制宜,细化方案,讲透新政策,围绕"建设更重基础的学科,培养更有创新精神的人才,办好更有质量的教育"目标,构建德智体美劳全面发展的培养体系,稳步推进课程改革,完善教学行为,为新政策真正落地打基础。

其次,对广大教师而言,"强基计划"深情地呼唤回归教育本原,期待教师的教学行为和育人方式的自觉变革。这个计划表面看是针对高校选拔考试,实则是对基础教育的一个"倒逼"。倒逼基础教育要更重"基础"。在制度设计上,"强基计划"将注重选拔两类群体:主要是高考成绩优异的学生和极少数在某个领域有突出才能的"偏才怪才"。是在学业优秀的基础上,综合考查学生的思想品德、社会责任感、理想信念和发展潜质等素养,它是对新高考制度以来提出的"分数考试、综合评价、多元录取"的具体化。在教学方式上,更加注重学生基础素养的培养,更加强调学生核心素养,并且倡导课堂应该是有生命有生机和有生活的课堂。育人方式上,强调要沉下心来练好"童子功",用好这一政策的德育资源,教育引导学生将学习兴趣按照国家战略需要转化,用"两弹一星"精神教育学生,鼓励学生树立"国家的需要就是最高的目标,党的召唤就是人生的理想"的价值导向。引导和教育学生在注重学业的基础上,还要在思想上、体格上打好基础,做好充分准备,强身健体,平衡发展,彰显特长,时刻准备接受党和人民挑选。自觉将学习志趣与国家战略需要和创新人才选拔,实现无缝对接。

同时,对社会和家长而言,要早做准备和不断适应,用一种全面发展的眼光和行动支持"强基计划"的实施。首先是营造和谐的教育生态,它是这项政策计划实施的保障,不是自动生成,而是方方面面呵护而成。其次,每个学生都是家庭的希望,也是家长的期待。社会和家长如何看待和回应"强基计划",直接影响着这项政策的有效推进和实施。要引导社会和家长,"强基计划"只是教育政策的一种,是与出台的相关教育教学系列改革相配套、相融合的一环,而不是全部。从社会层面讲,尤其是用人单位,要树立正确的人才观、政绩观,遵循多维度人才选拔和评价标准,不是"一把尺子量才";不再是非"985""211""双一流"不行;不再是唯名气,而是重基础,重特长,用改革的思维消化转化政策。第三,对于广大家长而言,要用一种理性的眼光理解政策,正确地对标自己的孩子。渴望孩子成才,成为一个国家的栋梁之才,它是每个家长的朴素愿望。但俗话讲,"树木有高低,手指有长短",无论是学业成绩还是其他素质,不可能是整齐划一的。不能将"别人家的孩子"挂在嘴边,而应当多用欣赏的眼光,看待自己的孩子成长,能当"学霸"固然好,是个"偏才怪才"也行,"两头不是,走平稳路线也不差",为孩子的个性发展、特色发展多一点点赞,少一点指责,对他们的选择多一份理解,但不要"包办"。将目光聚焦到关注孩子的基础厚实、全面发展和特色发展,教育引导他们成为一个"身心健康,阳光自信,个性特长,家国情怀"的大写的人。要树立"人人是环境,共同育生态"的理念,真正实现"美人之美,各美其美,美美与共"。

简言之,"强基计划"的出台,虽然是一项教育计划,实则为国家之基、民族之基、人才之基和未来之基。只要我们按照部署,紧密联系实际,因地因校因人制宜,从一抓起,综合施策,齐抓共管,自觉践行"变、改、试",主动进行"学、思、悟","强基计划"就一定能够落地生根,开花结果。

(2020 年 1 月)

从"李兰娟之声"到"钱学森之问"

庚子年春节,注定是一个刻骨铭心的历史记忆。一场突如其来的新型冠状病毒感染的肺炎疫情打乱了国人的生活常态。从 1 月 23 日武汉"封城"的那一刻起,全社会都知道了,新冠肺炎是十分严重和凶险的。时隔 17 年,第二个"非典"时期到来了。武汉、湖北甚至是中国大地瞬间变得凝重和肃穆了。当除夕之夜,本是万家团圆的时刻,上海第一批援鄂医疗队"逆行"奔赴武汉防疫战场的报道出现时,让人们在感受一份人间大爱温暖的同时,也感受到一种"风潇潇兮易水寒"的悲壮。

在我动手写作这篇随笔时,这场战役已经进行了快一个月。资讯高度发达的今天,让我们能够十分清晰及时地了解疫情进展,对疫情多了一份关注和牵挂,感同身受,希望早日取胜,祈祷国泰民安。

无数的事实和经验告诉我们,有党中央的坚强领导和正确决策,一个人民行动起来了的国家,打一场人民战争的战役,几乎没有不能取胜的。胜利只是一个时间问题。对此,我们每个国人深信不疑。身为教育人,回望这段"宅家"防疫的日子,还是有很多的感受和思考,疫情既是对我们国家公共卫生建设在内的治理体系、治理能力建设,是一场大考,也是对我们剖析社会心理,进而为培育一个健康的社会民众心态提供了素材。

思考之一,人类为什么总是在自己找方法报复自己? 能不能停下无知无畏的脚步? 尽管疫情的源头至今还无定论,需要更科学的论证。但必须关注的一个不容忽视的事实是,17 年前的"非典"疫情发生时和发生后,医学界和科学界已经无数次地告诫和提醒人们,果子狸、蝙蝠等野生动物容易导致病毒传播。"非典"疫情过后,一些人很快就好了伤疤忘了痛,似乎什么没有发生过一样,该吃就吃,该喝就喝,只要有钱就变着法子吃,炫富和猎奇心理作怪,天上飞的,地下爬的,无所不吃,无所不想吃,人有多大胆就有多少吃。许多明令禁止的野生动物交易和贩卖,几乎从来就没有严格执行过。即便执行,很多时候也只是一种过场,是在"打游击",在"躲猫猫"。由此推及,整个温室排放增多,地球气候变暖,极地融化加快,导致海平面上升,地球生态已经变得十分脆弱了……许多的自然灾害其实就是人祸。人啊人,什么时候能够长一点记性?为什么我们要自己伤害自己呢?难道就不能停下无知无畏的脚步吗?!

思考之二,"李兰娟之声"是回答"钱学森之问"的重要答案,希望这次真的不要忽视。这场疫情发生后,广大医务工作者和科学家当仁不让地走到一线,"逆行"成了一个悲壮的热词。每当看到有关医护人员上火线和支援前线的报道,内心深处的那份感动,会让我禁不住流下热泪。钟南山,这个名字的出现让国人有一种安全感,这位84岁的长者"逆行"在高铁上闭目养神的照片,成了国人心中的一座丰碑。当然,不只有一个钟南山,疫情发生不久,与钟南山院士几乎同步来到武汉现场的李兰娟院士,就向决策层提出"封城"建议,并且以一个有良知有责任感的医务工作者和学者发出了一个严肃的呼吁,"疫情结束后,希望国家给年青人树立正确的人生导向,把高薪留给一线科研人员,不要让年青人一味追崇演艺明星,他们是强不了国的","国家的兴衰要靠科技、教育、医疗,所以要树立全民崇尚医生、科学家、教师、军人,是他们在支撑民族脊梁"。这振聋发聩的声音,引起了一场思想地震。在我看来,这些话戳痛了无数中国人的心,丝毫不亚于"钱学森之问"的分量。李院士的"当头棒喝",必须要引起全社会的高度重视。我们的教育,我们的科技,我们的医疗等公共事业的建设,尤其是人才的培养到了痛定思痛的时刻。加上历经半年的"香港事件",原因固然有很多,但从根本上讲,与教育缺失,与国民的价值导向出现偏差不无关系。需要全社会深刻反思,反思我们的教育,反思我们对于科技、医疗包括生态环境建设在内的需要长期投入,无法立竿见影出政绩的事业,特别是对年青人的"三观"教育,我们还有缺失!在追求经济高速发展中,我们过于功利化了。一些管长远打基础的公共事业,讲起来很重视,事实上做得远远不够。以致发生重大危机时,才真正意识到情况远比想象得更严重。这种"狼来了"的声音,希望次数不能再多了,否则就真的危险了!

思考之三,我们的国家、我们的行业、我们个人需要必要的"安静",建议设立国家安静节。这次疫情发生后，有一个现象或者思考几乎达成了共识："疫情带来的病要治，浮躁带来的心病也要治"。我们太急了，我们太忙了，我们太快了，以至于每个人都很急燥，似乎忙得没有时间静下来。我们每天都有做不完的活，都有忙不完的项目，似乎有时连睡个懒觉，与家人一起吃顿饭，都是一种奢侈。而事实上，真的有那么忙吗？或者讲，真有必要这么忙吗？这么忙真的很有意义吗？我们的发展到底是为了什么？实事求是讲，经过改革开放四十多年的发展，我们的国力确实变得强大了许多，让国人自豪的地方也很多，从衣食住行，从交通基础设施，从高科技产品，从旅游出行，等等，我们完全有理由为国家的发展而欢呼。这种获得感，可以说是惠及了每个国人。"我们都是时代的幸运儿，我们赶上了好时代"，曾经是国人发自内心的呼喊。但不知怎么的，人们的幸福感没有相应提升。不知从何时起，我们身边的各种负能量的东西也多了起来，互联网尤其是自媒体发展后，网络空间变得不那么清净了，我们身边的一些人，似乎文明程度不升反降。有人曾经进行了一个比较极端的表述，"人与人之间的关系变得极度撕裂了"，还有一位知名的文化学者甚至讲"这个社会病了"。话是有点极端，但不能不引起我们反思。我们是不是该学会静一点，至少要有一定的时间、哪怕是只有一天或者两天真正的安静。比如，手机不开，任务不想，朋友不见，学会独处。在我看来，这样的场景如果不是发生了事情甚至是大事，对于我们身边职场上的人而言，似乎不是一件易事。静待花开，静能生悟。安静的背后其实是一种精神信仰，是一种内心的强大和自信。我们固然不赞同西方的宗教静修，但"吾日三省吾身"这些传统文化离我们似乎越来越远，浮躁的心无处安放，这是很多社会问题的症结。

病毒固然可怕。病毒当然需要防治。但现实告诉我们，在科学和技术的支持下，最关键的还是"人"。是人的内心，是人的精神力量。归根到底，是一种文化。希望我们齐努力，不要让悲剧重演。

（2020 年 2 月）

新时代劳动教育的初步理解

日前,中共中央、国务院印发《关于全面加强新时代大中小学劳动教育的意见》(以下简称《意见》),是贯彻全国教育大会精神,站在实现"两个一百年"奋斗目标,着眼培养中国特色社会主义建设者和接班人的大视野中谋划,是马克思主义劳动观在教育领域的具体化,为新时代劳动教育提供了基本遵循,具有十分重要的历史和现实意义。

我们党和国家有重视劳动教育的传统。在一些特定的历史时期中,在学校和学生中开展劳动教育还是比较有成效。可以说,今天并不是提出一个全新的概念,而是一种历史新传承。但从现实的视角审视,我们必须看到,一个时期以来由于多种原因,将劳动教育简单地理解为一般性的学工学农活动,"五育并举"常常被简化成德智体"三育";在"应试教育"、"分数至上"的功利思维和"溺爱孩子"、"包办代劳"等不正确的家庭教育理念下,尤其是受"诚实劳动和工农劳动不能'快速致富'、'一夜暴富'"等扭曲价值观影响,中小学生劳动教育的弱化异化缺位错位现象比较严重。正如《意见》所指出,"近年来一些青少年中出现了不珍惜劳动成果、不想劳动、不会劳动的现象","劳动的独特育人价值在一定程度上被忽视,劳动教育正在被淡化、弱化"。对此,必须高度重视并切实加以解决,这也是我们今天的教育所承担的时代重任。

笔者以为,新时代劳动教育,无论是制度设计,还是实践推进和专业研究,要坚持"四个育人"的理念,即,综合育人、融合育人、一体育人和"三全"(全员、全程、全方位)育人。新时代劳动教育有着更广阔的外延和更深厚的内涵,具有"树德、增智、强体、育美和促创"等综合育人功能,而不是单纯的技能和体力活动,劳动教育的核心目的是有效实施中国特色社会主义劳动价值观的教育,是培养具有劳动知识、劳动技术素养、劳动精神、劳模精神、工匠精神,辛勤劳动、诚实劳动、创造性劳动的德智体美劳全面发展的社会主义建设者和接班人。

要深刻理解,提高认识、转变观念有一个过程,开展劳动教育需要久久为功,不能毕其功于一役。要因时因地因人而行,决不能进入了一个新的"功利化教育"陷阱,防止穿新鞋走老路。近期,笔者在调研中注意到,各个学校、广大老师和家长们对于加强劳动教育十分欢迎,充满期待。但同时,也存在一些担忧,主要体现在几点:一是希望不是"一阵风",不是"运动式",不是临时"盆景",而是长期"风景";二是不能成为学校、老师和家长的新"负担",而是育人"动力"新能源;三是怕成为新一轮学校硬件"军备竞赛",而应是育人"内涵比武";四是怕上面千条线,变成下面一根针,活动繁多,表格多多,"微信"指挥,难于落实;更怕"一任领导一个法",而应是"一任接着一任干"、"一张蓝图画到底"、"一个调子唱到底"。

笔者以为,劳动教育如何更有针对性的介入学生成长,最关键的有两条,其一,要明晰贴近时代特征的劳动教育理念,心中有方向;其二,要做好载体研究,有哪些学生喜闻乐见、家长和老师认同、又切实可行的载体,行动有抓手。这是当下推进劳动教育,需要认真思考并尽快付诸实践的。

要善于用创新思维,用学生喜闻乐见的活动载体和丰富多彩的内容,寓教于劳,寓劳于乐,构成一种区域、学校、家庭和社会协同发展的劳动教育文化。比如,上海是中国工人阶级的摇篮和发源地,在历史的进程中,蕴育了上海这座城市具有深厚荣光的劳动底色,并且随着中国革命、建设和改革开放事业的发展,不断丰富完善和创造着上海劳动传奇,这是一部鲜活的取之不竭的劳动教育上海"素材"。要通过多种有效的途径和载体向广大青少年讲清讲透讲活,通过丰富有效的活动,将历史和现实铸就的上海"红色文化、江南文化和海派文化"元素融入各种劳动教育实践中,在学校日常运行中渗透劳动教育,创设一个"时时受教育,处处受感染,人人爱劳动"的成长环境,让劳动教育成为新时代上海教育新名片。

在此基础上,除了做好劳动教育的课程设计、基地建设、活动安排、师资培养等基础工作外,形成家校共育和科学有效评价机制至关重要。家校共育是劳动教育尤其是中小学生的劳动教育能否取得实效的关键之举,要将"家庭是孩子劳动教育的第一课堂,家长是学生劳动教育的第一任老师"落到实处,切实推进家校合作。要研制更加科学的劳动教育评价标准和可操作性方案,发挥评价"指挥棒"作用。同时,劳动教育的研究工作要向纵深推进,要从市级层面加大统筹力度,将劳动教育资源整合,克服"多头分散"、"多龙治水"的弊端。

劳动教育迎来了新的春天,需要广大教育人和全社会携手合作,共同谱写劳动教育春天的故事,为培养学生劳动素养,奠定广大青少年学生丰富深厚的劳动人生底色。

(2020 年 3 月)

　　中国教育发展已经进入了家校合作育人的时代。如果将已经走过的改革开放 40 多年比作教育改革的"上半场",那么,影响甚至决定着中国教育改革"下半场"的主要因素,就是家校合作育人的水平和成效。

　　通过专业化来促进家校合育科学化,这是家校合作育人的基础,更是区域教育学院的立身之本。

　　提升家庭教育质量是一项长期的系统工程,不能急于求成,必须久久为功。要坚持"问题导向+需求指数"课题研究模式,定期研究"三个指数",即关于学生、家长和学校家庭教育需求指数,不断提升家庭教育指导服务的精准性。

　　教师家教指导力范畴的提出,不是给教师增加专业负担,更不是口号式标新立异,它着眼于丰富教师的专业知识结构,创造条件让教师发挥自身育人专业优势,以提高教师的专业价值。

家教指导力应成为新时代教师的必备素养

党中央、国务院日前印发的《关于全面深化新时代教师队伍建设改革的意见》(以下简称《意见》),对各级各类教师必须具备的知识结构和专业素养提出了新要求,成为新时代教师专业发展的航标和方向。在学习贯彻《意见》过程中,笔者以为,家庭教育指导力应成为新时代教师尤其是中小学校教师必备的专业素养。

近年来,"注重家庭、注重家教、注重家风"的号召,重新唤起社会对家庭教育重要性的认识,学校、家庭、社会合作共育,促进学生终身发展,也成为全社会的共识。家校合作育人已经成为教育新生态。

虽然家庭教育的重要意义已在多数人心中达成共识,家长在家庭教育中的主体责任,也已日渐明晰。但有一个问题,没有引起足够的重视,即对于一些中小学教师而言,因为未经过专门训练,未掌握专门的家庭教育知识和技能,缺乏家校合作育人规律的把握。从现实情况看,学校德育和学科教学中出现的问题,比如,学生学习和行为表现异常,很多是因家庭教育不当或者缺失引起的,但由于教师缺乏专业观察力和实践指导力,使本可避免或者减轻的问题出现了,这样的案例屡见不鲜。

当下的年轻教师,"80后"、"90后"居多,几乎是名副其实的"独一代"。多数教师不仅没有接受过相关专业培训,甚至连基本的家庭教育经验也没有。现行的教师"入口关"偏重于文化基础、课堂教学素养,而对家庭教育指导力没有刚性规定。

再者,家庭教育课程还没有纳入师范院校和区域教育学院(教师专业发展机构)相关学科建设中。在职教师的家庭教育指导专业培训,还没有成为政府行为,很大程度上是"自生自灭"。家庭教育指导者专业化培训没有形成国家"标准(体系)",培训机构五花八门,市场逐利行为居多,专业研究实践不足，没有回归教育本身。还有部分教师受传统教育思想桎梏，认为家庭教育指导，是班主任和德育干部的事，是学校领导的事，是家委会的事。种种原因，造成教师队伍家庭教育指导力建设滞后，不适应时代发展。

笔者以为，随着普惠性家庭教育公共服务需求增长，重视和开展中小学教师家教指导力建设，是教育供给侧改革的重要体现和有效途径。

各级政府部门和学校要进一步提高认识，完善配套政策措施，优化家庭教育指导力建设制度环境。将家教指导力建设，纳入教师素养提升工程的重要内容，纳入教师入职必备条件，与教学业务、教育学心理学知识考测"同等要求"。分类指导，探索建立不同学校类别教师家庭教育指导能力建设培训机制。

通过教师专业发展和业绩考核评价导向，建立科学的教师家教指导力评价机制。将教师家庭教育指导力，作为中小学校发展和校长业绩考核的重要内容。加强家庭教育指导服务规范化建设，建立融"本土化、发展性、综合性、阶梯性、操作性"于一体的家庭教育指导服务体系，使教师在实践中体会到，提高家庭教育指导力对于职业成长的重要意义，从而提高专业学习自觉。

提升教师的家教指导能力，区域教育学院（教师发展机构）也必须有所作为且大有可为。从现实的情况看，区域教师发展机构可以承担起教师家教指导力建设、促进家校合作育人的区域"总枢纽"作用。笔者所在的教育学院，依托德育研究部门，整合相关资源，组建了区域家庭教育研究与指导服务中心，融合区域学生心理健康教育指导中心，发挥教师家庭教育指导力培训和研究基地作用，通过整合教育资源、师资队伍建设、专业建设引领、组织指导服务和评估监测五项工作，实现在家校合育中的"枢纽"功能。实践证明，这种"枢纽"功能，不仅可以提高教师的素养，还可有效促进学校、家庭和社会三位一体育人融合。

（2018年3月）

区域教育学院是家校合育"总枢纽"

随着教育改革向纵深发展,在探索和推动实现学生的全面发展过程中,形成了家校合作育人的新格局。"政府主导、部门协作、家长参与、学校组织、社会支持",是《教育部关于加强家庭教育工作的指导意见》对家庭教育工作格局的定义。推动家校合作育人,不仅成为一种教育新理念,而且形成一种教育新生态。

在家校合作育人这样一个教育生态系统中,作为集区域教师培训进修、教学研究、教育科研和教育信息化等功能于一体的区域教育事业发展专业机构的区(县)教育学院(有的地方称教师进修学院或学校),扮演什么样的角色? 如何有效参与和服务家校共育? 成为一个重要的教育课题。笔者以为,区域教育学院在家校合育格局中,要发挥"总枢纽"功能。

"枢纽",《辞海》的解释为"比喻冲要的地点,事物的关键之处";常指事物相互联系的中心环节。为什么说区域教育学院在家校合育大格局中能够起到"总枢纽"功能? 笔者认为,理由至少有三:

其一,家校合育是一项复杂的教育生态系统。在此生态圈中,有传统教育主体,如各级教育行政部门、学校和师生,也有非传统教育主体,如妇联、社会组织和广大家庭。这样一个复杂的生态圈,如何理顺各主体相互之间的关系,就成为家校合作育人落地时首先要解决的问题。

其二,家校合育需要走专业化建设之路。它不是仅凭单纯的行政指令能够实现的,也不能单纯依靠家长和教师个体力量去完成。但现实情况是,广大教师尤其是 85 后、90 后的青年教师,十分欠缺家教专业指导力,难以自觉完成家校合育这样一个"专业活",需要专业指导和专业培训。

其三,家庭教育的社会化服务,是一种界于行政指导与专业志愿者服务之间的工作,需要由一个独特的专业化的载体或平台来完成。区域教育学院因其"小实体、多功能、专业化、大服务"的职能定位,正适合承担这一角色。

具体看,区域教育学院在家校合育中的"枢纽"功能,主要通过五项工作来实现,即,整合教育资源、师资队伍建设、专业建设引领、组织指导服务和评价评估监测。

古语道,"名不正则言不顺,言不顺则事不成",家校合育需要有一个区域性平台统筹。要发挥教育学院在区域教育中的"人才、信息和专业"等优势,树立"大德育"理念,以学院德研室和学生心理健康教育中心为主体,建立区域家庭教育研究与指导服务中心(简称"家教中心")。围绕"服务师生、服务家长、服务社会"的工作宗旨,立足教育需求,聚集专业力量,将区域内分散的家庭教育指导服务资源进行有机整合,重点做好专业力量组建、工作制度规范、信息化平台搭建和工作机制探索四项基础工作,开展区域家庭教育理论研究、业务指导、提供社会化服务。

通过专业化来促进家校合育科学化,这是家校合作育人的基础,更是区域教育学院的立身之本。要从"教师的改变和提高"做起,研制涵盖中小幼一体化的区本家庭教育指导教师用书,形成区域化的家教指导专业"标准",列入新教师和骨干教师常态化培训内容,为教师家教专业素养提升提供保障。要围绕普及并提高广大家长的家教素养,开发家长课程,从课程建设的"四个维度"——课程目标、课程内容、课程实施和课程评价出发,系统地架构区本化家长课程。

开展课题研究,提供决策和服务咨询服务,是教育学院提供家教专业化服务的又一"重器"。要以问题导向和目标导向,鼓励和指导学校和广大教师参与家校合作育人专题研究,让有专长的教师参与各类家庭教育专业论坛、会议,拓展专业视野,逐步形成特色化区域家庭教育课题群。

要发挥专业指导和评价功能,因地制宜,研制开发测评工具和指标体系,设立区域家校合作育人示范校、优秀校、合格校"三校"建设标准,以评促建,以评促改。开展教师家庭教育指导服务专业能力评价,形成科学的评价导向。有效激发学校和家长的参与热情,让教师和家长群体,能从教育理念到教育行为,经历一次静悄悄的"革命"。

当然，区域教育学院发挥家校共育"总枢纽"功能也面临一些挑战。比如，在相对分散的家教资源体系中，如何做到既准确"定位"、及时"到位"，又不"越位"和"错位"，实现各种家教资源的有机运行，还需从体制机制层面创新。又比如，家校合作育人是一种"润物细无声"、"细水长流"的"慢"过程，它需要教育学院和广大德研员有"功成不必在我"的境界和情怀，以静待花开的定力和心境参与家校合作育人。

总之，家校合作育人已成为区域教育学院发展的新的生长点。发挥家校共育大格局中的"总枢纽"功能，促进家校在教育教学、学校治理、资源共享等方面的合作，是区域教育学院职责所在、目标所在。

（2018 年 9 月）

一辈子学做教师

　　当时光的年轮跨入 2019 年,我和我的同事迎来了一个丰硕的研究成果,我们团队共同策划和编写的《家庭教育指导教师教程》学前教育版、义务教育版和高中教育版完整地呈现在读者面前了。透过淡淡的书香,我的思绪也禁不住穿越了时空,回眸编写这套教程的过往时光。

　　这套教程是奉贤区教育学院向上海市教委申报的德育专项支持项目,也被奉贤区教育局列为支持学校自主发展的"星光灿烂"项目。在上海市教委、奉贤区教育局和方方面面大力支持下,这套教程由我担任主编,历时三个年头,可以算得上是上海市第一套公开出版的区本化家庭教育指导教师教程。其中开篇之作《又一种教育智慧——家庭教育指导教师教程(义务教育版)》,2018 年 6 月正式出版,奉贤区教育局在全区家庭教育推进大会上,举行了隆重而简朴的首发式。这套教程深受一线教师和广大家长的欢迎。不仅如此,在 2018 年长三角家庭教育高峰论坛上也获得了好评,样书一抢而空的场景深深地感染和激励着我们,其影响已经深入到全国同行。此情此景,作为主编、一线的教育工作者,我心中自然有着难掩的喜悦。与同事们的辛苦劳动结出了硕果,那种收获和成就感,真的无法用语言来形容。与此同时,一种惶恐和不安也不时涌上心头,如同一个小学生在考试结果出来前的诚惶诚恐。脑海中浮现了源自《春秋·左丘明》中的一句古训,"一命而偻,再命而伛,三命而俯"。的确,拿到样书后,我经常会独自一人,扪心自问:在浩瀚的教育星空中,我们能够走得多远? 能够走得多久? 能够走得多实?

　　想想,本项目的争取和这套教程的编写,实属偶然中的必然。说偶然,是我在 2016 年负责筹建奉贤区家庭教育研究与指导服务中心,组织开展对教师的培训和推进教师家庭教育指导力建设时发现:尽管当下市面上关于家庭教育指导的书籍林林总总,但四处找不到一本专门针对教师家教指导力的教材。在与学院蒋东标院长、徐莉浩书记和同事的交流中,大家不约而同地说起,能否自己动手编写一套区本教程? 这是最初的创意来源。说是必然,那是我们多年来从事区域教师教育实践与思考的长期积累。作为区域教育发展战略引擎的教育学院,其工作职责就是服务区域教育改革发展,着力提升区域教师专业素养。长期的一线工作经历,使我们对于区域教育有着十分直观的体验和认识,既为教育事业的快速发展和创新发展而感动,同时,也深深地意识到在迈向教育现代化的进程中,遇到了许多的困难和深层次矛盾。在我看来,这其中最为突出的就是全社会对教育的多元化的水涨船高的需求,让本应该是"慢"发展的基础教育,不得不被挟持上"快"发展的轨道。但问题是经常遇到"腿长手短"、"准备不足"的矛盾,特别是,面对新形势新要求,教师队伍建设遇到了前所未有的挑战。

教师教育和教师能力建设,是区域教育学院最基础的本职工作。如何加强教师能力建设? 教师能力包括了方方面面,行业内也研究了很多年,但到底还有哪些需要重点建设? ⋯⋯诸如此类的问题,不时会引起我们的反思。从一定程度上讲,这既是责任心使然,也是一种天生的"不安分",似乎对现实一直有某种想"突破"的念头,在不时地支配着自己。

围绕教师能力建设这个命题,细细思量,新中国成立特别是改革开放以来,我国现行的基础教育体制,基本上是以县(市、区)为单元开展教师在职教育,其中最有代表的机构就是教师进修学校或者教育学院,也有的是教研室和教师专业发展中心。名称不一但基本路径和方式相当,而这其中以教研室为代表的教师教育教学能力研究和指导服务基本上是"主流",延伸至今。这其中有"教学是中心任务"的必然性,但不能不说,事实上仍然存在的"考分至上"的理念和行为让教师课堂教学能力建设自动地生成为首要任务,甚至在一些极端地区成为"唯一"。简言之,关注教师的教学能力、育人能力,关注教师自身,关注社会等综合要素体系中,我们很长时间,只是关注了教师的教学能力,尽管在一定程度上也关注了育人能力,但后者关注得远远不够,或者讲起来重要,但一到实践中却是次要。随着教育事业和时代的发展,日积月累,各种新问题和旧矛盾也就产生和凸显了。

在实践中就经常出现这样一个场景:教学研究十分精细精致,新理念、新概念、新方法不断涌现,有时还十分"热闹",但我们并没有太多的兴奋感。

相反各类新问题层出不穷,表现在现实中,社会对教育的满意度似乎一直没有随着发展而提高,反而成为了全社会最易点燃的"着火"点和关注点。从每年的"两会"上答记者问或各种信息发布中就可知一二。是我们做得不多,做得不深,做得不专,还是什么? ……细细思量,都不是,甚至可以肯定地回答,无论是顶层设计,还是区域实践,还是研训员和教师,都很尽心尽力,也做得很实。我们似乎问心无悔。那么症结在哪里? 自然不是一两句话能够解释清楚,但抽丝剥茧,仍然能够找到一二。这其中一个重要的因素就是我们一直是在固有的观念框架下思考问题和寻找问题的答案,有一种"原地打转"的感觉;其实跳出"自我",用第三只眼观察,很大程度上我们还是只在教育教学方法技术层面上,而没有真正回归到教书育人本身,而且在现实的功利导向下,这样一个无法量化也无法"即时兑现"的内容,更多的也只是提提口号,落实到行动和实际中难度太大,这其中最直接的表现就是广大教师的家校合作育人能力,也称家教指导力的缺失。长期以来,我们对这个问题有一定的认识但远远不够,一度存在"是德育工作者的事","是班主任的事","与普通的任课老师没有太大的关系"等认识误区。况且很多老师本身还没有家庭教育经验,能够在教育教学上胜任就已经很不错了,对于本身就够任务繁重的老师们至少不要提出太多的新素质要求。就这样,家教指导力建设就没有发挥其应有的作用和功能。

事实上,教育的改革与发展进入今天,以笔者之见,不再是一个只需"刀刃向内"的单向度发展模式了,而是必须要面向开放的社会去思考和改革。这其中一个最直接的命题,就是家校合作育人已经到了一个十分紧迫的阶段了。如何做好家校合作育人这篇大文章,是决定教育改革能否成功地走过下半场的关键所在。也正是经历了几年的实践,当然还有一群志同道合的同事们的热情支撑,我们就这样以一种"无知者无畏"的态度走入了一个探索的领域。

"千淘万漉虽辛苦,吹尽狂沙始到金。"形成一本有价值、具有原创精神的教程不是一件易事,更是一项长期的事。尽管其中会有探索、有坚持、有舍弃,但我们深信,经典必将长远传承,并历久弥新。广大教师的需要、教育事业的需要始终是我们为之努力的目标方向,读者和广大教师的支持是激励我们不断前行的动力源泉。特别让我们感动的是,当我们怀着忐忑不安的心情向年过九旬的人民教育家、"改革先锋"于漪老师请教,并希望她能够为本书题字时,她欣然应允,并工整地写下"一辈子学做教师"。这让我们深切地感受到人民教育家的情怀,也让我们倍感珍惜这份信任。

我们所做的工作相对于改革开放和教育事业只是沧海一粟,但如果我们的劳动成果能够为区域教育品质发展、为广大一线教师专业发展和广大学生健康成长提供有效的服务时,我想,这是无上荣光的。由此,我不禁想起了北宋理学家张栻的一句名言:"行之力则知愈进,知之深则行愈达。"

（2019 年 4 月）

赋能家校合作育人质量提升的新起点

日前,中共中央、国务院印发了《关于深化教育教学改革全面提高义务教育质量的意见》(以下简称《意见》),这是党中央出台的第一个聚焦深化教育教学改革、全面提高义务教育质量的纲领性文件,是践行习近平新时代教育思想的新成果。《意见》内容十分丰富,《意见》指出,要"强化师德教育和教学基本功训练,不断提高教师育德、课堂教学、作业与考试命题设计、实验操作和家庭教育指导等能力"。同时指出,要"重视家庭教育"、"充分发挥学校主导作用,密切家校联系"。释放了重视义务教育阶段家庭教育的强烈信号,其中,"提高教师家庭教育指导能力",是首次见诸中央文件,具有风向标作用。如何将《意见》精神落地生根,需要在实践中探索和深化。

首先,要理性全面地看待当下的"家教热"。一方面要以积极的态度关注和重视家庭教育,但同时要有"热现象中冷思考"的定力,全面客观地审视家庭教育的现状和发展。必须指出的是,现有的家庭教育盛况中出现了"虚火"和"泡沫",一定程度上存在"虚假的繁荣"现象,不能盲目"追风"。尤其不能被利益机构绑架,防止催生出新的"以推动家教为名、行经济利益之实"的局面,使一些参加各种培训和指导的家庭和家长无所适从、食而不化、水土不服。我认为,当下家校共育的"问题",主要集中在三个方面:儿童权利的回归问题、中小学生"作业焦虑"问题、指导者专业素养尤其是教师的家教指导能力问题。要坚持问题导向,进行有根有据的系统化准备,拿出切实可行的"药方"。

其二,要将家庭教育依靠的力量搞清楚,将家庭教育几支生力军武装好,加快家庭教育专业建设。关注和用好"四个力",即,家长的家教胜任力,教师的家教指导力,政府部门的政策推动力,全社会的教育合力。尤其是要提高家长的家教胜任力和教师的家教指导力建设。队伍不专业、不规范和缺少科学的专业标准是一个十分现实的问题。现有教师资格考试和培训中,有心理健康、教育学、心理学,就是没有提及家庭教育指导能力。一线教师家庭教育指导,基本上是凭经验,凭做教师的经验,凭当家长的经验。不少年轻教师和学科教师看到家长"怕"和"躲",背后就是因为缺乏能力。建议以《意见》为指南,将教师家教指导能力,列入教师入职的基本要求、培训培养和评价考核体系中,在有条件的大学,开设家庭教育专业,开展家庭教育学科研究和建设。

第三,要关注先行地区丰富的实践探索和基层的创造性,典型引路,推动家校合作育人质量新提升。这些年各地在加强家庭教育、推动家校共育上作了不少探索,出现了不少典型。上海作为部市共建地区和改革开放的前沿区,一直比较关注家庭教育工作,呈现了三个鲜明的特点:一是起步早,1979 年起,就有一些学校开展了家长学校建设,改革开放以来尤其是进入新世纪以来,重视和完善了两个"三级家委会"建设,重视家长参与学校民主管理和建设,让家长们走进学校。2009 年起就颁布了《家庭教育指导纲要》实施意见,形成和出台了一揽子指导意见。二是探索构建组织管理、指导服务、队伍培养、评价引领、研究突破等"五位一体"的家庭教育指导服务新体系。构建"线下、线上"指导服务网络,打通"最后一公里"。线下,推进"1+16+X"家庭教育指导"网格化"建设,打通家庭教育指导"最后一公里"。线上,推进"互联网+"家庭教育指导,开设家庭教育指导慕课、"空中父母课堂",不断拓展家庭教育指导时空。开展了家庭教育示范校的评选,设立了评价标准,以评促建。三是组织各方专业力量,研制了分学段《家庭教育指导手册》、"社区家庭教育系列丛书"和近 100 门家庭教育指导课程菜单,扩大家庭教育指导资源的供给。2016 年起,以上海奉贤区为试点,研制覆盖学前、义务教育和高中段《家教指导力教师教程》;同步开发教师家教指导网络课程,开展教师家教指导能力专项培训,初步形成了教师主动参与家庭教育指导的好格局。

提升家庭教育质量是一项长期的系统工程,不能急于求成,必须久久为功。要坚持"问题导向+需求指数"课题研究模式,定期研究"三个指数",即关于学生对家庭教育需求指数、家长对家庭教育指导需求指数,学校开展家庭教育工作需求指数,不断提升家庭教育指导服务的精准性。

(2019 年 6 月)

从教育之术走向教育之道

中国教育发展已经进入家校合作育人的时代。笔者以为,如果将已经走过的改革开放四十多年比作教育改革的"上半场",那么影响甚至决定着中国教育改革"下半场"的主要因素,就是家校合作育人的水平和成效。

2019 年 6 月中共中央、国务院《关于深化教育教学改革提高义务教育质量的意见》,第一次将家庭教育指导能力作为教师的教育教学能力写进党中央文件,这是教师教育和教师专业建设的一个风向标,研究和推进教师家教指导力建设,具有十分重要的理论和现实意义。

教师家教指导力是教师通过多种科学的教育理念、手段和方法,对实施家庭教育的家长从理论、方法、内容和技术等方面进行指导,帮助家长提高科学育儿能力、提升家庭教育水平的一种能力。家教指导力是新时代教师的一种具有时代使命感、责任感和新鲜感的新能力,也是一种丰富教师专业修养、职业素养和能力结构的新视阈。简言之,是新时代教师的必备素养。

教师家教指导力属于大德育范畴,其内容蕴含理念引领、行动规范、育人智慧等多层次、多角度提高家长的家庭教育能力和素养为导向,以指导家长理性有效开展家庭教育为核心,助推家长科学育儿能力。教师家教指导力是教师的一种专业素养,这种素养关照的对象不同于以往学校场域内的学生,它直指整个社会大场域内的学生家长,意在指导家长更好地推进家庭教育,是帮助家长优化家庭教育的综合能力。

从外在属性来理解,教师家教指导力具有三个基本属性:首先,教师家教指导力是教师的一种育德能力。教师通过指导家长更好地实施和推进家庭教育,培养学生崇真、向善、尚美的人格与情怀来显现其育德取向。其次,教师家教指导力是教师的一种育己能力。无论是与家长日常沟通,还是参与家长培训辅导,教师在指导家长的同时,也在潜移默化中反省、改进自身的教育理念与行为。再次,教师的家教指导力是教师的一种通识能力。一线学校的教师多是具有专业学科背景的教师,教育生活中无论是与家长或是学生沟通,易困囿于学科专业的素养局限,而教师家教指导力是教师的一种"通识素养",不分学科、不分学段、不分职位和职级,教师都应该具备这样的能力,它是教师素养结构必要的构成要素。

从内在结构来看,教师家教指导力至少包含了认知能力、沟通能力、情感能力、协作能力和管理能力五种能力要素。这五种能力要素之间是相互衔接、相互融合、相互渗透,从专业素养的培育规律和成长阶段看,它存在一定的梯次发展结构,或者讲,是一个由低阶向高阶发展的过程。通过共同育人这个目标,在遵循教育规律中形成独特的运行机理和运作机制。

在当下,新时代中国教育范型已经日渐改变,走上了转型重构之路。教师家教指导力范畴的提出,不是给教师增加专业负担,更不是口号式标新立异,它着眼于丰富教师的专业知识结构,提高教师的专业素养内涵,创造条件让教师发挥自身育人专业优势、扩大自身育人实践范围、增强自身专业能力,以提高教师的专业价值。更重要的是,当今教师家教指导力建设并非无源之水、无本之木,这种能力的培育,除了教师自身要从主体因素出发,适时做出一定的思想和行为调整,还需要提供一些教师教育课程等专业资源支撑。

正是在这些认识和研判的基础上,上海市奉贤区教育学院充分发挥在区域家校合作育人格局中的"枢纽作用",立足区域教育传统、基础与实际优势,站在优化教育供给侧改革的高度,在推进家校合作育人实践中,凝炼出"问题化指导、标准化实施、多元化服务、机制化保障"的工作模式,在上海市教委支持下,开发出一系列旨在培养和增强教师家教指导力的理念和实践素养,满足教师多元化需求的家庭教育指导教师教程系列,它们分别是面向幼儿教师的《智慧开启》,面向义务教育阶段教师的《又一种教育智慧》,面向高中教师的《智慧合作》。这套系列教程还得到了人民教育家于漪老师的亲切关怀,先生以"一辈子学做教师"的亲笔题字鼓励我们开展教师家教指导力建设。与此同时,同步开发与教程配套的网络课程,开展家教指导宣讲指导服务,让身边的人讲身边的事,让身边的事影响身边人,不仅深受广大一线教师的欢迎,也在家长和社会层面产生叠加效应。一股"像重视学科教学素养一样重视和培养教师家教指导力"热潮初步形成,伴随着长三角教育一体化的推进步伐,其辐射效应日益显现。

我们有理由相信,建设教师家教指导力的系统实践和理论重构,时机已经基本成熟。直面未来不确定的挑战甚或善意的质疑和批评,我们秉持"边做边学习"、"边学边探索"、"边探索边完善"的心态,立足过往探索,学思践悟,力争开辟出一条新时代教师专业成长的新路子。

(2019 年 10 月)

我为何关注教师家教指导力建设

2018 年 12 月 23 日,冬至第二天。我赴京参加全国家庭教育数字化示范区项目启动会议。乘坐的航班,飞行在万米高空中,窗外洁白的云朵和魔幻般的景象,让我的思绪也变得无拘无束,一个念头灵感突然跳出,应该动手实施"教师家教指导力建设"深度研究了。

老实说,这个念头已经先后酝酿快 3 年了。但正式动手,自己还是有点感到底气不足。一是翻阅资料,这是一个涉猎不多的专业领域,担心自己的学术底蕴和管理经验不足,总觉得有一种"无知者无畏"的莽撞感。无数的事实告诉我,学术领域不是你想进就能进的,知易行难,是需要有"童子功"的,而我对于这个领域只能算是"半桶水"。二是即使动手了,对能否形成让社会和专业领域接受,能否达到实效,还真的没有把握。记得 2018 年 2 月份,还是春节期间,我与《中国教育报·家庭教育周刊》主编杨咏梅老师交流过这个话题,她以报人和专家的敏锐,让我关注这个话题并鼓励我形成一篇评论文章。文章形成后经她修改,在"两会"期间刊发,时间正好是 3 月 8 号,题目是《家教指导力是教师必备的素养》。应该讲,这篇文章的影响是比较大的,至今在网上百度,好像同类题材的专论还是不多。或者斗胆讲,鲜明地提出并公开发表"家教指导力是教师必备素养"这个观点的,我好像是第一人。其实第几个发表并不重要,重要的是这个理念和观点的提出。我作为一名基层的教育管理者,是多年来对于教育改革观察与思考后的一个建议。有时我还会问自己,是不是一不小心进入了一个"无人区"? 且慢为开创而高兴。事实上走不出"无人区"的案例屡见不鲜。而且即便是有出路的"无人区",其过程充满着挑战和艰辛,真的不是用语言能够表述的。没有过人的实力、耐力和定力,走出"无人区",基本没有可能。事实上,很长一段时间,我和课题组的同仁,就是处在这样一种徘徊中。还好,犹豫归犹豫,但一直没有停步,事实上正是这样一种不停步的实践积累让犹豫逐渐化解。这样的实践探索和"想到就干"的行动力,使我们不断取得自信。

与此同时,更多的是有一种被神秘的专业"金矿"诱惑,如同当年发现敦煌壁画般的兴奋,或者讲,很难说这不是一个"芝麻开门"的故事。其实,我和同仁们知道,更多的是一种面对现实的教育需求和专业职责推动吸引。几年的区域教育学院领导经历,让我从一个行政机关的管理者向专业领导者角色转换的实践中,感受和形成了这样一个理念:当下的青年教师尤其是中小幼教师,太需要也太缺乏系统的家教指导力专业培训。再将目光投放到更宽的视域,我有幸参加教育部规划司 2018 年委托的重大项目研究,在一次内部讨论会上我就大胆地讲到,"四十年教育改革成就斐然,但也存在很多深层次的问题,其中基础教育改革不能再是单纯的围绕学校、教育教学等本身的'刀刃'向内,而是要推进教育改革与社会变革同步进行,这是解决中国式教育难题的'王道'"。

依笔者之见,教育教学领域在现实的环境中,应该改的和能改的基本都进行了,尽管还有不少问题,但成绩是主流。再套用一句话"好吃的肉和好啃的骨头都吃了,留下来的都是难啃的"。这个"骨头"更多的是触及根本利益和教育部门一家之力无法解决的问题。比如,一个老生常谈的"中小学生减负"问题,喊了几十年,也拿出了一些过硬的举措,但还是难遂人愿。既然不是无解的数学题,那为什么还是这般难? 笔者在 2018 年"两会"期间围绕此问题也写了评论《实现中小学生减负必须全社会集体减负》,发表在上观新闻,引起了一定的反响。文章的一个核心观点就是:面对这样一个表现在教育和学生身上,但根子在社会的问题,必须用社会化思维和行动来解决,而不是学校一家更不是教育内部的事。笔者特意指出,这不是为教育推脱责任。

教育大计,教师为本。作为以育人为天职的人民教师,教师的素养提升是关键要素,事实上也是区分学校优质与否的核心要素,"择校"实质就是"择老师"。其实这也是最稀缺的要素。提升教师的素养是多方面的甚至是全方位的,首当其冲的当然是教学能力,教授学生知识和技能是基础,我们在坚持师德为先的同时,基本上都不遗余力地开展教学能力培训培养,"能力导向"加上"分数导向",让我们的广大教师在上课之余或者在上课之中,无不是力争提升教学技能。但必须承认，我们太讲究教学力"技术"层面，而忽略了甚至是基本不关注"道"——育人能力中非常重要的家教指导力，这方面的论述我在其他专论中已经提出许多。

正是基于这样一种认识和现实的推动，在领导和同事支持下，笔者推动了奉贤区家教中心建设，组建队伍，开发网课和搭建平台，研究课题，研制教程，几年下来从一个"门外汉"逐渐向内行转型。经历这样一个从感性到理性的过程，萌生了从理论层面提炼，尔后形成教师家教指导力建设论的基本框架。且行且思，边学习边积累。当然更多的是幸运地遇到了一群志同道合的同事，我们是在完成大量事务性的工作之余，进行探索，开展研讨，有时还会有争论，甚至也会有纠结。但我们始终以一种向前方行走的精神，不断向专业深处开掘，于是也就有了这个专论的雏形。

（2018 年 12 月）

一封"家信"折射教师家教指导力

2020年农历春节,受新型冠状病毒引发的肺炎疫情影响,全国各地中小学校春季开学延期。为既保护学生身心健康,又保证学生学业不受影响,各地引导学生在家积极防护的同时,开展了自学和线上学习。"停课不停学",这是考验教师教育智慧、检验家庭教育效果、考察学生在家庭教育影响下学习成果的时机。2月3日凌晨,杭州建兰中学804班班主任郭简,给自己的学生写了一封题为"为什么我的眼中常含泪水"的信,发送在班级家长微信群。一时间让家长感动不已,纷纷为其点赞。"我最亲爱的孩子们!他日,你长大。如果你愿意学医,请你做像这些冲上一线的医护人员那样的勇者。""请你做像钟南山爷爷一样的人。""无法冲锋陷阵的教师,唯有守护好自己的职业,教给我的孩子们,做一个有大爱、有大义、有专业、有贡献的人。"寥寥数语,充满对学生的谆谆教诲和真诚期望。表达了教师的责任感与使命感。无独有偶,同为杭州的天杭实验学校特级教师郑英,推出了"给孩儿们的10句心里话",字字珠玑,深受家长和学生的好评。

郭老师、郑老师这两位普通教师,都有自己的学生,也都有对于学生教育的独特的方式方法,以写信的形式让家长转给孩子们的"叮咛",不仅体现了广大教师对于学生的关爱,也是对教师职业的敬畏,值得广大一线教师学习。从专业的视角看,这两位教师的做法,实则是教师家庭教育指导能力的一个范例。看似是在一个特殊时期,选取的一种教育方式,实则是平日积淀的教育智慧的有效运用。展现了教师对于孩子的期待,让家长明晰,在教师的指导下,家长教育自己的孩子,理当站在什么角度、秉持什么立场、运用什么方法,所讲的内容,都是贴近生活,既有诗情画意体现文化的力量,更有平实管用表达教育的智慧。比如,"多读点书,知道光在哪里","多看几部有质地的电影","讲究卫生,养成良好的卫生习惯和生活方式","学做几道菜",

"学会独处"……家长和学生们都能够理解并且接受，只要稍加行动就能够实施。所有这些，都是针对"问题"和"需求"，并提出的可信可行的"方案"，同时也是一种管用的家校合作教育"样本"。

家校合作育人，从来就不是一句"口号"，也不是一句空话，需要落在学校和家庭教育学生的具象行动里。教师指导家长如何开展家庭教育的家教指导能力的培育，既需要专业部门指导教师，让教师群体对于家长开展家庭教育的方式方法了然于心；又要将这种能力渗透到与家长交往和交流的每一个环节，在日常看似繁琐的教育行动中，渗透着教师对于学生教育的那份真诚与责任。一般讲，家长能够感受到教师的"用心良苦"，自然而然地会配合以及效仿教师教育学生的行动方式和方案。由此，郭老师、郑老师的一件看似细微的"小事"，却展现着教师指导家长如何教育自己的孩子的教育智慧。对于教师来讲，家庭教育指导能力在这种合作互动的实践中得到提升和培养。

这个案例也提示教育管理者和教师教育专业部门，教师指导家长开展家庭教育的家教指导力建设，不仅要着眼于制度化的教师培训，更要把握日常教育中家长与教师交往的每一次时机，用教育智慧去感染、感化和影响家长，以一种理性的态度去教育每个孩子。同时，要意识到用教师的一件件"小事"去实现"润物细无声"，其效果会因与家长"共鸣"，而使其育人效果更佳。

我们欣喜地看到，这种好现象，不是只有以上的个案，而是已经上升到了教育"战时制度"层面，并显现了燎原之势。事实上，这次疫情发生不久，上海市教委就关注疫情，及时组织有关专业部门和专家推出了学生心理健康指导手册和居家防护常识，开展心理"防疫"援助。一些区教育学院积极组织区内一线优秀教师分学科学段开展针对性强的线上网课录制，克服了网课"泛化"导致"二次加重学生负担"和学生"食而不化"的弊端。特别值得点赞的是，一些区和学校结合这次疫情防控中出现的先进典型，及时进行挖掘和总结，让身边的人讲身边的故事，起到了很好的教育作用。本次上海市派出的首批参加支援武汉保卫战的医疗队中，地处奉贤区的曙光中学就有4位优秀校友代表参战。消息传开，这所由革命先烈创建的有着红色基因的学校，广大师生们深受鼓舞，为之骄傲。还有的中小学生为自己的父母走上防疫火线写日记和作文,写出了自己的心声,汇聚成强大的正能量。转化为战胜疫情的心理长城,彰显着学校德育的力量。

　　这些案例清晰地告诉我们,家校合作育人,不是一个阶段性特定名词,而是一个永恒的教育主题,它在探索育人规律,值得关注,需要践行。

(2020 年 2 月)

疫期居家是家庭教育的"窗口期"

　　一场不期而遇的新冠肺炎疫情,自动生成为家庭教育的"窗口期",是家校合作育人的检验器,也是家长育儿能力和教师家教指导能力的大比武。

　　因疫情时间长,至今已经覆盖了平时近半个学期且还有进一步延长之势,成为"史无前例"没有悬念。此时,全国亿万学生基本都处在同一大环境——"居家防疫和停课不停学",但又处于不同的小环境——"每个家庭有每个家庭的特别之处",用"一千个人眼中有一千个哈姆雷特"来比喻十分贴切。

　　此时此刻,教育"产品"质量如何,立马见分晓,用"潮水退了谁在裸泳"的比喻也很形象。笔者接触到的案例中,有的孩子面对这样的放松环境,"睡觉睡到自然醒""太阳晒破肚皮才起床""刀枪入库,马放南山",沉迷手机游戏没商量。家长对此一筹莫展,家庭"内战"不断。极端的案例有,因家长对孩子居家上网课和做作业不认真,不听家长的话,发生亲子冲突,家长绝望之下跳河轻生;也有孩子不愿接受家长教育,争执中"以死相威胁"的事件发生……一个往日温馨的家庭变成了火药味十足的角斗场。

　　与之相对的是另一面,我们还看到了不少学生,平时看起来没有什么过人之处,甚至学业表现一般,却是"绝境逢生",以高度自觉和全心投入,让自己平日没能深度阅读的课文和钻研的内容进行了如饥似渴地学习。有的在家长的正确引导下,居家开展有效的家务劳动和线上志愿者活动,亲子活动有声有色,假期生活丰富多彩,通过各种途径使自身的素养得到提升,充满了温馨和愉悦。笔者一位朋友的孩子正值高三,在学校举行的线上年级模拟测试中,成绩一下跃升了81名,进入了学校年级前五十名的行列。

　　其实,孩子的父亲因为老家长辈身体原因,回家探亲,加之疫情不能外出,所以一直在湖北老家陪伴长辈,学生和母亲俩人呆在深圳家中,基本是靠孩子的高度自律学习,独立有效地安排居家生活。前几天,家长应邀在学校线上家长会上进行经验介绍与分享。

多色调的学生"居家表现"背后,是孩子平时积攒的自律意识和家庭教育的日久结果真实显现。教育本是一个慢生长的过程,似乎看不见摸不着,但教育有时又是快步健飞,让人甚至会有一种"飞人横空出世"之感。虽然这样的结果不全是家庭教育的内容,但却是在家庭的特定时空中展现的教育现实景象。此情此景,不能不引起我们的关注和深思。

疫期居家,也是家长真正了解自己孩子的现实场。曾经在很多家长口中流传的一句俗语"孩子是自己身上掉下来的肉,哪处不知?"一起经过这个超长的居家期,却忽然发现其实自己并不是真的熟悉这个早就发生了变化的"人"。有的是孩子真的变得更加懂事了,有了自己的思想和奇思妙想;也有的是平时看起来很认真的"乖孩子",其实是"假刻苦"。

面对这些真实的教育现象,最现实的做法是,家长要针对孩子的表现,耐心陪伴,主动与教师沟通合作;教师要倾听家长和学生的"需求",分类指导,为孩子个性化教育和成长提供有效方法,让家校合作在非常时期变为"患难之交"。这个举动有无,既是家长育儿能力的"分水岭",更是教师教育智慧的"检验器"。

(2020 年 3 月)

教研心得

　　研训员必须是一个"出得厅堂、入得厨房"的多面手。研训员的"研究"固然要符合常态的研究特质，但又与大学和纯粹的科研机构的研究不同，这种"研究"更多的是关注教育教学一线中的"问题"，关注育人过程中的具体化的"问题"。

　　因为不完美，所以始终有向美之心，并且从不敢，也不能停下脚步。唯其如此，我们的教育科研和教育发展才会变得更美。

　　教育研究尤其是中小学校的教育科研，是植根于课堂、植根于教学、植根于育人实践。具有浓郁的教育味道，散发着"泥土"的气息。

　　一份好的工作交流文稿，表面上看是写文章，实质上是研究工作，是梳理思想，是对工作的过程、问题、成效和新思考的一种浓缩和归纳。

"教师的教师"必须具备四种能力

　　培养和造就一支高质量的教师队伍，需要多方努力。其中一支十分重要的保障力量，就是建设好区域教师专业发展机构。在上海地区，基本上都是由区域教育学院（教师进修学院）承担。在全国其他地区，名称不一，但基本上统称为教师专业发展机构。这个机构中的主体，就是从事教师培养培训和专业研究指导的特殊教师群体，统称为研训员。作为区域教育和教师发展的工作母机，区域教育"人才高地、学术高地、信息高地"三大高地，"教师的教师"素质究竟如何？可谓事关重大。从笔者近年来从事区教育学院管理工作的实践看，这支队伍除了具备一般合格教师的基本素质外，至少还要具备以下四种能力。

　　首先，必须具有课程和育德实践指导力。研训员必须是教育教学业务骨干，是精深的"医生"和"教练"。这一点基本没有异议。研训员绝大多数是从一线教师中选拔而来，十分熟悉并且精通课堂教学、德育实践，了解学生、了解教师、了解学校管理，是区域教师中的精英，担当着"教师的教师"角色。从这个角度看，他们都是熟练工，具有"工匠"特色。研训员十分强调从实践中来，能够指导实践；他们不是只有唱功或者纯粹理论研究者，强调实践性是首要的。无论是学科教学教研中的"备、教、批、辅、考"等基本环节，还是听课说课评课；无论是研学旅行等社会实践活动的设计，还是带班级，做学生和家长的思想工作，每一环节每一个步骤，不能留死角，没有空白点。

　　第二，必须具备研究思维和研究能力。一旦进入了区域教师专业发展机构，前面所讲的实践性，马上就变为"第二位"了，改为"第一素养"是研究思维和研究能力。研训员必须是一个"出得厅堂、入得厨房"的多面手。这种研究固然是要符合常态的研究特质，但又与大学和纯粹的科研机构的研究不同，这种"研究"更多的是关注教育教学一线中的"问题"，关注育人过程中的具体化"问题"。如果说研训员也有工作实验室,绝大多数不是单独建立一个科研大楼,不是单独上马一个试验室(当然,对于自然和技术学科,包括音乐教研是需要物化的试验室和场所),而是立足于区域一线教师、学校,针对广大学生和家长的需求。他们的实验室场地是在学校,在广阔的社会实践场所。他们的实验对象就是一个个的教师、学生和家长,是具体的教育教学包括德育工作中的对象内容。尤其需要指出的是,他们的试验基本上是不允许失败的,因为人生不能重来。他们的研究,是一个个基于一线问题的收集、分析以及找出对策方法的研究,这种"研究"的功利性和现实性更为突出,归根到底是以解决问题,并且是以有效地解决问题为导向。当然,他们的研究又不止步于这些,还有与地区、国家层面甚至是世界接轨的任务和可能。他们是将国家关于教育改革从宏观到中观一直到微观,尤其是教育教学政策研究进行区域具体转化的设计师和指导者,他们必须具有政策理论水平,具有情报资料的收集和分析能力,还要具有跨界跨区域的视野和境界,是能够出高水准的学术研究成果的。从这个意义上讲,他们是兼具"门诊医生"、"临床医生"和"研究员"的三重角色。

第三,必须具备终身学习和改革创新的能力。这是发挥引领作用的核心素养。时代发展和技术革命的步伐,已要求研训员不能是"一招鲜吃遍天",更不可能是一劳永逸。无论是贯彻落实教育新理念,还是研究新教材新教法;无论是评价方法的完善,还是活动和案例设计的优化,无不需要创新改革。固守传统和中规中矩,是无法适应新时代的要求。应该清醒地看到,这种危机还在于技术变革和网络技术、人工智能的冲击,专业指导者的来源和途径更加多元,研训员不再具有独特优势,更不具备唯一性。还有,当下新入职的教师基础素养都是在飞跃式发展,单从一些知名高中的新进教师阵容,就可窥见一斑。这个世界变化真的很快。真可谓"不是我们不优秀,而是优秀的太多了"。在这种情况下,研训员要有"长江后浪推前浪,前浪死在沙滩上"的忧患意识,不能躺在功劳簿上,更不能以佛系自诩,勇于善于跳出"舒适区"。

第四,必须具有很强的群众工作能力。研训员的空间和舞台尽管也有高大上的论坛,面对的也有高手和名家,但更多的主战场是在普通教室的三尺讲台上。主渠道是指导一线教师、学生和家长,其工作对象决定了他们必须具有很强的亲和力,必须善于做好群众工作。他们是从一线中来,必须将这种一线的气质保持下去。要有当年作家柳青、赵树理先生住村蹲点入行精神,具有可以土得掉渣的"山药蛋"气质,具有泥土的气息,具有原野的粗犷,具有校园的味道,具有长不大的"老小孩"神态。简言之,既仰望星空,更脚踏大地。

这样一讲,似乎将研训员的职业素养神化和标准化了。事实上,人不可能是完人,不可能按标准化样板来塑造。但我们完全可以按照高要求高标准进行提升和反省。如果这样,研训员队伍建设就更有希望更有作为,区域教师专业发展的土壤就更丰厚,实现高质量的教育就指日可待。

(2019 年 11 月)

研训员"三三三"工作法

区域教育学院(教师专业发展机构)是服务区域教育专业发展研究、指导、服务和管理机构。目前全国各地没有统一的模式,就上海而言,各区教育学院(教师进修学院)基本上是集区域教学研究、教育科研、教师培训和教育信息化等功能于一体。区域教育学院的教帅,统称"研训员"。随着时代的发展,对他们的工作方式方法也不断提出新要求。笔者以为,在当下,比较适合倡导研训员"三三三"工作法。

何谓研训员"三三三"工作法? 是指研训员的主要工作是教育教学研究、日常专业管理和面向一线教师指导服务各占 30%。另有 10% 的工作量,是围绕相关主要工作和阶段重点作适时的机动安排和倾斜。

笔者提出"三三三"工作法,是联想起我们党在抗日战争时期的一个历史名词"三三制"基础上提出的。"三三"制,是抗战时期,中国共产党为了团结一切可以团结的人士参与抗战,不但积极倡导和推动建立了抗日民族统一战线,而且将之付诸于政权建设的具体实践,在抗日根据地建立了一种崭新的统一战线性质的政权——"三三制"政权。根据这一政策,抗日民主政权中人员的分配,共产党员大体占三分之一,左派进步分子大体占三分之一,中间分子和其他分子(不包含国民党等顽固势力)大体占三分之一。这种体制,为抗战胜利做出了重要贡献。再后来,又有一个战术"三三制",最早起源于抗日战争期间,成熟于国共内战,大量运用于抗美援朝战争,是我军步兵训练大纲中的一种步兵"班组突击"战术。

为什么要提出研训员"三三三"工作法? 这是与当下的教育发展形势,与教师专业发展机构的工作职责紧密相连,是基于现实基础上提出的一种工作方法。

从教育发展形势来看。教育改革已经进入了攻坚期和转型期,也是决胜的关键期。要推动区域教育和学校内涵发展,提升一线教师的专业素养,首当其冲的就是需要高水平的教育专业引领,要求广大研训员能够主动运用研究的最新成果,关注区域教育发展的问题,关注一线教师教育教学业务和专业成长的需求,形成有效的破解方法和策略。

从机构发展任务来看。教育部和各级教育行政部门,对教师专业发展和研究机构十分重视。党的十八大以来,对机构的职能定位和工作重点进行了科学的界定,对加强教师进修院校和教育研究机构建设,提出了一系列新要求。作为中国特色的教育研究机构,无论是历史还是现实,如何让机构承担起区域教育改革发展的战略引擎和智库作用,需要教育学院在实践中回答。

从教师队伍建设新要求来看。党的十九大和全国教育大会,对新时代教育发展提出了新目标,《中共中央国务院关于全面深化新时代教师队伍建设改革的意见》的出台,对教师队伍建设提出了一系列新要求,赋予了新期待。如何形成相匹配的能力和素养,身为"教师的教师",每位研训员责无旁贷。

那么,广大研训员如何在实践中落实"三三三"工作法?笔者以为,至少要关注三大环节。

一是研究为先。这是研训员的立身之本,也是教育学院的院之重器。是每个研训员必须具备的核心素养,是重要的工作内容,也是开展各项工作的基础和前提。如果机构和研训员不具备研究能力,那就失去一切工作的基础条件。所谓"皮之不存,毛将焉附"。新形势下的研训员研究力体现在哪里?研究的重点在哪里?研究的途径和方法有哪些?这些都是必须关注的重点。从现实的情况看,研训员的角色是区域教育专业发展的桥梁和纽带。"上接天",需要对最新的教育理论尤其是教育教学理念和方法的掌握;"下接地",对学校教育教学一线的情况和问题了然于胸。研训员是着力于解决一线和实践中的"问题"而来的,并且能够因地制宜、因校制宜,形成有效的解决思路,满足各类"需求"而去。

二是管理为重。这是机构功能和职责使然。作为区域教育专业管理机构,围绕区域教学研究、教育科研、教育信息化和教师培训等重点,对每位研训员都有其专门的职责、岗位要求和分工。工作对象面对的是专业条线或者工作版块的管理，直接面对区域内的学校和广大教师，可谓"点多、线长、面广、量大"。人手有限，职责重大，要求研训员自觉树立管理意识，承担专业"管理"角色，需要创新管理理念，提高管理水平，改善管理方法，优化管理策略，创造管理效益。

三是服务为要。这是机构工作的落脚点，工作成效的"检验器"，是研训员工作价值的实现点。从宗旨上讲，研训员的根本职责就是服务，服务区域教育、服务学校、服务组室、服务一线教师、服务学生。如何在服务方式和方法上进行创新？这就要求切实提高服务质效，它是工作中必须关注的重中之重。比如，随着教育内涵发展和教师专业的提升，学校和教师们对于教育科研的重视和需求都扩大了。但现实情况是，研究课题类别、教师研究水平千差万别，不可能大一统。就需要研训员能够准确地了解"需求"，分类指导，既要保护一线教师的教育科研积极性，还要能够围绕问题和需求，指导教师从教育教学的一线"问题"出发，形成有效的可行的研究课题，关注过程管理，从课题题目的形成、项目申报到研究过程，进行针对性的指导。与此同时，还要注重成果的转化应用。这样一个"全链条"、"全天候"的服务，既考验着广大研训员的职责和耐心，又考验着专业和水平，更考验着情怀和境界。

当然，笔者所讲的"三三三"工作法，只是一种基本的工作思路。实际工作中，具体工作对象、环境、内容和重点都会出现不同的情况。千万不能"一刀切"，而应当具体情况具体对待，需要我们及时作出必要地调整，从而形成更好的工作实效。

（2017 年 5 月）

研训员五级工作台阶

王国维先生在《人间词话》中说："古今之成大事业、大学问者,必经过三种之境界。昨夜西风凋碧树,独上高楼,望尽天涯路。衣带渐宽终不悔,为伊消得人憔悴。众里寻他千百度,蓦然回首,那人却在,灯火阑珊处。"充满诗意的话语,道出了为人为学的精华,成为无数学子和研究者的座右铭,今天读来仍感亲切受用。对于以从事教育专业研究、指导、服务的研训员们,王先生的"三重境界论"同样适用,而且需要我们在实践中身体力行。如何将这种"写意"的境界,转化为具体可操作的方法路径,却是大有学问。

笔者前面写过一篇小文章"研训员'三三三'工作法",主要是围绕当下区域教育学院的功能定位和区域教育的实情出发提出的建议,偏重于研训员的工作职责、内容和主要途径。联系王国维先生的"三重境界论",笔者提出了研训员工作的"五级台阶"。这五级台阶分别是:事务层面、技术层面、统筹层面、思想层面和决策层面。试图从五个不同的梯度,浅析在实践中的工作推进。

首先,事务层面。这是研训员的职责和基础工作内容。研训员的工作对象就是基层学校和一线教师。既然定位为基层服务,首要的就是围绕一线的"需求"和"问题"来展开工作,注定了是要植根实践沃土,要处理很多繁琐且具体的事务:小到会议通知,会场布置,大到方案起草和咨询报告,无不需要研训员们亲力亲为。工作中,能够尽职尽责保质保量完成"点多线长面广"的事务,做到上下衔接,应该讲就是一名合格的研训员。

第二,技术层面。也就是专业层面,它是研训员的关键能力和专业基石。从一定意义上讲,是研训员的职业作为和立身之本。研训员绝大多数是从一线教师中选拔而来,而且绝大多数是优秀的一线教师,他们在学科教学、德育指导或者信息化等某一个方面,都是行家里手,是骨干带头人,是

"教师的教师"。对于他们与一般的教师,有不一样的要求,那就是更加专业。面对教育教学和教师成长中的各种"问题"和"需求",需要有"望闻问切"的工夫,能够直击要害,找到关键,手到病除,能够上"下水课",可以做"手上活",还能见"真功夫",成为让人信服的"师傅"。

第三,统筹层面。这是从专业管理和条线管理方面的要求,管理能力的高低,直接将研训员进行了区分。一般来讲,研训员按照分工都承担着具体的学段学科或者项目任务,需要具备业务管理的思维和方法,需要主动作为。就区域层面和条线层面进行统筹而言,能够并善于发现一线中的"问题",能够及时掌握一线的"需求",更重要的是能够针对这些"问题"与"需求",结合上级甚至是国家的"标准"和规则,将零散的"问题"和"需求"进行梳理归纳,形成区本化、校本化或者是个性化的实施方案。这就需要研训员具有统筹相关资源的能力,能够独当一面,全面推进。

第四层面,思想层面。它是当下的教育发展最需要的,也是体现研究力和引领力的"压舱石"。事实上,随着现代科技的发展和教育开放程度不断提高,特别是一大批高学历的优秀毕业生充实到教师队伍中来,常态化的教育教学指导服务固然重要,但相对而言,能够立足实践和经验,小到教学方案的具体化,大到区域学科教学或者德育推进方案,能够形成与时俱进的教育理念和教育思想,能够进行有效的教育方法和经验的提炼,能够推动研究成果的推广转化应用,这种教育思想和理念引领的工夫,对于研训员十分重要。这种水平也是专业能力见分晓的"分水岭"。

第五层面,决策层面。为区域教育发展当好参谋助手,提供有效的决策咨询服务。它是对研训员工作境界的最高要求。尽管对于大多数的研训员们可能承担的只是某一学科或者学段的工作职责,有的可能还是协助完成。但事实上,研训员面对的是全区教师,承担着区域教育的内涵发展、特色发展的智库与引擎作用。要有一种"位卑未敢忘忧国","身为兵位,心为帅谋"的境界。从教育评价到教育技术,从问题化解到方案形成,充分发挥参谋助手功能,这是当下区域教育学院实现"有作为才有地位"的关键所在。

以上提出的五级工作台阶,不是楚河汉界泾渭分明,而是一个循序渐进的过程,是一种相互渗透、相互影响和相互融合的关系。当然,不会要求面面俱到,事实上也很难做到整齐划一。但如果每位研训员,在工作中树立"五级台阶进阶"的思想,自觉修炼,从低阶向高阶推进,那么"教师的教师"就会更加名副其实。区域教育改革发展就会多了一道专业保障。

(2017 年 9 月)

每位教师都可以成为研究者

在教育向内涵化、精细化和品质化发展,且社会对教育有着多元需求的今天,特别需要品质化的教育研究引领,每位教师都应该并可以成为研究者。

当然,理想和现实之间总会有那样一种差距。实践中,我们常常感受到很多教师很希望成为研究者,但却对于教育研究存在一些"误区"。至少表现在这样几种:

误区之一:科研课题是写出来的,我不是文科出身,我特别怕写,因此很难做课题。

误区之二:教研是米饭、馒头和面条,是主食。科研是味精、酱油和醋,是调味品。将教研与科研割裂开来。

误区之三:科研课题是中高级教师和"老法师"才有资格做,青年教师做课题既申报不上,也做不好,因此不想做。

误区之四:现在主要是因为评职称需要论文和成果,否则,做课题没有实际意义,费力又费时,职称到手科研到头。

凡此种种表现,既有认识上的误区,也有行动上的盲点,更有指导思想欠缺的焦虑。需要我们专业指导服务部门,有一个清晰的思路和指导路径。

那么什么是真正的教育研究呢?我们提出了区域教育研究工作的"四个观点"。一是当下的学校发展和教育发展需要教育科研引领。二是教育科研不是专家和学者的专利,而是每一位教师真实的生活方式和成长方式。要齐抓共管,创设条件让教育科研从"高大上"的神坛走下来。不再是一度被认为是少数精英们的"俱乐部",而是人人可以参与、个个能参与的教师群体"大合唱"。让教育科研更贴近学校、贴近课堂、贴近教师。三是教育科研是一项具有很强专业性和富有创新性的工作。有效开展教育科研不是贴标签式的"大箩筐",更不是应景式的"花瓶",需要遵循教育规律、科研规律,要有专业素养和实践积累,要有发现的眼光,唯有走进去,才能走得实、走得远。四是为广大教师和基层学校开展教育科研搭建平台、提供服务,是区域教育科研管理部门和科研管理者的首要任务。

基于这样一种正本清源的责任,我们顺着"教育科研是什么"、"教育科研需要做什么"、"教育科研能够做什么"、"怎样才能有效开展教育科研"等,这样一些应知应会的问题导向思考,经过反复调研,聚思广益,十易其稿,形成了《奉贤区教育科研工作指导手册2.0版》,旨在通过我们绵薄的力量,让区域广大教师在通向教育研究的征途中,有一个系统化的区本参考手册。力求推进教研科研"双轮驱动、融合发展、一体推进",为建设"自然、活力、和润"的南上海品质教育区,当好参谋助手。

对于教育学院教师而言,服务教育教学开展研究指导工作是我们的工作中心,学校和课堂是我们工作的主阵地,教师和学生是我们工作的主要对象。需要我们重心下移,将目光聚焦到区域教育教学的方方面面,在火热的实践中,用一双充满热情而又智慧的眼光去发现问题、寻找课题、探究路径。

俗话讲,文无定法,学无定法,仁者见仁,智者见智。丰子恺先生说过:"这个世界不是有钱人的世界,也不是无钱人的世界,它是有心人的世界。"话语平和,富含哲理。希望我们在工作生活实践中做一个有心人,不断有新发现、新收获、新成果,早日成为一名植根教育沃土的研究者。

(2016年4月)

因为不完美,所以向美

——关于中小学校开展教育科研的思考

《上海教育》2018 年 7B 期"文化随笔"栏目,刊发了上海市教委教研室副主任谭轶斌老师的《不完美,才美》一文,主要讲的是作者对语文教学的实践思考。文中特别讲到,25 年前作者执教《威尼斯》一文,为了讲好课,作者特意交待去意大利出差的朋友,买回一本威尼斯风景画册。同时,运用刚刚学会的多媒体技术,制作成精美的 PPT,精心地撰写了教案。讲课时,熟练的内容,流利的话语,在当时很让人羡慕和出彩的多媒体运用,她本人也是自我感觉特别好,满以为会赢得一片叫好。谁知,受到了包括于漪老师在内的几位听课老师的追问,这篇文章的关键词在哪里? 散文最应教什么? 图片的使用对于教学目标的达成,有多大的用处? 等等,当头棒喝,让作者清醒了。"是啊,心中只有漂亮的图片,只有多媒体技术,完全没有文本,技术永远是为教学服务的,不能推动课堂的技术和外在的形式,再美也没有价值",作者这样说。

谭老师这篇文章,无论是文字的精美,还是思想的深度;无论是提炼的视角,还是专业的视野,笔者以为都大有可学之处。作者不愧为"教师的教师"。在读文章时,笔者禁不住对自己所从事的奉贤区中小学校教育科研工作进行了反思。脑海中迸发出一个话题:"区域中小学校教育科研的转型思考"。

从这几年从事区域教育科研管理的实践中,笔者以为,范式转变、流程再造和逻辑重构三个维度,是当下的中小学校教育科研转型发展的主要方向:

一是理念转型,回归区域教育科研的本源。正确认识区域教育科研的意义和价值。教育科研不是少数人的专利,而是广大教师的"大合唱";要有

"草根"课题意识,否则路会很窄。特别是从制度层面上,已经出台的中小学教师科研工作,不再与评职称等"利益"挂钩,更加提醒我们,要回归科研"本源"。回归"本源"最重要的落脚点,就是要围绕区域教育发展、学校内涵发展、教师专业发展和教育教学行为发展而进行的,尤其是中小学校的教育科研,唯有扎根一线和实践才有生命力和持续力。比如,最近几年,我们根据教育形势发展和现实的需要,在推进家教指导工作过程中,形成了《区域教育学院在家校合作育人大格局中的地位和作为》的方案,在全国首次提出了"枢纽"功能,总结提炼了家校合作育人中的"五大功能"和"五大工作机制",进而形成"家教指导力是教师必备素养"的理论思考,研制覆盖区域中小幼教师家教指导教程,开发有针对性的网络课程,遵循和体现了"从实践到理论再到实践"的研究思想。

二是范式转变,研究的内容和实施路径方法的转变。要有融合发展、一体推进的理念;既重"规范"、"标准",更要鼓励不拘一格的创新;既要"接天"引领,更要"小中见大"、从"小"入手;既要有学术探索,更要有实践提炼。从这些年来奉贤区的教育科研而言,真正有分量的科研课题和成果,无论是局长、院长领衔的区域重大课题,还是基层学校的课题,基本是关注一线、关注教育教学、致力于"问题"解决的课题。问题准、研究实、应用广。从连续两届上海市学校教育科研优秀成果奖和基础教育教学成果奖的评选以及最终的成果看,无不体现了问题导向、实践导向和应用导向。其中,围绕培养一线青年教师科研素养,推出教研、科研一体推进"我的教改试验项目"成效,充分印证了这一观点。所以,我们正在总结前一轮经验基础上,酝酿筹建科研、德研和教研"三研协同"创新工作室,旨在促进相关研究深度融合发展,实现一体化、制度化和机制化的区域学校科研工作范式。

三是评价转换,形成一种良性的价值导向。评价导向作用十分重要,应该说,我们现行的教育科研成果和水平评价指标还是比较科学,也一直在不断完善。以科研"三校"(示范校、优秀校、合格校)为代表的区域教科研评价机制,也在不断发挥着评价导向作用。要强调的是,如何让学校和教师从各种追逐"头衔"中跳出来,"真做课题,做真课题",这是摆在我们面前一道十分严峻但又必须面对的课题。可以这样讲,什么时候我们做到了是为解决真问题工作,而不是为了功利,体现"高大上"的装点门面,而进行的教育科研,更不是"科研是写作,写好就是科研"、"职称到手,科研到头"的异化行为。为此,对我们科研管理部门提出了新要求,也是我们努力寻求破解和推进的重点工作所在。

总之,中小学校教师从事教育科研,莫被学术唬住,不受理论束缚。千变万变,有一条不变,源于实践高于实践,指导实践、服务实践,并贯穿始终。

爱默森曾这样评价梭罗的诗:"黄金是有,可是并不是纯金,里面还有渣淀。鲜花是采了,可是还没有酿成蜜。"教育科研于我们而言,何尝不是如此。因为不完美,所以始终有向美之心,并且从不敢,也不能停下脚步。唯其如此,我们的教育科研和教育发展才会变得更美。

研究无止境　行动有策略

——再谈中小学教师的教育科研问题

　　随着教育形势的深入发展，广大教师对于教育科研的认识和行动进入了一个全新的阶段。如何在完成繁重的教育教学任务过程中，还能兼顾教育科研，一直是困扰着不少一线教师的"两难"问题。有教师会问，到底能否做到教学与科研双丰收？在行动中有什么样的策略？依笔者之见，实现"两者兼得"不仅可能，而且可行，关键是要掌握几个要领。

　　一是源于"问题"的研究。是研究真的"问题"，是真的研究"问题"，始终坚持问题导向，一切围绕解决问题"入手"。研究就是从"问题"出发，发现问题、分析问题和解决问题本身就是研究的本质。从鲜活的实践，从纠结的问题出发，尽管"问题"常给我们带来困惑和阻力，而这种困惑和阻力，却是我们研究和攻克的起点和动力。

　　二是不满"经验"的研究。经验是重要基础，但切不可囿于经验；提倡将经验上升为本土化的理论，抽象成指导实践的理论。中小学教育科研，多数是应用性研究，更多的是关注实践应用，大都是"切口小"的具体问题和方法。但这并不是说，就只停留在经验和实际操作层面，恰恰相反，需要我们有一双"跳出问题看问题"的眼光，自觉做到去伪存真、去粗取精，由表及里，透过现象看本质。

　　三是跳出"小我"的研究。一线是根基，不能脱离一线，但切不可止步于一线，止步于微观。要有大教育观，从大处着眼，从小处入手。要有个人的风格和特色，也要有个性化的语言和特色，但不可有个人主义，更不能"躲进小楼成一统"，偏安一隅，孤芳自赏。不为研究"新"而标新立异，刻意追求个性，特意贴上某某教育、某某理论，甚至某某主义的标签。正如教育部部长陈宝生同志所讲，"教育科学研究绝不是把成果变成抽屉里、书橱里、记忆里的成果，而是要把它融入教育事业发展活生生的实践中，变成指导教学、服务决策、完善制度、引导舆论的实践成果"。

四是追求"跨界"的研究。教育研究尤其是中小学校的教育科研，有着十分鲜明的特点。它是植根于课堂、植根于教学、植根于育人的实践。简单地说，具有浓郁的"教育"味道，甚至是散发着"泥土"的味道，与高精尖的技术研究和深奥的理论研究相比，似乎是两种不同的话语体系。但这不等于讲，中小学校教师教育科研就与技术研究和应用研究是泾渭分明。恰恰相反，它具有同源同质性的。需要有跨学科思维，跨界话语体系，融合发展，一体推进。需要我们广大教师自觉加强学习，掌握新信息、新思维和新方法，讲好教育故事，书写研究精彩。

总之，广大教师在从事教育科研的实践中，兴趣和追求占据十分重要的位置，深厚的教育情怀是研究可持续的动力源。只有将研究的思维贯穿教书育人的全过程，将探索本源、探究真理视为一种至高追求，才能越过一个个横亘在面前的艰难险阻，达到研究的理想彼岸。

教师不能迷失在信息技术的"丛林"

近期,上海市奉贤区教育学院组织研训员进行全员培训,反响颇佳。培训专门安排了信息技术专题培训,很多新技术、新工具让大家大开眼界,受益良多。在参加培训的过程中,有一个话题一直萦绕在笔者的脑海中,即教师应该有效掌握信息技术,但怎样才能不迷失在信息技术的"丛林"中?

随着信息技术的迅猛发展,教育手段也逐步走向多样化。但是,信息技术给广大教师带来便捷、推动教育变革与发展的同时,也带来了新的问题:在海量的信息和众多的技术工具中,教师应该如何进行选择? 如何做好"加减法"? 如何取其长而避其短? 概言之,就是教师怎样才能不迷失在信息技术的"丛林"中,成为信息技术"丛林"中的"囚徒"? 事实上,一些教师已然陷入了这种困境。对此,笔者提出几点建议:

第一,学会选择,当好"拿来主义者"。教师要接受必要的培训,但培训组织者要有专业甄别力,做好顶层设计,为教师做好"量身定制"甚至是"私人定制",而不能"各种生猛海鲜一起上",以防止教师出现"消化不良"的问题。培训者要帮助教师形成清晰的"自我定位",学会信息选择与判断,特别是在自身学习和对学生进行相关教育过程中,教师要学会过滤"噪声",区分有意义的信息和无意义的"噪声"。教师必须看到,在当今数字化、智能化时代,我们面对的是"数字经济之父"唐·泰普斯科特所说的"网络世代"(又称"N世代"),当代学生是"数字原住民",他们从一出生就面临着无处不在的网络世界,从小便融入了信息化社会;而一些中老年教师,作为"数字移民",他们自身需要经历应对信息化社会的学习过程,必须变革自身的教育教学,以满足学生群体的发展需要。教师只有真正理解和把握信息技术对青少年儿童的行为方式、个性特征以及学习方式等产生的影响,重新认识和了解他们的学习需求,并从这一需求出发,在海量的信息"丛林"中,选择适合的"食材"，才能为学生做出合适的"营养大餐"。

第二，防止技术滥用，营造信息技术的清朗空间。在数据驱动的教育变革下，网络空间五彩缤纷，但也充满诱惑和陷阱。海量的信息良莠不齐，它在为我们提供便捷的同时，也带来了很多的问题。比如，不少青少年儿童沉迷网络游戏和虚拟世界，引发了不少心理问题和不良行为。如何对学生进行有效引导，学校和教师面临着严峻的挑战。当前，蓬勃兴起的家长微信群，在促进家校沟通的同时，也带来了一些新问题，最为突出的是，由于沟通与信息传递方式不当，易于暴露学生隐私并引发家长的"集体焦虑"等。一度网传某学校班级家委会改选中，"家长大比拼"风波就是一个典型的案例。这就要求教师要引导学生和家长遵守网信管理规则，有序管理网络空间，自觉成为网络空间的"清道夫"和"园艺师"。

第三，见"物"更见"人"，不能用技术替代教育。再先进的技术，也无法替代有温度的人与人之间的互动。学校教育归根到底是育人的工作。面对性格、家庭环境、学业基础与生活经历迥异的学生个体，尤其是正处于"三观"形成关键期的中小学生，教育工作者要帮助他们学会观察世界，领悟人生，激发动力，要完成这一任务，需要心与心的交流。人机对话，充其量只能是一种辅助工具。教师要克服单纯的技术思维，教育青少年学生，学会与周围的人与事物和谐共处，这是一种贯穿学生终身的生存与发展能力。具体而言，教师可以让学生从身边小事做起，对亲人、同学、老师与邻居要有爱心和同理心，学会尊重他人、热心助人，学会与大自然和谐共处，树立绿色生态科学发展理念，更要学会与人工智能和其他新兴技术和谐共处，相互补充、共同发展。

总之，教师要不断提高自身综合素养，不断扩大信息技术的"教育场"，自觉进行角色转变，借力信息技术，从知识的传授者变成学习过程的设计者、知识的提供者与辅导者，真正成为信息技术时代的引领者与主导者。

（2018 年 9 月）

一线教师怎么参与"大调研"

日前,全市上下正在深入开展大调研活动,呈现出一种关注基层、关注一线的良好气象。在常人看来,一般谈到"调研",那就是领导机关和领导干部的工作,一线的工作人员似乎是"被调研"的对象,只需配合调研即可。不过,笔者认为,一线人员包括我们广大的教师,在大调研中是可以有所作为的。

调查研究是一种科学的方法论,也是我们党优良的传统和工作方法之一。从毛泽东、邓小平等老一辈革命家和政治家,到以习近平同志为核心的党中央领导集体,无不关注和使用这一科学的方法论。

作为民生之首,历来是社会大众"关注"的教育,更需要开展调研。寻找一种在新时代推进新发展的良策。层层传递之下,一线教师是不是只要做好自己的事,到时配合调研即可?回答是否定的。一线教师不仅需要关注和配合大调研,更要以此为契机,主动而深入地开展调查研究,这是推进教育工作、提高自身素养、实现教育初心的重要"风口",切莫错过!

为什么说一线教师开展调研大有可为?从宏观层面讲,是教育的使命和教师的职责所在。十九大报告指出,新时代我国社会的主要矛盾已经转化为人民日益增长的美好生活需要和不平衡不充分的发展之间的矛盾。这一科学判断同样适用于教育。人民群众渴望有良好的教育资源,而所有的教育资源中,最重要的也是衡量一所学校优质与否的第一资源,就是"教师",是一线教师为主体组成的教师队伍。党中央日前印发的《关于全面深化新时代教师队伍建设改革的意见》明确指出,广大教师承担着传播知识、传播思想、传播真理的历史使命,肩负着塑造灵魂、塑造生命、塑造人格的时代重任。它彰显着党和人民对广大一线教师的期待。从中观层面看,教育是大众关注的公共产品,一线教师就是公共产品的设计者、生产者,是事关教育供给侧改革能否落地的关键要素。从具体来讲,现实中教育面临的挑战和出现的一些"问题",除了体制机制层面的因素外,有很大一部分是一线教师在教育教学中一个个具体"问题"所产生的,需要进行深入了解和剖析,尤其需要认识"自己",进而主动用切实可行的办法将一个个具体"问题"化解在一线,为整体化解教育"问题"提供坚实的基础。因此,一线教师开展调研,可以归纳为一句话:三尺讲台,方寸纸笔,大有可为。

一线教师开展调研的重点是什么?笔者以为,重点就是围绕教育教学,聚焦"人"的需求。这个"人",就是自己的学生,是学生家长,是社区群众,当然也包括自己的同事和领导。不同的受众,不同的感受,不同的需求,都需要每位教师去用心关注。在平时不经意中可能错过、甚至是误解,或者是产生误会的言行,此次调研是最好的"校正器",也是最佳的"生态场"。

那么一线教师怎样做好调研呢?笔者以为,应当做到以下几点:

一是要树立正确的调研观和教育观。克服"习以为常"、"自以为是"、"与己无关"的想法,积极参与、主动思考,掌握基本方法论。可以在学校党政组织下,学习一下调研方法,比如,重温一下毛泽东《湖南农民运动考察报告》、《中国社会各阶级的分析》、《兴国调查》等经典著作。认真学习习近平总书记有关调查研究的重要论述,增强理论思维。还可以学习费孝通先生的《江村调查》以及与自己专业相关的调研报告等材料,了解和掌握一些调查的技术和相关工具,从而丰富和提高开展调查研究的相关策略、思想方法和技术方法基础。

二是在调研的内容上,要围绕学生、家长和社会的"需求"进行。这是教师参与调研活动最重要的一点。特别是对于广大中小学教师而言,要通过有效的方式,与自己的学生和家长进行深入沟通,知道他(她)们所思所盼所虑。比如,眼下"考试季"和"招生日"在即,如何当好政策宣讲员,当好心理咨询师,让家长和社会全面准确地了解相关政策,克服"焦虑"、"攀比"等心理,这就是一线教师的重点工作之一。再比如,新考试制度下的选课,减负增效,小学生"晚托",如何看待"上培训班",个别学生心理健康教育,等等,学生的一言一行,家长的种种疑虑,都是非常具体而且十分重要的沟通,都是一线教师必须关注也是可以开展的调研"素材"。调研实践中,贯穿始终的是要换一种视角、换一种心态,善于发现"平常"中的"不平常"。要深入深入再深入,细致细致再细致。看到细微处,谈到心坎上,记到笔记里,装在内心中。切忌大而化之,走马观花,敷衍了事。真正做到是"心"的交流、"人"的互动,而不是所谓"技术"为先、"实用"为要。

三是在开展调研形式上,不拘一格,结合自己的实际进行。可以个体独立进行,也可以教研组、工作小组为单元进行,还可以结合课程教研、教育科研、德育活动进行,设计问卷,运用互联网+思维等学生和家长喜闻乐见的方式进行。要主动走出课堂、走出校园、深入社区、走向"田野",在多维服务中进行体验观察,融入社会。让教育的声音,尤其是充满温度和人情味的教育之风,如三月的春风滋润人们的心田,汇集成新时代的奋进之笔。

如果广大一线教师和整个教育系统这样开展"大调研"活动,那么,实现让每个孩子都享有公平而有质量的教育的目标,也就指日可待!

(2018 年 3 月)

让学习成为教育学院文化风景线

2015年6月,根据组织上安排,我再次回教育学院工作。9月份开学以来,我与学院各位同仁,与教育发展研究中心的同事一起紧张有序地开展工作。短短的一个多月时间,同志们的工作作风、干事热情和干事能力,都给我留下了深刻的印象,也让我切身体会到新岗位、新要求和新期待。俗话说,人生如戏。我们都是人生大舞台上的角色之一,不管岗位怎么变动,角色如何变化,有一种内质是永恒不变的,那就是,要让学习伴随终身,让学习成为工作生活的一部分。这是适应不同角色、干好不同工作的立身之本;推而广之,我认为,学习要成为教育学院文化的风景线。

2015年是奉贤区教育学院发展史上,值得大书特写的一年。9月28号,我们共同见证了一个历史性时刻,学院正式更名为教育学院。在新学院揭牌的那一刻,我的内心十分激动,身为学院人,为赶上了这样一个好时代而感动。那一刻,我想到,从56年前的奉贤县红专学校、30多年前的奉贤县教师进修学校、15年前奉贤区教师进修学院,一直到2015年的奉贤区教育学院。名字背后,是历代学院人"筚路蓝缕,以启山林"的创业创新精神的彰显;名字背后,铭刻着学院文化的历史积淀,承载着奉贤教育发展的时代重任。正如学院新的发展目标所讲的,要向区域教育"人才、信息和学术三大高地"迈进。也正如学院门口的石刻"润"字,它是新时期"自然、活力、和润"南上海品质教育区的重要组成。那一刻,我们更应该想到,这样的变局不是自动生成的,这样的变化更不是偶然的等待,贯穿其中的其实是一个文化内核,是学习、专业和创新让学院一路走到今天。教育学院取得的成就是历代教育学院人汗水、智慧和实干的结晶,也是每一位学院人的倾情付出。我们都有理由为之自豪。

对于教育工作者,讲学习的重要性不言而喻。放眼世界,今天的时代已经进入了以数字化、信息化为标志的第三次工业革命的时代；也有人讲是第四次工业革命时代，是"互联网＋"和人工智能时代。放眼中国，牢记一二次工业革命失之交臂的历史教训，迎头赶上，大众创业、万众创新已经成为时代的主旋律。与此相应，审视今天的教育，已经进入了改革发展的深水区，教育本身已经被赋予过多的期望和目标，从教育价值、教育理念、教育方法到教育手段，对每位教育工作者都提出了新要求。特别是以基础教育为重心的区域教育，要在"学生学业不能掉，综合素质需要上，文化传承更紧迫"的三重期待下，如何在教育"选拔功利取向和文化育人取向"这个带有"二律背反"公式中，寻找一个最佳平衡点，无不在考验我们的智慧和定力。身为区域教育"三大高地"（人才、信息、学术高地）的教育学院人更是责无旁贷。实现这样的目标靠什么？毫无疑问，靠的仍然是学习，是向书本学习，向实践一线学习，向先进榜样学习。贯穿始终的是，要用一种开放的眼光、包容的心态和只争朝夕的作风去学习。因为我们是教育学院人，被称为"教师的教师"，人们对研训员的专业期望值很高，我们靠的就是用自己过硬的专业，去指导服务学校和一线教师。无数的事实证明，获取知识最重要的途径就是学习，学习应该成为教育学院人的生活方式。

事实上，大凡优秀的研训员，都是知识渊博、热爱学习和善于学习的高手。当他们把吸收知识、应用知识，让知识影响和改变广大一线教师和学校发展的那种快乐，变为一种极大的享受，是任何金钱都无法衡量的。也正是因为有一大批这样优秀的研训员，才推动教育学院成为一种学习型组织，凝练成一种学习文化。也可以说，唯其如此，才能永远保持"与时代同步、与大局同行"的教育格局。

哲人讲，知行合一，知易行难。细读其中，无不是一种文化的力量。让人欣慰的是，学院已经有了这样一种良好的基础。只要全体学院人保持一种进取的意识，既仰望星空，更脚踏大地，就一定会让"三大高地"名副其实，也会在黄浦江之南、杭州湾北畔、长三角流域、大上海格局中彰显一席之地。

（2017 年 10 月）

让融合发展成为教育学院文化源动力

记得 2017 学年的一次晨会上，我与大家交流的话题就是"让学习成为学院文化的风景线"。这个讲话稿，经修改后成为《奉贤教育（科研版）》的卷首语。今天，我想表达的是，"融合发展"在学院发展同样重要。如果说学习是风景线，是外在表现；那么融合发展就是源动力，是学院文化内涵或者内核。

2018 年 9 月在杭州成功召开的 G20 杭州峰会让世界瞩目。这次峰会不仅成功地完成了各项议题，更让世界深入地了解了中国，成功地彰显了大国形象，为构建国际新环境下的全球治理结构和治理体系积累了经验。峰会达成共识，当今世界发展是一个共同体，任何一个国家和地区的命运，都休戚与共，而不是独善其身。由此，联系到"一带一路"战略，到国内长三角、珠三角、环渤海、中部城市群等一体化发展战略实施，还有大家早已耳熟能详的"互联网＋"的工作和生活方式，等等，揭示了一个深刻的道理，全球化、一体化已经真真切切地来到我们身边。从一定意义上讲，全球化、一体化的内核就是融合发展、协调发展。

随着教育综合改革的深入推进，当下的教育发展也进入了一个新的时期。它的一个显著的特点，就是教育需要协调发展、融合发展和开放发展。知名教育学者袁振国教授在评《世界水准——如何构建 21 世纪的优秀学校系统》一书时讲过，学校优秀是一个系统，是整个制度和政策设计的先进性的体现。正是基于这样一种对教育时代主题的考量，在区教育局和学院党政的大力支持下，学院教育发展研究中心与教育研究中心主动作为，提出了教研科研一体推进"我的教改试验"项目，在奉贤区全区学校展开，也得到了各学校的大力响应。试点第一个学期，先后有 120 所学校参与 160 个项目申报，经过初选，有 120 个项目进入了复审答辩阶段。这项工作从提出到项目主题设计和实施，凝聚了区域教育改革的新理念，也是呼应学院转型发展，构建"三大高地"的一次具体实践。尽管对项目实施的结果和成效有待检验,但我们在实践中形成了一条经验:那就是走出了教研科研融合发展、一体推进、双轮驱动的重要一步,为进一步推进扮演了先行者的角色。

伴随着教育改革推进的步伐,当下的学院发展也进入了一个良性发展的快车道,学院文化建设已经越来越显示其重要地位,也日益凝聚成为学院人的共识和精神追求。在学院"和润"文化建设过程中,"融合发展"成为题中应有之义。在我看来,结合学院发展的实际,推进融合发展,要在四个方面努力探索:

一是与教育行政部门融合发展。作为区域教育的一分子,从学院党政到各业务中心,要主动对接教育行政部门,政事协同、一体推进。围绕区域教育改革发展的中心工作,关口前移,主动作为,让区域教育决策在学院这个大平台上,落地生根、开花结果。

二是与基层学校融合发展。作为区域教育业务管理和指导服务中心,学院要发挥专业资源和人才优势,围绕学校内涵发展和专业发展的方方面面,了解基层学校的所需、所盼、所思、所忧,分类施策,精准发力,提供有效的专业指导和服务。在推进基层学校内涵发展和教师专业成长中体现价值所在。

三是学院部门之间的融合发展。学院各中心和管理部门,要立足实情,围绕区域教育改革发展重点和学院工作中心,发挥相关优势,优势互补,找准共同点,搭建立交桥,拧成一股绳,构建教育专业发展服务链,形成发展合力,凸显"1+1＞2"的叠加效应。

四是学院教职工的融合发展。团体中每个成员,都要树立一种协作意识,提升合作精神。从专业指导到日常工作学习和生活,培养和发扬学院"和润"文化传统,走出小我,讲好新故事,传递正能量,在专业服务的获得感中,共同为学院发展添光加彩。

教育是一项系统工程,教育学院是一个教育生态场或者生态链。每个部门、每个人都是其中一环。学院文化建设已经进入了一个全新的境界。从润园讲坛的开设,学习之风、研究之风渐起,和润文化已经初见端倪。真诚地希望,在下一次能与大家交流一个全新的题目:和润文化成为学院人的精神家园。

(2018 年 9 月)

学习需要"三心"

国有成均，在浙之滨。一周的浙大培训学习，转眼就结束了。根据安排，让我在培训班结业式上讲几句话。先讲一点感受，正如我在培训随笔中所讲的，我们是"在山水田园中当学生"。几天前，已与大家分享过，此处不再赘述。既然是结业式，得讲一点有分量的内容。思考再三，我想围绕这样三句话，与大家交流：

第一，我们为什么而来？首先，我们不是来休闲的，这是制度所不允许的，也不是培训设计的初衷。这是一种难得的福利，是让学院每位教师得到专业发展的福利。我们来的目的，就是提升专业素养，为更好履职，为区域教育和教师发展打好基础。我的理解，我们是为"三心"而来，是胸怀一颗教育初心、虔诚之心、敬畏之心而来。

这颗教育初心，可以归结为一个"爱"字，抑或归结为一个词"情怀"。就是对教育的热爱，对教师身份的珍惜，对学生成长的关怀。正如习近平总书记在全国教育大会上的重要讲话，对教育事业和教师职业提出了新的要求。特别指出，教师是人类灵魂的工程师，是人类文明的传承者，承载着传播知识、传播思想、传播真理，塑造灵魂、塑造生命、塑造新人的时代重任。提出了"九个坚持"、"五个下功夫"的要求。归根到底，就是要做新时代的"四有"教师。

这种虔诚之心，是我们作为研训员，在学习和服务中，学会与高人相处，与名师作伴。它是提升自己，丰富人生的最好路径之一。这种虔诚之心，不仅在课堂，就是在校园漫步中也能体验和感受到，浙大校园就是这样一个"场"。惟学无际，际于天地。这里大师云集，有竺可桢、马寅初、苏步青等；这里思睿观通，有中国第一个同位素（核）农业试验室、第一个蚕桑专业；这里开物前民，陈云同志的亲笔题词"奔腾"，于子三的革命事迹，让我们在历史天空中,感受教育的力量。

这份敬畏之心,是因为我们在多年的实践中感受到了教育的神圣,在知识殿堂前我们还是小学生。"学高为师,身正为范"不是自动生成的,与你的年龄和学历相关度也不高,真正相关的是创新和发展。正因为如此,在行走于教育田野时,我们不断发现自身不足,感受到了危机,有一种发自内心的本领恐慌。正如作家莫言所讲,"如果你的能力撑不起你的野心,就请静心学习吧"。也正是这种恐慌,让我们对培训学习充满了敬畏。

第二,我们学到了什么? 学专业,学方法,学经验,根本的是学到了新思想新方法和新理念,当然也还学到了一种精神,一种专业精神。可以归纳为学到了"三品"精神追求:品质、品位、品格。

品质:无论是哪位老师的课,贯穿始终的是对于专业的精准熟悉程度,对专业的热爱程度。法学陈老师提供的法制史,如数家珍,三个小时的讲座,与其说是讲法制史,不如说是世界史和人类社会发展的浓缩版,是法治社会推进中的各种社会现象剖析,讲来一点都不枯燥,于风趣中完成了课程任务。浙江省教研室的方老师,对课堂的熟悉和热爱,对专业的熟悉和彰显的风格,让我们在谈笑间完成了一项专业传递。

品位:开放的心态,包容并蓄,走出"小我"。杭州市上城区教育局王莺副局长讲自己的专业成长经历,专门谈到照搬"经典",将当时全国特级老师的课堂实录都搬来,期待表扬却进行了反思。方老师的海量数据分析,在反思之中成长和积累,形成自己的风格和特色。音乐张老师,在讲座中,那种投入和沉浸,让我们感受了音乐之美,感受音乐陶冶人生,音乐培育精神。周仁娣老师讲,培养学生就是种地,道出了德育真谛。

品格:做最好的自己,做适合的事,做出有特色的事。教育的过程,就是一个不完美的人引领着另一个或者另一群不完美的人,追求完美的过程。追求完美的过程,就是老师成长的过程。所有的讲课老师都有一个共性,那就是在课堂上追求和塑造自己的专业品格。从教学意识向课程意识扩展。教学意识关注的是教学,课程意识关注的是人本身。教育的本质是丰富人的精神世界,丰富人性。这样一种课程精华,就是启发我们,要超越单纯的专业技术,从品格层面来丰富和提升自己。

第三,学习后我们怎么办? 这是我们来学习的根本任务。这也是检验培训是否有效的根本遵循。我们回去后,要把握三个要点:一是要消化吸收,为我所用。二是要专业重构,品质提升。三是要学以致用,推动发展。

浙江大学曾有"东方剑桥"之美誉。既然我们在"东方剑桥"学习过,是"剑桥"学子,那就让我们用浙江海宁走出的剑桥才子徐志摩那首脍炙人口的《再别康桥》作结:"悄悄的我走了,正如我悄悄的来;我挥一挥衣袖,不带走一片云彩。"

(2018 年 9 月)

用专业思维和行动推动区域德育课程一体化

"立德树人"是教育的根本任务。学校德育工作关系到培养什么样的人，既影响学生终身发展，又事关民族和国家未来的事业。德育工作的关键，是在培育学生核心素养、促进全面发展的过程中，如何落地生根，即如何"立德"，通过什么样的途径"树人"。能不能以着眼长远、立足当前的胸襟和"功成不必在我"的境界从事学校德育工作，从一定程度上是教育境界和学校文化建设的分水岭。近年来，奉贤区教育学院围绕"立德树人"的教育目标，发挥专业部门优势，政事协同，围绕推进区域德育课程一体化实施，加大顶层设计，教研、德研、科研、培训和信息化全方位推进，有效推进了区域德育课程一体化实施。在具体工作中，把握四个重点环节。

一是聚焦"一体化"。开展区域德育课程设计，突出专业引领。学科的育人价值是什么？基于学科特质学生需要，发展的核心素养又是什么？对这两个问题的追问，是实现学校学科德育工作落地的关键。学院组织德研团队和学科教研员，组成了专题项目小组，研制《奉贤区中小学校德育课程一体化实施意见》。围绕"一品三化"目标导向，以"两纲"教育为基础，围绕政治认同、国家意识、文化自信、公民人格等德育内容，进行顶层架构，按照德育课程、学科课程、传统文化和实践活动四个系列，设置了具有区域特色的"德育课程指导意见"、学科德育课程指导意见、"贤文化"教育指导意见和实践活动德育指导意见。从整体构建和具体措施上，都突出了一体化和实践性，开列了时间表和路线图。纵向上，中小学各学段有机衔接、前后贯通、有序递进、符合学生身心发展和认知规律；横向上，挖掘各学科、实践活动所蕴含的德育因素，发挥其特有的德育功能，实现全科育人、全员育人。比如，组织实施《我爱"贤文化"区本德育活动教材》修订编写，让中华优秀传统文化传承有抓手、发展有路径，使集知识、能力、情感态度价值观于一体的三维教学目标,在课程标准和教材的制定与使用中,得以具体化的体现。

二是聚焦生活化。搭建多元德育活动和课程实施平台,突出实践特色。以重走长征路为代表的"红色之路"和走向国际的"世界之窗"活动,是近年来奉贤区学生德育实践活动的重要载体。围绕这项融"传统与现代"、"国内与国际"于一体的德育实践活动,开展校本社会实践活动专题培训,指导学校坚持"整体育人、人文育人、实践育人、活动育人"理念,遵循学生的认知发展水平和身心发展规律,加强校本社会实践活动课程建设,探索学生参加社会实践的有效机制。围绕"寻根溯源、薪火相传"的活动主题,指导学校根据区域开展"红色之路"的活动目的,立足本校参与学生的认知水平,从"认知、情意、行为"三方面制订适合本学段学生的教育目标,从区域层面形成了小学、初中、高中一体化的教育目标;指导学校充分利用当地的教育资源,根据不同年龄段学生的生活自理能力与活动参与能力,自主选择考察内容,组织开展"自主管理、团队合作、故事讲演、诗词朗诵、歌曲拉练、仪式教育、随手拍评比、小课题调研、考察日志分享、撰写调研报告、交流参观心得"等不同方式与要求的活动。将探究性学习和社会实践有机结合,融学习、旅游、探究、考察为一体,使此项"人文蕴育"工程得以顺利推进并达到预期效果。

三是聚焦人本化。完善德育人才队伍培养培训机制,突出育德能力建设。加强教师队伍育德能力建设,是落实德育课程一体化教育目标的关键所在。发挥教育学院的专业平台功能,按照理念转变、专业提升和评价倒逼"三步骤",建立和完善德育人才队伍建设机制。把加强职初、骨干班主任为主体的德育骨干队伍培训,列为区域教师队伍和管理队伍双"金字塔"培训系列,从培训制度、课程安排、经费保障等方面,形成长效工作机制。积极引导和开展全区班主任参与长三角和上海市班主任基本功大赛,创设区域班主任带头人工作坊和德育指导教师巡讲团,采取"请进来、走出去"的策略,探索班主任为主体的德育骨干成长机制。与此同时,建立与"四位一体"德育改革相适应的教师和学校德育评价体系。通过评价引导,倒逼学校和教师提高育德能力,使育德成为思想自觉和行动自觉,力争人人成为学生的人生好导师。2017年以来,在全区中小学校开展了"七彩成长"满意度大调研。围绕学生"七彩成长"体验,关注学生成长的获得感,覆盖了全区小学三年级以上的学生,系统地了解学生成长的感受度。开展区域德育工作现状分析和评价,为区域德育和学校教育教学提供科学的决策咨询依据。

四是聚焦信息化。与时俱进创新德育工作载体,突出多元融合。信息化背景下的中小学校德育工作载体和内容方式创新,是德育工作的生命力所在。突破传统的德育工作"学校"思维,进一步关注家庭教育,引导各学校健全家委会建设的同时,以学院德研室为主体,整合区妇联等社会力量,组建了奉贤区家庭教育研究与指导服务中心。开通全市区域范围内第一个家庭教育的微信公众号"贤城父母",引进家教慕课,推动学校、家庭和社会三位一体育人工作机制建构;与此同时,启动中小学生生涯辅导,研制学科生涯教育内容,发挥青少年学生心理健康中心的功能,开通心理咨询热线,关注青少年学生的心理健康,构建全方位的德育教育体系。

(2018 年 9 月)

文章好标题从哪里来

——与一线教师谈写作之一

在日常各类文章的写作实践中，人们经常会谈到，标题很重要。的确如此，标题就是"文眼"，是文章的"门面"，也是文章的灵魂所在。标题好坏与否，很大程度上影响甚至决定着读者的阅读兴趣；如果是论文，还会直接影响甚至决定文章能否被编辑刊用还是"枪毙"。这样的实例在日常中举不胜举。

那么，好标题是如何来的呢？关于这个问题，从古至今有许多人谈到过，也有很多专门论述。有的观点还是很受用的，其中让我们广大教师记忆犹新的有鲁迅、叶圣陶等名家大师。至今翻阅诸位大师的这类文章，依然高山仰止，犹如步入智慧殿堂。在这些年的教育和科研实践中，由于工作关系，笔者对此有一定的直观体会。笔者以为，好标题是从实践中来的，是从问题中来的，是从感悟中来的。这其中，对于不同的文体和不同用途的文章，其标题的要求也是有不同的标准，可谓不一而足。但有一个共性：就是能够让人一眼看上，一眼让人记住，或者说，一眼让人很想读下去。如同一对本来陌生的青年男女，就在那一刻，"只因为在人群中多看了你一眼，再也没能忘掉你的容颜"。

俗话说，知易行难。懂得这个道理并不难，关键是如何落地和生根。笔者以为，众多的思想和方法中，我最看重的方法是"标题是从问题中来"。是指文章针对什么"问题"而写，聚焦什么"问题"。因为，问题是时代的最强音，问题是写作的出发点和切入点。同样，对于一篇文章尤其是专业类文章，最主要的还是要提出问题、分析问题和解决问题，是让问题的提出、分析和解决思路贯穿始终，就像一线串珍珠。让人们从作者对问题寻解的过程和逻辑中，找到方法，找到答案，找到灵感。最高境界是能举一反三、触类旁通。笔者在学习和工作实践中,也有一些的案例和感悟。比如,笔者领衔了一个上海市教委德育重点支持项目"教师家教指导力建设"项目。经过近五年的实践探索和理论研究,取得了一些阶段性成果和实效,产生了较大影响。在这个过程中,有不少文章陆续发表,有的还在规格比较高的学术论坛上进行交流,一些观点和理论应该是比较有创新性的。回头看,这些成果中有一些标题,还是让我和团队成员比较费思量,当然也有一些文章的标题,让我和同事有些小得意,也很有感悟。在策划和起草第一届全国家校社合作"教师家教指导力建设和专业发展"论坛的主题和剧本时,一度让我和同事很纠结,感到难有满意的标题。当经过苦思冥想,反复研讨,一个秋高气爽的早晨,突然,一个灵感在我的脑海中跃现:"家教指导,教师'心'的智慧。"当与同事们分享时,单是对一个"心"的理解和诠释,让我和同事都有一种豁然开朗之感。那一刻让人脑洞大开,也如同"芝麻开门"。这种理解和诠释最精华的内容就是:"心"既是"新"的谐音,更是道出了教师开展家庭教育指导的实质,就是要走进学生,走进家长,了解他们的需求,从根本上讲就是走进心灵的过程。一个"心",让德育的本源和路径彰显得如此直接和简洁。由此可以说,就是问题抓得准,让标题成为了一篇文章和一项工作的核心思想,具有了引领和统率的功能。

再比如,也还是在那一天早晨,我想起了另外一个让我们同样为之兴奋的标题"家校共育,教育的诗和远方"。尽管套用了"诗和远方"这组前几年的网络热词,但我想,更多的是源于我们对时代、对教育的深刻理解和把握,是一种厚积薄发的自然流露。当然也是与时代同频共振的真实反映。文章合为时而著,"诗和远方"这个意境,让教育工作者尤其是有"教师的教师"之称的教育学院教师,站在今天,面向未来,是一种大格局,也是大目标,还是大思路。这个标题将我们很多心中话语浓缩在这个诗意的语言里,表达了我们这群一线教师的教育情怀,也化为了我们家校共育的教育理念和思想方法。这个标题如今已经成了我们学院德育工作的文化理念金句,镌刻在了家庭教育研究与指导服务中心的文化墙上,成了一道亮丽的文化风景。

正是这些好标题的提炼和形成,让我们的思路大开,文思泉涌。至今回忆当时写到这个标题时,我和同事无不眼睛一亮,一扫连日苦思冥想的愁云,仿佛拔开乌云见青天,真的进入"蓦然回首,那人却在,灯火阑珊处"的境界中。

笔者还想说的是,归根到底,文章标题只是一个载体,通过标题,对工作和思想进行提炼。而真正的关键,是要求写作者的一种综合素养,是要对工作对象和事物发展规律的认识和掌握,对时代和需求的一种深刻把握,是文化修养、境界和灵感的复合。

所以,为了每篇文章都有好标题,我们需要做好当下,走向远方。

(2019 年 11 月)

文字表达首要关注的是工作本身
——与一线教师谈写作之二

　　文字工作对于推动工作的重要性不言而喻。但人们对于写作的认识，仍然存在很大的误区和分歧，最明显的莫过于认为文字工作是秀才们的事，是秘书和"会写的人"干的事。也有的人说"写不写得出不重要，关键是做得出，有实效就行"。也有个别极端的认为，"实在不行，就进行第三方购买服务，找'枪手'代劳"。我的观点是，不能将写作和实际工作对立起来，它应当是辩证统一的。脑子里装的是文字，还是工作，这是区分能否形成好的工作报告或者研究性文稿的'分水岭'；或者讲，实现优美的文字表达首要的是关注工作本身。再向深处讲，好文章不是写出来的，而是干出来的，是基于丰富的实践和深刻的经验，思考、提炼和凝练出来的。一些流芳千古的宏文巨篇，甚至是血泪和生命的凝固。比如，人民英雄纪念碑上的碑文，寥寥数语，雄文背后，何其悲壮，何其伟大？!

　　实践中，常见的是一些人讲起来头头是道，而一旦形成文字或者一提笔写，就文不达意。表面看是文字功夫不到家，实则很大程度上是对工作对象、内容和问题思考不深，思考不透，思考不广，加上文字历练不够造成的。比如，一份好的工作交流，表面上看是写文章，实质上是研究工作，是梳理思想，是对工作的过程、问题、成效和新思考的一种浓缩和归纳。如果脑海中只有具象化的事实，零碎的工作，而没有整体观和深刻的思想，形成的文字就只能是"拼凑"和"粘贴"，是机械的"写"；反之，如果是研究透了工作对象，拥有了工作案例，掌握了工作规律，提笔时，就能清晰地将全局性的工作和全过程"回放"，对工作中出现的问题、成效和思考，是一种"再造"和"重构"。在他笔下流淌的，不仅是有血有肉的文字，更多的是有思考、有归纳、有分析的工作。它透过现象看本质，透过问题看谋略，透过文字看思想的工作积淀。比如,近期我们教育发展研究中心的同事,在总结奉贤区家庭教育指导服务工作时,提炼出了"问题化导向、标准化实施、多元化服务、机制化保障"这样一种工作思路,形成并且实施了"教师家庭教育指导力是新时代教师必备素养"等理念和行动,无论是讨论主题和观点,还是形成提纲和框架,无论是铺叙内容,还是打磨用词,大家都感同身受。有同事感慨地说:"原来真的是'做'出来的,不是'写'出来的;要是没有做,逼死我也写不出!"由此可见一斑。事实上,国外许多知名的教授和学者,在学生基础知识测试过关的前提下,决定是否录取某学生或者授予其学位,最关键的就是看其专业论文。国内国外,历史和现实,这样"一文定乾坤"的案例,比比皆是。

当然,文字工作毕竟还不是工作的全部,它只是工作的一部分。与工作的过程和专业性还是有很大的区别。比如,很多工匠和工艺活动就不是文字活,而是纯手工活和心智活,有的还是靠口传心授。但我们现在讲的是文字工作,而不是讲工作本身。如果要将手工工艺的过程、要点和特点变为文字,同样需要了解和理解技艺要领和过程。或者讲,懂得这样一个技艺的人,比不懂的要容易写得多。归根到底,文字只是载体,是外在的包装,最根本的是内核,是对他人有无启发和借鉴的内容和思想。

事实上,必要的文字技巧和修辞功夫还是很重要的,也是需要训练的;一个没有经过艰苦的文字训练和实践积淀的人,是无法写出有思想、有内容、有文采的好文章。即便是写,充其量只能算是记流水账,平铺直叙或者是文不达意,有如"茶壶里煮饺子倒不出","憋死牛",这样的例子在工作和生活中也比比皆是,见怪不怪。何况,现实的情况是,一来人们的爱好和"三观"各异,有人天生对文字就不感兴趣或者不敏感;再者,人毕竟是惰性动物,好端端的休闲活不玩,好景色不去观,有必要在电脑前"爬格子"吗?或者尖锐一点讲,为什么要出"风头"呢?凡此种种,不一而足。要不要在写作上下功夫,需要下多大的功夫,是需要每个人的自主研判、选择和行动的。

综上所述,对一个有志于成为"大笔杆子",或者能干会写的多面手和专家,笔下关注的首要的是工作和思想,而不是文字和语言本身。

(2019 年 11 月)

好的讲话稿是什么样子
——与一线教师谈写作之三

对于广大一线教师而言,不仅要求教学能力强、育人水平高,还要能够写得一手漂亮的文章。这对促进专业发展十分有益。讲话稿是工作中最常用的文体之一,需要一线教师掌握好写作要领,使其成为看家本领。那么一份好的讲话稿是什么样子的? 尽管文无定法,仁者见仁,智者见智,不一而足。依笔者之见,一篇上乘的讲话稿,不单纯是"技术活"和"口头活",而是一个专业性强的综合性"作品",甚至是一件独具匠心的"艺术品",这件"作品"或者"艺术品",应当具备思想力量、专业分量、信息能量和文化含量"四个量"的特质。

所谓"思想力量",这是文稿最出彩之处,也是最见起草者功力之处。也就是说,讲稿要有丰富而深邃的思想,通篇闪烁着思想的光芒。有诗云:"铁肩担道义,妙手著文章。"一篇有思想的讲稿,不是光"文字功夫"所能承载的,而是由起草者本人的阅历、眼界、境界等综合能力"凝练"而成的。它源于实践,高于实践,成于思想,进而通过一组文字"迸发"出来。有如茫茫大海上的罗盘,又如夜行中的定位仪,能让人在迷雾中找到方向,在黑暗中找到信号,在丛林中找到出路。当然,这一切又是在一种"自然"的状态下显现的,它是优美的逻辑组合,是思想的自然流露,而不是无病呻吟、故作高深。归根到底,是见物见人,见事见理。

所谓"专业分量",这是文稿最厚实之处,也是辨别起草者的水平高低之处。歌德讲过,"当我们超出我们自己的专业领域时,便无知"。大凡需要正式讲话而且要形成专门的讲稿,一定是指向性非常清楚,这就对专业要求很高,对所表达的内容要有专业的水准。讲清来龙去脉,讲清概念原理,讲清内涵外延,讲清专业立场,讲清方法思路。在看似复杂的业务丛林中,能够抽丝剥茧，去粗取精，去伪存真，有如庖丁解牛，游刃有余，娴熟驾驭。从提出问题、分析思路、解决举措，无不是入情入理，入目入行。能够让复杂的问题简单化、深邃的对象浅显化。既让人清晰可知，豁然开朗，也让人能融会贯通，结伴而行。

所谓"信息能量"，这是文稿最丰富之处，也能让起草者的视野、水准和格局，一览无余。经验丰富的先辈常讲，好文稿是"豹头、猪肚、凤尾"。信息能量就是指文稿是有丰富厚实内容的"猪肚"。内容涵盖信息量大，上至天文，下至地理，思接千载，纵横万里。信息量大固然重要，但又要有甄别能力，不被浮云遮望眼，传递的是正能量；不仅有高度，更要有温度，耐看经读，可亲可学。还能通过机智圆通的手法，让海量多元的信息，以一种有机融合的形式显现，既弥补受众对象的"短缺"感，还让人有"解渴"、"解忧"、"解套"之感，梦里千年，一朝相会。

所谓"文化含量"，这是文稿最动人之处，也是解读起草者经典咏流传奥妙之所在。有诗云："行云流水皆无意，明月清风可鉴心。"文字表达形式，语言修辞运用，逻辑结构安排，鬼斧神工，精巧自然，字里行间，透露出历史记忆，表达了现实引力，指引着未来路径。用词、用语、用典故，舍此无他，精益求精。如同王安石之"春风又绿江南岸"，又如余光中之"乡愁"，还如李谷一之"难忘今宵"，再如孙道临之"渡江侦察记"……成为一种名副其实、流传久远且无法复制的文化符号和独特标识。

当然，讲话稿最终目的是要达到问题讲明、道理说清、方法可行、听众接受。行文毕竟还是一种手工活，是一个专业化的手工活。每位写作者的特点和长处不一，很难做到"四量"样样齐备，尤其是一线教师，更多的精力是在教育教学业务本身。况且每个教师的学科背景和兴趣特长也不同，并不要求每一个人都如此专业。但我想，有了这样一种标杆，有了扎实的行动，勤学苦练，行文总会更加自如，也更能达到理想的彼岸。

（2019 年 11 月）

教育之旅

　　一所优秀的大学,最吸引人的是其深厚的文化底蕴和创新精神,是大师云集、人才辈出。他们如同夜空中的明星照亮前行的路,成就经典,成为永恒。

　　大道至简,一叶知秋。短短的几则消息,整合已有的见识,再一次印证了一个铁律:百年大计,始于教育;民无本不立,国无本不兴。建设教育强市和教育强国,我们还在路上!

　　有些地方,你走过就走过了,不会留下太多痕迹。而有些地方,会让你永远放在心里,因为那个地方曾触动过你的心灵。

　　水,是生命之源;水,是万物之灵。有了一池绿波,给校园平添几分灵气。走进这片校园当学生,我们没有理由不让心灵安顿。

他山之石
——美国、加拿大教育考察掠影

　　2014 年 7 月,我们一行六人组成的奉贤区教育考察团,对美国、加拿大进行了为期八天的教育考察。先后与美国加州大学多明戈斯山分校教育学院、加拿大百年理工学院国际教育中心开展了深入交流,参观了美国常春藤学校之一的加州大学洛杉矶分校和加拿大多伦多大学。考察中,通过与邀请方有关专家进行交流,实地参观校园,与有关老师和留学生座谈,翻阅资料等多途径,对美国和加拿大教育发展现状、基础教育教学体制、推动双边合作项目等,进行了深入探讨。

　　八天来,行程万里,在两个国家几所学校间辗转,可以说是行色匆匆,根本就顾不上倒时差。考察团的全体成员个个精神饱满,大家都有一个共同的心愿,珍惜难得的考察学习机会,尽可能深入详细地了解美国、加拿大这两个发达国家的情况,拓展教育视野,丰富发展思路,为奉贤教育发展当好参谋、贡献智慧。匆忙间,我记下了一些考察片段。

一、两国教育概貌

　　在美国,我们考察了加州大学多明戈斯山分校。这所学校成立于 1960 年,是一所男女合校的公立大学。它属于拥有 23 个分校的加州州立大学系统,加州大学是全美最大的四年制本科公立大学,其中一些分校,如洛杉矶分校是美国常春藤学校之一。多明戈斯山分校具有本科和研究生层级的学生,专业涵盖文科、商科、理科、教育、公共卫生和其他专业。其中排名前三的是工商管理、教育和护理。有 12 000 多名在校学生,师生比为 1∶21,学校也是美国学生种族最多元的学校之一,学生中移民和外籍学生来自全球

90多个国家和地区。国际教育学院近年来与中国有着广泛而深入的合作交流,与上海奉贤区教育局建立了双边紧密型合作。

通过与学校有关老师和学生交流,实地到洛杉矶分校参观,翻阅有关资料,我们对全美教育也有了轮廓式了解。美国国家宪法和传统,国家和联邦政府都十分重视教育。在美国成为世界强国的发展进程中,教育起到了巨大的推动作用,而这种教育对社会发展进程的巨大作用,很大程度上取决于强有力的法律和政策保障。从1958年颁布的《国防教育法》到1965年制定的《初等与中等教育法》,1982年实施的旨在提高中小学校办学水平和义务教育质量的"蓝带学校"计划,以更多的经费投入教育。美国历任总统都亲自过问和关注教育改革,时常会打教育牌。比如,小布什时期,通过了《不让一个孩子掉队法》法案,以学生的考试成绩是否提高作为学校年度考核的重要依据,并以2014年为截止日期。要求每个孩子都能在数学、科学和英语达到一定的水平,从而将联邦政府的教育影响力提高到一个新的水平。又比如,奥巴马在竞选阶段,共发表了12次有关教育改革的演讲,组建了阵容强大的教育智库。他入主白宫后,大幅度地增加教育经费投入,制定了一系列的教育改革计划,集中在以下几个方面,很有特点:

学前教育方面,实施"0—5岁计划",投资50亿美元,扩大幼儿的入学机会,提高幼儿教育质量,为来自工人和有特殊需要家庭的15万名儿童,提供了优质幼儿教育。

基础教育方面,加大投入,消除目前教育领域美国与其他发达国家之间差距,鼓励各州开发能够满足21世纪竞争需要的课程,采取世界一流的标准,促使各州及各学区追求卓越的办学成绩。

加强教师队伍培养,鼓励新一代美国公民投身教育事业,大力吸引优秀人才到中小学任教。进入21世纪以来,美国先后出台"为美国而教"、"新教师计划"、"实习教师项目"和"新时代教师计划"等教师教育改革和行动计划。每年为美国公立学校输送30 000名教师,设立面向大学毕业生的"教师服务奖学金",大学毕业生到师资极度匮乏的学科领域或地区任教满4年,将获得相当于研究生两年学费的资助。

大力发展特许学校,各州制定了严格的择校及考核标准,确保特许学校在保持自治的同时,可以以更负责的办学行动,实现质量承诺,关闭不合格的特许学校。

高等教育，到 2014 年，高等教育的毛入学率达到 60％以上。到 2020 年，大学入学率达到世界第一。扩大入学机会，保证每一位美国公民，都可以享受优质的高等教育。提高奖学金数额，扩大助学贷款计划，为劳工家庭的学生，每年提供 2 500 美元的学费税收抵免，为新就业或就业多年的美国成年公民，创造接受各种形式的高等教育的机会。

在加拿大，我们到加拿大百年理工学院进行了交流考察。加拿大百年理工学院所在地为安大略省，地处多伦多市，该市是加拿大第一人口大市，约有 500 万人口。加拿大百年理工学院是 1966 年成立的一所公立学院。学院有 8 所分院，4 个校区，100 多个专业，涵盖商科、工程、保健、交通、传媒等领域。学校有 12 000 多名全日制学生和 30 000 名成人教育学生，学生来自加拿大不同省份和世界各国。学院非常注重理论和实践应用的结合。学院与相关企业开设了全新的职业合作教育课程，与一些知名企业建立了长期的战略合作关系。文凭和证书均受国际认可。从 20 世纪 90 年代以来，百年理工学院不断加强与中国高等教育领域和职业培训领域的融入，与中国教育部和部分省(市)教育厅(局)，以及十余所中国著名大学建立了合作、交流和办学项目，同时，也为一些知名中国本土企业和跨国集团的中国公司，提供相关领域的管理和技能培训。在中国设立了南京、北京、广州、重庆四个办事处，负责与中国相关地区和学校开展合作交流。

通过与加方专家交流，翻阅有关资料，我们对加拿大教育也有了一定了解。从国家层面上看，加拿大教育系统的最明显的特征是分权。在发达国家里，加拿大是唯一一个在联邦层面没有教育部或者其他管理部门的国家，教育完全是各省和地区的事务。加拿大大约有 500 万学生，其中 80％集中在四个省：安大略省(200 万)、魁北克省(100 万)、英属哥伦比亚省(61 万)以及阿尔伯特省(53 万)。在省内，教育的职责又分为两部分：一是省政府承担的职责，二是当地选举产生的学校委员会承担的职责。省政府负责设置课程、制定重要的学校政策、为学校提供大部分的资金。各省的资助模式略有不同。教育厅长由省长从省立法委民选的成员中选取产生，并由此成为执政党内阁的成员。教育厅副厅长主要负责本部门的工作运转。省政府教育部门的公务员和民选行政官员之间的关系，观点有时会有不同的意向。

地方学校委员会由选举产生。他们雇佣成员并任命校长和高级行政官员。在加拿大,省地区之间没有中间层次的管理部门。在一些全省的活动中,省和地区的工作是直接联系在一起的。在加拿大,教师培训在大学进行,但资格认定的标准,通常由省政府制定。1996 年,安大略省效仿英属哥伦比亚省的做法,创立了安大略省教育学院,其管理理事会有 31 位理事,其中包括 17 位由大学推选的教师和 14 位由安大略省教育厅长任命的成员。

加拿大教学是按照学生的能力将学生分组,基本上是小班化教学。小学生经常被分配到异质班级中的不同的能力小组。初中生则是根据认知能力水平分流。大部分的高中生拥有普通、高级、职业和大学预备多条轨道。

加拿大非常重视教师队伍素质的培养和提高。在加拿大,教师是很受尊重的职业,能够持续吸引优秀的毕业生从教。我们考察的百年理工学院,学生们都乐于当教师,为能做教师这个职业而自豪。对学校发展建立了一个清晰的评价标准,注重在评价和问责框架中运作。这很值得中国教师教育借鉴。

二、两个教育故事

此番考察,是典型的走马观花。但幸运的是,负责接待的外方联络员都是华人,都在中国国内工作过。他们对来自祖国的教育同行,格外热情关照,无论是参观考察过程,还是在旅途中,都十分耐心地向我们介绍相关情况。用他们渊博的知识,向我们介绍了美国、加拿大的教育和当地的历史文化,为我们提供了丰富的信息资料,也为旅途增加了一份温馨。我随手记下了两个故事:

故事之一,"先有哈佛,后有美国"的故事。这是我第一次赴美国交流,考察途中,一个"先有哈佛后有美国"的故事,让我对美利坚民族和美国教育多了一份敬佩。时光追溯到 1620 年,109 个来自英国的清教徒,冒险乘坐了"五月花号"。经过 65 天的海上漂泊,他们将错就错,放弃了原来的目的地弗吉尼亚,来到了一片蛮荒的北美马萨诸塞海滨。为了建立殖民地和活下去,上岸前,他们共同签署了《五月花公约》,这份公约被称为后来美利坚合众国宪法的象征性基石。时隔 17 年后的 1637 年,一个英国剑桥大学毕业的年轻人约翰·哈佛,也来北美大陆追梦,相当于今天的"北漂"。他本来的梦想是成为一名牧师,但不幸的是他来马萨诸塞不久,就染上了当时的绝症肺结核。临终前,他把自己全部的藏书和一半财产,都捐给了马萨诸塞查尔斯河畔的一所学校,使这所本来快撑不下去的学校得以复活,并且在 3 年后就在北美脱颖而出。人们为纪念这位年轻人,就用他的名字命名学校,当时称哈佛学院,后来改为哈佛大学。这所声名显赫的世界一流大学,比起 1776 年才宣布独立的美国,整整早了 1 个半世纪。在这块当时生存都很困难的蛮荒之地,北美的先民首先想到的是办教育。不能不说,美利坚民族的先人们是伟大智慧的。世界上先进的文化,都有其不平凡的历程,值得我们尊重,值得我们学习。

故事之二,"超越上海"的美国之声。在加拿大考察期间,随行的刘导,是一位"60 后",20 世纪 80 年代末到加拿大留学,获得了博士学位。一路上,他尽力为我寻找相关资料,居然变戏法般为我带来了一本 2011 年美国哈佛教育出版社出版的《超越上海:美国应该如何建设世界顶尖的教育系统》一书。真是他乡遇知己。后来回国后,我又买了华东师范大学出版社出版的中译本,使我对书中的内容有了更完整的了解。尽管美国是公认的世界头号教育强国,但美国对于教育改革与发展的意愿非常强烈,忧患意识也很强烈。一个比较典型的表现是,《超越上海:美国应该如何建设世界顶尖的教育系统》作为一本重要的推荐书,放在 2012 年 4 月于温哥华召开的美国教育研究协会书展予以展出。书中从世界上几个公认的教育强国:美国、加拿大、芬兰、新加坡和日本等国家,对照上海教育特别是基础教育的情况,进行对比分析,寻求制胜之道。在书中,作者直接地提出"美国如何才能比得过最优秀者",并且提出了"一份给美国的行动方案"。作为上海教育人,对美国的教育忧患意识,真的感到敬佩,这对于当下处于转型发展关键期的上海教育,不能不说是一种提醒。忧患意识和学习行动,应该成为中国教育的主流。

三、考察的收获和思考

几天的实地考察,令人难忘。在归国后的考察团成员会上,大家一致认

为,机会难得,收获满满。主要体现在三个方面:

一是开阔了视野,启发了思想。美国、加拿大都属于世界上最发达的国家,教育发展视野和教育公共服务质量,都处于世界上领先地位,有许多方面值得中国学习。大家都有一个共性认识,所走过的两个国家的几所学校,硬件建设与上海相比,相差无几,或者说,当下的上海,无论是高等教育还是基础教育,学校硬件建设,整体上都已经处于与发达国家学校相当的水准。问题的关键在于,人家的软件内涵发展水平,的确有许多值得我们学习之处,我们的有些方面与他们还有一段相当的差距。比如,两个国家的大学,都是没有围墙的大学,小班化教学早已经普及,师生交流不是居高临下的单向思维,而是一种启发式交流和探讨。这样不仅营造了一个好的师生课堂氛围,更重要的是激发了学生的探究和创新思维。

二是开启了奉贤与加州大学多明斯山分校教育学院教师专项培训意向,拓展了区域教师专业培训工作思路。通过真诚而务实的沟通,加州大学多明斯山分校教育学院培训部明确地表示,很乐意与上海奉贤区进行友好合作交流,并且就学校接受来自上海教师培训的方式方法提出了明确的意见和建议,为上海区域教师培训提供了很好的完善方案。

三是建立了奉贤与加拿大百年理工学院国际继续教育学院幼儿教师实习合作交流意向,双方就幼儿教师实习交流拟定了合作方案,为提升学前教育教师的专业水平拓展了渠道。

与此同时,此番考察也让我们对奉贤教育的发展多了一份思考。经过改革开放的洗礼,奉贤教育整体步入了转型发展的新阶段,进入了从最初的"抓砖头"硬件发展向"抓人头"内涵发展的关键时期。成绩虽然有目共睹,但横向比特别是对照发达国家的许多做法,无论是发展理念、还是发展思路,都还有很大的提升空间。按照上海率先实现教育国际化的发展战略,作为上海教育有机组成的奉贤教育,必须在这个"分水岭"面前,本着"敢于示弱、自找不足、取人之长、为我所用"的开放发展理念,全方位寻求新突破。

要进一步解放思想,积极创造条件,扩大区域教育国际化交流。观念决定思路,思路决定出路。种种情况表明,当下的奉贤教育发展短板之一,就是思想观念还不够解放,区域教育国际化程度还比较滞后,需要进一步加大选送优秀人才出国出境培训学习交流。要转变培训思维,在选送培训对象时，要进行系统安排，改变一度存在的重在选外语教师和业务教师的单一思维。当然，从语言交流的方便考虑有其合理之处，但随着形势的发展，培训对象应该多样化，比如有教育行政干部、中小学校校长（书记）、业务骨干、外语教师等多层次全方位，这也符合"制度重于技术"的理念。从制度层面创设条件，鼓励和支持有条件的学校，与国外相关学校建立协作关系，比如互派教师、学生定期交流学习，召开学术研讨会，将教育发展国际化程度作为学校办学评价的重要指标，形成国际化发展评价导向。

要因地制宜，以市场为导向，立足区情整合教育资源，推进继续教育和社区教育快速发展。从区域战略层面，加大继续教育统筹力度，切实树立面向市场需求和个人需求的导向意识。要依托驻奉高校力量，借助高校的师资、实验室、场地等资源，将培训资金进行定向项目补贴，建立紧密型资源联盟，为我所用。在发挥社区学院社区教育重要阵地作用的同时，克服仅靠社区学院"唱独角戏"、"小而全"的思维方法。在专业设置、课程教学等方面进一步优化，要与学员就业发展实际结合，突出创造性、实用性和实效性。

要超前谋划，积极推进区域教育体制改革步伐。从区域层面整合继续教育资源，理顺体制，改变"各自为政、九龙治水"的现状，建立由教育行政部门牵头，重在课程教学、师资管理等政府政策宏观调控，扩大学校自主权，同时接受行业指导的有效运行的继续教育新格局，不断提高区域教育治理水平。

（2014 年 8 月）

格拉斯哥记忆

——旅英文化散记之一

立秋的第二天，利用难得的暑假，我和家人开启了赴英之旅。12 个小时的长途飞行，在素有"海上马车夫"、"风车之都"、"郁金香之国"的荷兰首都阿姆斯特丹经停 3 个小时后，转机 1 个小时的航程飞越英吉利海峡，到达了格拉斯哥。到达时，已经是英国当地时间晚上 10 点多。天空下起了大雨，舷窗外的城市，笼罩在雨雾之中，稀稀点点灯光下的格拉斯哥，留给我的是一幅朦胧的夜色面容。走出候机大厅，见到了已经有一年没有见面的女儿，长途的疲惫，顿时丢到了脑后。安然一觉睡到了大天亮。

天亮之时，天也放晴了。即将从格拉斯哥大学研究生毕业的女儿，自然成了我的英国自由行的高级翻译兼导游。雨后的格拉斯哥，安静而湿润。整座城市没有太多的高楼大厦，行人的节奏一般都比较舒缓。穿行在古老的欧式建筑群中，或在女王大街站乘坐小火车，或漫步于中心大街，品尝着午后咖啡和红茶，感受着处处散发着的古老的英伦气息。街道上不时出现复古派行为艺术表演，那身着苏格兰花裙、吹着苏格兰风笛的艺人，让我对英伦风情和苏格兰文化，有了直观的印象。身为教育工作者，一天的格拉斯哥游览，让我印象最深的是格拉斯哥大学和博物馆，随手记下了片刻感悟。

从女儿租住的公寓出发，步行约一刻钟的路程，我们就来到了格拉斯哥之行的第一站——格拉斯哥大学。

格拉斯哥是英国第三大城市。格拉斯哥大学，是全英第四古老的大学。这四所大学分别是：牛津大学、剑桥大学、圣安德鲁斯大学和格拉斯哥大学。格拉斯哥大学始建于 1451 年，560 多年的历史，让这所大学与这座城市早就融为一体，成了这座城市的文化地标和精神宫殿。

走进处处洋溢着英伦风范的格拉斯哥大学校园，尤其是站在那典型的哥特式建筑风格并历经几百年沧桑的校园主建筑群下,听着主楼的钟楼不时传来的悠扬钟声,我自然地想起了这所学校走出的两个影响和改变着人类社会的历史名人:一个是工业革命之父、蒸汽机的发明者瓦特,一个古典经济学"鼻祖"亚当·斯密。

1736 年,瓦特出生在格拉斯哥。21 岁那年,他来到格拉斯哥大学当教具实验员,负责修理和制造实验仪器。在工作之余,他埋头读书,虚心向老师和同学请教,不断提高自己的理论水平。为了发明蒸汽机,他经历了许多生活的波折和磨难。尤其是 1773 年,经历了家庭和工作双重磨难的瓦特,几乎准备放弃蒸汽机的研制,只身前往俄国谋生。命运让他遇到了"贵人"——一个名叫马修·博尔顿的企业家,以商人的精明和企业家的远见,看到了瓦特制造的机器将改变世界。正是这种远见卓识,让他极力挽留瓦特。为了让瓦特专心从事他的发明,博尔顿为瓦特建造了蒸汽机所必需的试验车间和厂房。特别让今天的人们景仰的是,他向瓦特保证,制造蒸汽机所带来的一半收入将归瓦特所有。正是这种诚意和超人的眼光,留住了瓦特,让他在博尔顿的工厂里静下心来研制蒸汽机。1782 年,一种全新的联动式蒸汽机在瓦特手中诞生了。开启了工业革命的新征程,也让蒸汽机成为了世界上第一次工业革命的象征。

回顾这个历程,最让人感动的不仅是发明家和企业家精神,更重要的是一种制度文明和创新的土壤。彼时的英国,一度让瓦特先生感到沮丧的故土,也许会让一个不成功的商人走开,但是绝不会让一个伟大的发明家轻易离开,因为它早在 1624 年就建立了世界上第一部具有现代意义的专利法《垄断法规》,对专利者的权益有专门的法律保障,甚至为了鼓励创新和发明,可以授予发明者以爵士头衔。全社会形成了技术崇拜的氛围。这也是我们今天提倡的创新精神和制度文明的历史样本。有了先进的制度文明,就如同为创新发明插上腾飞的翅膀。所以,"科技是第一生产力","制度重于技术"的理念,需要我们一以贯之地倡导和坚持。

在这里,还有一个我们十分怀念的伟大人物,一个让我无数次在内心崇拜的史诗般的天才学者,那就是古典经济学"鼻祖"亚当·斯密。他 1723 年出生于苏格兰爱丁堡附近的一个小镇,父亲是一个海关职员,可惜英年早逝,他由母亲抚养成人。斯密 14 岁时进入格拉斯哥大学,先后学习拉丁语、希腊语、数学、伦理学、法学和政治经济学。由于成绩优异，1740 年 7 月，斯密被推荐到牛津大学学习。学成归来的斯密，受聘为格拉斯哥大学逻辑学、道德哲学教授。1761 年担任格拉斯哥大学副校长。1764 年他辞去格拉斯哥大学教职，担任年轻的巴克勒公爵的家庭教师，陪同他前往法国游学。在 18 世纪的欧洲，这样一个特殊的时代，特殊的学习、生活和研究历程，让斯密的研究视野和学术境界，在当时有了无以复加的成就基础。1759 年，斯密出版了《道德情操论》，让他跻身英国一流学者行列。在巨大的成就面前，他没有自满，再次沉淀十多年，进行理论研究和艰苦写作，1776 年，正式出版了享誉世界经济学领域的宏篇著作《国富论》（又名《国民财富的性质和原因的研究》）。它的问世，标志着古型经济学体系的正式形成。

作为一流的经济学家，斯密还是杰出的教育家，从自己的经济学理论和教育实践出发，他创立了国民教育理论，提出了"国民教育对于政府是一件非常重要的事"，强调了政府在国民教育中的作为和地位，开启了英国国家主义教育讨论的先河。

如今，格拉斯哥大学将商学院以亚当·斯密的名字命名，以纪念这位伟大的学者，也激励着每一个格拉斯哥大学学子。参观时，在校园最悠久的历史建筑主楼里，我看到一楼有一间办公室，门牌上标名"亚当·斯密商学院办公室"。朴素的门框，古旧而宁静，正对着主楼广场。静立在办公室门口，环顾着主楼前的绿茵和苍翠的古树，我的眼前仿佛浮现了 18 世纪的苏格兰，那既不是悠扬的风笛和几百年不变的哥特式建筑风情，也不是古老的苏格兰高地城堡的风雨磐石的雄狮。而是斯密的伟大思想，一个超越时空历久弥新的经济思想和教育思想，回荡在英国和全人类的历史空间。

身为中国人，站在英伦土地上，回望这近三百年的学术精神和创新的制度文化，让我不禁一次次地想起了钱学森、钱三强、朱光亚、屠呦呦等科学家。他们对于基础研究的执著，对于技术研发和原创的重视，是何等伟大的情怀?!

对于处在世界百年未有之变局的今日中国，这种创新创业文化十分重要，也十分急迫，需要我们每一个国人，尤其是有担当的党政干部、有抱负的企业家和青年学子，要自觉地内化为一种文明的行动和素养。唯有如此，方可在激烈的世界竞争大潮中抢得先手，立于不败之地。

开尔文格罗夫(Kelvingrove)博物馆,是格拉斯哥的一座古老的文化宝藏,据说是苏格兰最热门的旅游景点之一,是伦敦以外访问量第三大的英国博物馆。它位于格拉斯哥市西区的亚皆老街(Argyle Street),开尔文河(River Kelvin)畔,毗邻开尔文格罗夫公园,与格拉斯哥大学主校区一河之隔。格拉斯哥大学是灰褐色外墙加哥特式建筑风格;博物馆是西班牙巴洛克风格,并遵守格拉斯哥人使用当地红色砂岩的传统。雄伟古朴的气质,一红一灰的色调,让这两座文化城堡,成为屹立在开尔文河畔的双子星座,吸引着每一个游客和行人。

我们到达博物馆时,已经是下午4时,馆内依然是人头攒动。参观人群中,除了英国人,也有很多来自中国和世界各地的游客。不少游客都是带着小朋友来的,那参观者的神情和氛围,让人感受着人类文明的巨大魅力。

看相关介绍,我们得知,这座博物馆兼具美术馆的功能,其部分建设资金来自在开尔文格罗夫公园举行的1888年世界展览会的收益。建筑师是约翰·威廉·辛普森和米尔纳·艾伦,1901年开放。作为一个永久性建筑,同时也是作为在公园内举行的另一次世界博览会(1901年)的主要建筑,这里充满了浓郁的历史和现代文化气息。

博物馆拥有世界上最好的古老武器和装甲收藏品,以及大量的自然史收藏品。艺术藏品包括许多优秀的欧洲艺术品,作品包括老大师(Old Master)、法国印象派、荷兰文艺复兴、苏格兰色彩画家以及格拉斯哥学派。馆内藏有萨尔瓦多·达利的名作《十字若望的基督》(*Christ of Saint John of the Cross*),据称这也是镇馆之宝之一。

在博物馆内漫步,人们仿佛穿行在苏格兰、英格兰和世界历史的文化长廊。在众多的珍贵收藏品中,有两件文物让我驻足良久。其中一件是来自埃及的木乃伊原件,另一件据称是苏格兰人在火烧圆明园时,抢来的清朝皇帝所用的斗蓬。看着那静静陈列在展馆中的文物,我的心情五味杂陈。三个在人类社会中同样辉煌过、作出过重要贡献的古老民族,却只因一个民族赶上了人类现代文明的列车,早日完成工业革命,拥有了坚船利炮和开疆拓土的野心;另外两个民族,由于多种原因,躺在历史的辉煌中一度裹足不前,不幸沦为了工业文明和资本文明掠夺的对象。这到底是人类文明之殇,还是人类文明的代价?

　　前事不忘，后事之师。向往美好的生活和文明的融合，应该成为人类文明的历史选择，但在这一次又一次的沉重代价面前，我们却仿佛健忘了。不是吗？至今的世界格局，仍然有许多的危机和不太平，值得每一个有良知的人警省。尤其是正在迈向伟大复兴征程中的中国人，更要具有一种历史的担当和现实的使命感，以一种只争朝夕的实际行动去避免历史的重演！

　　离开这两个重要的文化景点时，天气多变的格拉斯哥，由晴天变为阵雨。雨中的格拉斯哥，是那样的沉稳而秀丽。明天，我将要从这里赴伦敦参观，开启另一种英国文化之旅。

（2019 年 8 月）

伦敦印象
——旅英文化散记之二

从爱丁堡到伦敦,从苏格兰首府到不列颠首都,从北到南 5 个多小时的火车,让我领略了车窗外北海之滨的英国风景。铁路两旁,分布着连片的牧场和农田,高低错落,井然有序,基本看不到手工劳动者的身影,都是机械化操作。刚刚收割后的草垛,或呈方形,或为卷状,码放得如同一个个有趣的积木,我们感受着英国农业的发达。所经过的火车站,从站台到候车室,风格相似,略显陈旧低调,但又分明透露着不容小觑的气质。有的车站还被列为世界文化遗产保护起来了。一路上,极少看到新开发的建筑工地,也看不到高耸林立的楼群,丝毫没有大拆大建的痕迹。

经过的村庄和小镇,一般都是二至四层的别墅,错落有致。也有平房院落,典型的英伦建筑风格,外墙装饰以深色为主色调,白色窗棂居多,个性十足。或成片聚居,或独户散落田园丛中,一般都是绿树环绕,基础设施比较齐全,在雨雾中尽显一派安详宁静。

田野里,既有绿油油的草地,也有等待收割的金色作物。成群的牛羊和马匹,在牧场上安详地吃草。羊群中,有一种头部尤其是面部是黑色、脖子以下都是白色的苏格兰黑面山羊,格外醒目。黄绿相连,黑白分明,一幅牛羊满山坡的经典英格兰乡村风景画,近在眼前。

不过当走出伦敦火车站,置身于站前广场,我看到了全然不同的景象。顿时意识到,来到了古老而繁华的国际大都市了。

几天的伦敦之行,通过四通八达的地铁交通网,坐上出租车穿行在大街小巷,参观象征王权的白金汉宫,闲逛市中心的牛津购物街,到唐人街吃中国菜,到"女王陛下"剧院观看一场火了三十多年、场场爆满的音乐剧《歌剧魅影》,对眼前的这座城市,多了一些直观认知。虽然是走马观花,但如果用一两句话来概括伦敦,我认为,伦敦是一座处处充满历史的文化之城,是一座名副其实的国际之城。从一名教育工作者的角度看,伦敦有三个地方让我印象最深。

泰晤士河,一条静静的河

泰晤士河,是伦敦,也是英国人的母亲河。每到一个地方尤其是城市,无论是在国内还是在国外,我都会关注那里的母亲河。从内心深处都会有一种渴望了解当地母亲河的冲动。因为,一座城市的母亲河,是这座城市性格的发源地;了解母亲河的前世今生,是了解这座城市的捷径之一。

参阅有关资料得知,泰晤士河(River Thames)是位于南英格兰的一条河流,全长 346 公里,流经英格兰的三个郡,为英国第二长河,仅次于 354 公里的塞文河。它是全世界水面交通最繁忙的都市河流和伦敦地标之一。

泰晤士河,是一条历史见证之河。这里,发生了无数的历史事件。1215年 6 月 15 日,获得军事胜利的贵族集团与约翰国王在泰晤士河畔的兰尼米德草地,签署了英国历史上著名的《自由大宪章》,对英国和世界产生了重大而深远的影响。仅此一例,就让我们为之侧目。

泰晤士河,是一条工业革命之河。这条河,曾经是影响和改变人类进程的工业革命的发源地。当然,在工业革命之后,由于过度开发和和不科学的生活排放,导致河流污染,历史上的伦敦,因此有了"雾都"之称。这个名称提醒了今天的我们,人与自然的和谐相处和科学发展,是何等重要。

泰晤士河,是一条文化艺术之河。这条河,联系了英国人民引以为豪的两所最古老的世界顶尖大学——牛津大学和剑桥大学。这条河,还是许多英国水上运动,如牛津剑桥赛艇对抗赛、1908 年夏季奥运会划艇赛、1948 年夏季奥运会划艇赛的举办地。这条河,激发了无数艺术家的灵感,《雾都孤儿》《柳林风声》等杰出的文学作品,还有莎翁等艺术大师们的许多经典剧作,都是以泰晤士河流域的风物为背景写成的。

那天早上,我们特意登上了泰晤士河畔的地标式建筑之一:碎片大厦餐厅,享用了一顿颇有特色的英式早餐。这天的天气晴好,伦敦全景尽在眼前。那象征胜利意义的纳尔逊海军统帅雕像、那葬有众多伟人的威斯敏斯特大教堂、具有文艺复兴风格的圣保罗大教堂、曾经见证过英国历史上黑暗时期的伦敦塔、桥面可以起降的伦敦塔桥等雄伟而古老的建筑群,每一幢建筑都称得上是艺术的杰作。当然也有现代建成的被人们称为"伦敦眼"的摩天轮等现代建筑群,矗立在泰晤士河两岸。整座城市在繁华中透着淡淡的古旧,显现着沧桑和老态。

舒缓的音乐,安静的氛围,一杯英式早茶,凝望窗外的景观,我自然想起了上海的外滩和陆家嘴。伦敦与上海,有着深厚的历史渊源。英国曾经是一个典型的"输出"国家,以伦敦为中心,一度向世界输出了工业革命的力量,输出了自己的生活方式、制度和文化,这中间尽管有很多的野蛮行径。

漫步泰晤士河畔,那川流不息的车流、人流和两岸楼群,都在告诉我们:人类和城市发展,其实就是一部人与自然、社会环境不断抗争和适应的过程,也是对美好生活向往的发展过程。对生命、对生活、对时代的关注,需要一批致力于文化文明传承与发展的人承担历史使命。

海德公园,一方城市绿野

城市客厅,绿的世界,鸟的天堂,人的乐园,这是我对伦敦海德公园的总体印象。位于英国伦敦中心的海德公园(Hyde Park),是伦敦最大的皇家庭园。公园被九曲湖及长湖分为两部分,近邻肯辛顿花园。穿过肯辛顿花园及海德公园,来到绿园,途经白金汉宫,到达圣詹姆斯公园,四座御苑连成一片,成为伦敦的绝佳景观。也是伦敦最具吸引力的历史文化地标之一。

1536 年,亨利八世解散威斯敏斯特教堂,得到了这块土地,并将其用作狩猎场。1637 年,公园对公众开放,很快获得民众欢迎;18 世纪初,在卡罗琳王后的指导下,公园进行了多项重要改造;1851 年,万国工业博览会在此举行。自 19 世纪起,海德公园便成为人们举行各种演讲、政治集会和其他群众活动的场所。20 世纪末,该公园以举办大型免费摇滚音乐会而闻名。

海德公园环湖路上,不时有晨跑的市民、晨练的骑士马队,也有成群的松鼠、鸽子和绿头鸭等动物,惬意地行走在绿地和树丛中。这些可爱的动物丝毫不怕人,不时与游人嬉戏,人、动物与自然和谐相处,这座城市的气质和品位就自然而来了。

海德公园内的绿地很有特色。不仅有大片的绿茵地,可供游人们自由席地而坐;在公园的中央绿地中还有一大片草地,特意不进行过多的人工打理,任其自然生长,有白色像伞一样的蒲公英、小黄菊,也有红色的叫不上名字的小花,夹杂着一些已经结果的小植物,纯粹的自然生长。信步走进草地,让人如同走进了乡间原野。静立其中,环顾四周,除了空中偶尔飞过的飞机,就只有各类鸟儿清脆悦耳的声音和小虫发出的音响,人们仿佛是在18世纪的英伦乡村和郊外。而我,仿佛回到了深秋的上海,回到了自己的故乡田野。少了喧闹和浮躁,多了一份对生命的尊重和思考。

在海德公园内的九曲湖边,有一家咖啡馆。我关注到了一个细节,墙上的菜单为对牛奶过敏的顾客,提供了替代物,面包的简易包装纸上,也注明了可能的过敏源。联系几天来在伦敦多地参观和活动,所经历的众多的人性化服务,让我感受到了伦敦的城市精细化管理和绅士风度。尽管在过街通道和地铁通道上,我也看到了乞丐和露宿街头的流浪汉身影。

大英博物馆,一扇世界之窗

来到伦敦,如果讲游客必去的地方,我认为大英博物馆应该算一个。大英博物馆是世界上规模最大、最著名的博物馆之一,成立于1753年。1759年1月15日起,正式对公众开放。据说大英博物馆的建立,源于内科医生、博物学家和收藏家汉斯·斯隆爵士(1660—1753年)的遗愿。作为当时的一位著名收藏家,他去世后遗留下来的个人藏品,有近80 000件。根据他的遗嘱,所有藏品都捐赠给国家。在此基础上,1759年1月15日在伦敦市区附近的蒙塔古宫(Montague House)成立并对公众开放。1823年,英王乔治四世将其父亲的藏书——"国王书库"(The King's Library)捐赠予国家,这项捐赠促成了大英博物馆的改建和扩建。

大英博物馆的入口建筑蜚声海外。它是一幢由罗伯特·斯莫克设计的古希腊风格的建筑,它与雅典的帕特农神庙有着异曲同工之妙。看资料介绍,它不仅有着92 000平方米的展览面积,还有接近22 000平方米的仓库,用来保存未展出的藏品。实际上,目前展出的展品,只占全部藏品的1%都不到,整个博物馆目前分为10个研究馆和专业馆。

徜徉在偌大的博物馆中,我们也与世界历史走近了。这些来自世界各地的珍稀文物,让人们感受到世界文明的交汇,感受着历史文化的力量。在这里,从远古时期人类始有记录的文物开始,小到一根针、一件器物,大到希腊神庙的巨型石柱和古埃及的巨大雕塑。从欧洲文明的起源到世界文明的辉煌,从宗教文化的寻踪到自然科学技术的发展历程。当然,我也看到从不同时期野蛮掠夺和收藏的来自中国的珍贵文物。来这里的人,无论是本地居民,还是如我一样的过客,每个人都会在这里寻找并带走不同的东西。

多年前,我读过《在大英博物馆看希腊文明》这本书,当时对书中的很多内容只是一知半解。今天走到实地,穿越历史的长廊,行走在文明的河畔,顿时有了某种感悟。

博物馆,是从静态景观上折射着这座城市和这个国家的历史,是现代与历史对话的窗口,也是一个地区和一个国家的综合软实力的象征。不是吗?当今世界上每个大国的博物馆,无一不是当年的王室遗产。这些瑰宝历经几百年、上千年的精华积淀,不是光花钱就能建得起的。就像法国人说的:"世界上有哪个拍卖行,胆敢给《蒙娜丽莎》估价的?"一个崇尚科学、崇拜英雄和崇敬历史的民族和国家,才是有希望的民族和国家!这种精神力量需要后人铭记和践行。

离开伦敦那天,我们从伦敦市中心的滑铁卢火车站乘车。这是因著名的滑铁卢战役而取名的车站。女儿笑着对我说,初来伦敦时,她还在纳闷,怎么取了一个战争史上的失败战役名字?后来忽然想起了,这场战争,对于傲慢的法国和拿破仑,是一场无法挽回的失败;但对英国,却是一场伟大的胜利。历史,犹如一枚硬币两面,人类就是经常在正反两面中选择和记录,尽管有时是身不由己。

开车时,伦敦的天空飘起了小雨。我们在雨中走向了旅行的下一站,见证古罗马统治不列颠历史的世界文化名城——巴斯。

(2019 年 8 月)

牛津剑桥随想
——旅英文化散记之三

身为教育工作者,此番来英国旅行,我最想去的地方,就是牛津大学和剑桥大学。特意安排了两天时间,到这两所全英最古老的大学参观。两所大学走下来,给我最直观的感受就是"震撼"和"崇敬"。

牛津和剑桥两个城市都位于英格兰中部,均与伦敦相距 100 多公里。两者都因各自拥有一所著名的大学而享誉世界。从历史记载看,从 11 世纪开始,牛津最初是一个临时政治中心,国王在此建了行宫。1167 年左右,当时的英国国王亨利二世同法国国王闹翻,坎特伯雷大主教柏克特便号召英国学者从法国返回英国办学,以巴黎大学为样板,创建了牛津大学,成为全英第一所国立大学。牛津也就成为了全国的文化和学术中心。1209 年,牛津地区当地市民与僧侣和学校之间发生过严重的冲突,以致于牛津大学一度停办。一部分师生就来到剑桥地区,创立了剑桥大学。

经过文艺复兴和宗教改革的洗礼以及现代化的浸润,800 多年的历史积淀,两所大学培养了一代代的精英,许多专业领域均是行内之翘楚,世界之首创。

参观中,且行且思,脑海中忽然想起了当年清华大学校长梅贻琦先生的话,"所谓大学者,非谓有大楼之谓也,有大师之谓也"。借用梅先生的话,一边领略英国的教育和文化历史,感受现代教育的氛围,同时也增加了对教育发展的点滴思考。

大楼,源于历史

踏上牛津和剑桥的土地,就是走进了一个精美的建筑博物馆,走进了人类教育的历史深处。

这两所大学,都实行学院制和导师制,各有 30 多个学院,所属学院都是独立自主的教学机构,在学习和生活上管理各自的学生。相对来讲,牛津大学的自然科学和应用经济学、商务管理、哲学三大领域在世界知名。剑桥大学以科学和工业最以为傲。每所学院都有深厚悠久的历史,都有一个个充满神奇的故事,随手记下了几个片断。

牛津基督教堂学院,有着最伟大的牛津学院之称。学院是由亨利八世的大法官沃尔西大主教(Cardinal Wolsey)1525 年开始,在圣弗莱丝史怀德小修道院的原址上兴建的,大教堂、汤姆塔、学院大厅和画廊都是经典之作。1546 年,国王接手了学院和教堂,并宣布将这个气势恢宏的学院礼拜堂改为城市大教堂。它是伊夫林·渥夫笔下的《故园风雪后》、电影《哈里波特》、《爱丽丝漫游仙境》等众多经典故事原型地。

剑桥三一学院,是剑桥大学规模最大的学院,以培养出了 32 个诺贝尔奖得主而深以为豪。庭院内草坪上的那棵苹果树,据称就是牛顿受掉落的果实启迪,并发现万有引力定律的那棵苹果树的后代。

牛津新学院路 7 号上有一块铭牌,上面写着:这所房屋就是皇家天文学家埃德蒙·哈雷架设的天文观测台,并发现了后来以自己的名字命名的哈雷慧星的地方。

这里,处处是优美的哥特式尖塔和穹顶建筑,金碧辉煌的教堂,气势恢宏的图书馆和博物馆,充满传奇的叹息桥和数学桥,还有孩子们都很喜欢的爱丽丝之店(Alice's shop)……

两所大学分别构成了所在城市的建筑肌理。各所学院分散在镇子的大街小巷中,也让历史凝固在一砖一木、一花一草中。细读其中,每座建筑其实都是一部艰难曲折的发展史,透露着历经人间风雨沧桑后的平静与深沉。

行走在这里的街道,总会感觉有一种与其他地方不一样的感觉。不仅只是古老,不仅只有怀旧,也不只是想到知识和发明。在这里,中世纪的教堂,一个个近千年的广场、建筑和庭院,还有狭小的古老街道,老旧的砂石或者石板地面,安静的行人,有时竟有一种恍若隔世的感觉,仿佛穿越到绵长的中世纪,不知今为何夕。

在牛津和剑桥,随处可见来自中国的游客。由于正值暑假,尤以来自国内各地中小学生游学参访团居多,成了一道流动风景,与国内一些名校,常常成为家长和老师对孩子的励志之地,如出一辙。我想,不能简单用"望子成龙"、"望女成凤"来看这些现象,更应看到,这是我们这个民族、这个国家的希望所在。教育就是始于家庭,教育发展需要环境,孩子成长需要梦想,对先进的文化和教育崇尚和热爱,才是有希望的,古今中外莫不如此! 从这个意义讲,牛津和剑桥既是英国的,也是全世界和全人类的。

大师,成于思想

一所优秀的大学,最吸引人的是其深厚的文化底蕴和创新精神,是大师云集、人才辈出。他们如同夜空中的明星照亮前行的路,成就经典,成为永恒。牛津和剑桥当之无愧。

这里,是真理探索之地,大师们是真理探求的典范,形成了科学教育的思想。一个残酷的历史背景是,自奥古斯丁时代至宗教改革的一千年时间内,罗马基督教会几乎控制着英国除学徒制和贵族教育以外的一切有组织的教育。经过漫长的中世纪之后,宗教对科学探索的禁锢才逐渐松动。牛津剑桥的大师们同样在宗教与自然主义精神的双重理念下学习、研究和生活。让人惊叹和感到幸运的是,这些大师们尽管都是基督教的忠实信徒,但他们对于自然现象的态度,基本上都是世俗的,注重事实和真理探究,推动了人类探索自然和社会的进步。

这两所大学涌现出的灿烂群星,让人目不暇接,叹为观止。有限的时间和肤浅的学识,让我无法一一记住他们,单是从教育发展思想的视角,我记录了剑桥大学三一学院的几个代表性人物。

1661年,牛顿进入剑桥三一学院学习。1687年出版了巨著《自然哲学的数学原理》。以牛顿力学为代表的建立,标志着近代物理学革命的完成,一种全新的宇宙观展现在世人面前。

培根,大学时代就在学习中领悟到科学的真谛,致力于真理探求,开展了对亚里士多德为代表的经院哲学的宣战,萌发了科学、哲学必须为人类生活实践服务的信念。以一生的执著成就为伟大的哲学家和教育家。

怀海特,1880年进入剑桥三一学院学习。他与学生罗素合作编写的

《数学原理》，被公认为近代符号逻辑的一部奠基之作。他开展了对传统的教育批判，致力于研究教育的本原问题——"教育的目的"，反对生硬地灌输和呆滞的思想，强调儿童的自由、兴趣与主动性，影响深远……

以上只是牛津和剑桥大师群体的缩影。正是这些天才的科学家和大师们的发现和探索，近代科学革命不仅产生了新知识和探索新知识的方法，更重要的是树立了科学精神和教育精神，使人们的世界观发生了根本变化。推动着科学技术和人类社会突飞猛进的发展。

由此，我联想到中国的大学教育。人们为什么至今仍然怀念抗战时期的西南联合大学？那么艰苦的环境，那样简陋的条件，依然能开展学术研究，培养了一大批卓有成就的优秀人才，为中国和世界的发展进步作出了杰出贡献。究其本质，是教育学生追寻内心的真善美去做人，去报效国家。正如清华大学校歌：立德立言，无问西东！

大学，归于社会

参观这两所大学，再次启发我们，教育可以有象牙塔的研究和思考，但教育最终是在服务人的发展和推动社会发展中体现价值。

在传授知识、探求真理的同时，这两所大学有一个经典的教育内容，让我为之景仰。建校 800 多年来，一直十分重视体育。学生们不是"关门死读书"，也不只是开展一般性的体育活动，而是产生了影响世界的伟大的体育运动和赛事，其中划舟和足球比赛的规则，就是由牛津剑桥的师生推动下完成的。通过赛事，两所大学既激烈竞争，又相互促进。在参观剑桥校园时，解说词清晰地告诉游客，1829 年创立并举行的第一届牛津剑桥（简称"牛剑"）划船赛事中，剑桥输给了牛津。没有丝毫的沮丧，只有记忆和鼓劲；它告诉人们，既要赢得起，还要输得起。

不仅如此，牛津与剑桥教育思想广泛传播，影响和创造了新的教育世界。稍微熟悉英国或者美国历史的人都知道，如果要问，什么地方是美国的摇篮。相信大多数人都能回答得出来，那是 1620 年英国五月花号靠岸的地方，是清教徒们在马萨诸塞建立的殖民地。而这群清教徒中，有些人曾经在牛津和剑桥大学受过教育。为了让他们的子孙后代在新的家园也能够受到这种教育,他们于 1636 年在马萨诸塞州的查尔斯河畔,建立了美国历史上第一所学府——新市民学院。1638 年 9 月 14 日,牧师兼伊曼纽尔学院院长的约翰·哈佛病逝,他把一生的积蓄和藏书都捐赠给了这所学校。为感谢以及纪念约翰·哈佛,学校更名为"哈佛大学"。而约翰·哈佛本人,就是剑桥大学伊曼纽尔学院的毕业生。这个经典故事,让牛津剑桥与美国教育永远联系在一起。国际大学教育史,也永远记住了这段佳话。

时至今日,牛津和剑桥两所大学与市民之间依然界限分明。但市镇与大学存在共生关系,当地产业主要依赖于旅游业,可以说世界上很少有城市能够享有像牛津剑桥这样的"学在城中,城在学内"的文化氛围。据了解,牛津和剑桥地区都只有十几万人口,而每年前来这里的游客,竟都达到 300 多万人次以上,它是大学城建设经典范式。

事实上,这里的一些学院也还是有围墙的,但"学"与"城"融合的格局从来没有改变过。我们今天的大学城建设,不仅要学其"形",更应从"神"入手。没有围墙的大学,不是建筑上的有形之墙,而是心灵和文化间的无形之墙。

由此让人联想到,当下的中国教育,进入了一个良好的发展时期,也面临着前所未有的挑战。对大学而言,努力办成没有围墙的大学,让我们的学生,能了解世情、国情和社情,培养创新精神,做一个既仰望星空,更脚踏实地的人。对基础教育而言,进一步推进家庭、学校和社会合作育人,让教育不再是功利的工具,而能回归育人本质,让广大家长和全社会不再有"焦虑"。对职业教育而言,更加重视"双师型"教师培养,在提高学生专业知识和劳动技能中培养工匠精神,为实现"中国制造"向"中国智造"而努力。尽管这是一项艰巨的系统工程,但不能因为其难而放弃努力。

康河(River Cam),又译称剑河,是剑桥的母亲河,不仅曾经是剑桥地区的贸易和交通枢纽,还是"牛剑"划船赛的发源地。剑桥大学国王学院,也就是新月派诗人徐志摩先生的母校,那块康桥石和康河畔的依依垂柳早已成了热门景点。那天,在国王学院的大教堂内,还举办了以徐志摩作品为代表的康河文学艺术活动,身为中国人,为之自豪。

是啊,时光无法重复,精神却可永存。大学,不仅是校园的,更是社会和时代的。"康桥",就是一座连接古老与现代,连接东方与西方的文化之桥、友谊之桥和心灵之桥。

参观剑桥时，天气特别晴好。蓝天，白云，绿茵，垂柳，红墙，穹顶，波光粼粼的康河，悠然泛舟的游人……这分明还是那个近百年前，从遥远的东方来此留学的徐志摩先生笔下的"康桥"！

那一刻，我们禁不住从心底重温先生《再别康桥》中那句经典："悄悄的我走了，正如我悄悄的来；我挥一挥衣袖，不带走一片云彩。"

（2019 年 8 月）

海洋文明再思考

——新加坡见闻之一

　　新加坡是太平洋与印度洋的交汇点。在新加坡旅行的短暂时光,有一种思考让我挥之不去,脑海中总会浮现一个文化符号:海洋文明。

　　海风阵阵,浪花拍岸。海面上繁忙的海运船只穿梭不停,落日余晖掩映下的椰树林,景色迷人。一家人坐在圣淘沙海滩边的草坪上,静静地看着海面,凭海临风的感觉让时光停留在这一刻的温馨里。有时候对着海面上往来穿梭的海轮,我会禁不住地让思绪穿越到了很久远的时光里。总在想,海洋时代的现代化之前的手工时代,先人们在波浪涛天的环境中是如何驾驭海洋,穿洲越洋,开疆展土? 何等荣耀,又是何其悲壮!

　　人类历史至今有三种代表性文明形态:一种是农耕文明,一种是游牧文明,一种是海洋文明。在中华文明灿烂的发展史中,由于多重因素的影响,似乎格外偏爱的是农耕文明和大河文明,对海洋文明可谓"起了一个大早,赶了一个晚集"。到了明清时期,一道海禁的命令,使国人对海洋文明的认识和驾驭能力,被欧洲人拉开了远远的距离。究其原因,千年的不间断辉煌产生的大国心态,让我们一度失去了睁眼看世界的激情和动力。春秋以降的礼乐传统文化,在梳理民族的文化传承和社会秩序同时,让我们过多沉缅于人与人之间关系的思考和行动,而疏于人与自然关系的研究,使得原本领先于世界的"四大发明"没能成为成长的加速器,反而一度成为尘封的档案记录。相反,历经漫漫千年中世纪黑夜沉睡的欧洲,却随文艺复兴时期的到来,将千年的积淀得以裂变和释放,在经过多次的海洋扩张准备后,一部意大利人马可·波罗的中国游记,成为哥伦布、麦哲伦在内的欧洲航海家和一些殖民者的必读书目。东方的神秘和富有,让任何一个海洋主义者欲罢不能;何况中间又插入了一段历史悲剧,近在咫尺的曾经的小徒弟日本,借助明治维新的制度变革，骨子里的那份不安分的基因活力得以激发，西洋也好，东洋也罢，缺乏内生动力和危机意识的东方文明，在一种长久的安逸和闭关锁国中，使中华文化错失了与海洋文明紧密拥抱的机会。尽管也有少数有识之士提出过，但在强大的惯性思维和文化束缚下，犹如流星一闪而过。当然，这种火种从未完全熄灭，最终，以一种民族悲剧和耻辱的形式，印证了中国一句俗语：你不理财，财就不理你。海洋也因我们的疏远而变得陌生。这一错，让中华文化落后了近百年。

倘若放大到整个世界格局和人类成长史看，或者从历史的周期率和自然的规律看，这一百年的低潮和冷落，未尚不是一件幸事。中华文化"高兴"太久了，中华文明"满足"太长了；二千多年来的不间断，让我们产生了太多的自信以至于自负，二千多年的丰富积淀，让我们承受了太多的负担；一闪而过的小伤痛和零碎的几声呐喊，根本不能引起天朝和国民的警醒。这种当头棒喝和脱胎换骨的变革，历史地落到了以海洋文明为代表的西方文明入侵的时候，尽管这个过程十分痛苦，也非我们所愿，但这就是历史事实。

以史为鉴，面向未来。从宏观视角看历史和文化，不是为了写作者提供素材和张力点，而是让我们从文化视野入手，从经济、科技、管理制度全方位审视自我，在历史和现实，在大江大河与大海大洋交错的坐标中，找到发展和前进的方向。已经醒过来、站起来，逐渐富起来的中国，正走向强起来。至此，我们更有理由和信心相信，"五位一体"总体布局和"四个全面"战略布局下的中国，一定会在互联网＋海洋时代和太空时代拥有自己的科学的历史方位。

（2017 年 10 月）

狮城往事"牛车水"

——新加坡见闻之二

　　牛车水，一个朴素得有些土气的名字，是新加坡闹市中心的一条老街。牛车水的马来文名称为"Kreta Ayr"，意指"水车"。新加坡从 1819 年开埠至 20 世纪初，人们都得用牛车从安祥山脚打水，运载食水往返市区各处，"牛车水"因此而得名。

　　早期的"牛车水"，是华人移民中的广东人聚居区。随着越来越多的"新客"的到来，牛车水逐渐向外扩展，于是这片当初新加坡河以南的地区逐渐成了"大坡"，而河北的穆斯林和欧洲人聚居的地区称为"小坡"。至今，"牛车水"成为历史上的华人聚居区的代名词。与小印度区一样，从字面就可以分出在新加坡的华人、印度人、马来人、欧洲人等不同族群的聚居区。

　　在去往牛车水的出租车上，年近七旬的司机，用一口潮汕味的华语告诉我们，新加坡的早期华人，很多就是郑和下西洋的时候，船队过境时留下的船员。后来又有下南洋谋生的人们，一传十、十传百，相约而来，如同 20 世纪 90 年代到深圳和沿海城市打工的人群一样，同乡同村的传递，形成了一个个城中村一般，华人、马来人、印度人四面八方，各行各业，谋生立足，创业立业，一代代，造就了新加坡的今天。

　　当下的牛车水老街，用车水马龙来形容，毫不夸张。狭窄的街道两旁，分布着众多的店铺，工艺品店、日用品店、来自中国风味的各式餐饮店居多，一家连一家，与 20 世纪八九十年代的深圳、浙江义乌小商品一条街几无差别。街道旁的建筑，基本上是以 20 世纪五六十年代的中式骑楼为主，加以南洋风格。热带骄阳、人群拥挤，看得出，游人对购物不太有兴趣，吸引我们的，更多的是一种对华人聚居的历史风貌的参观和缅怀。

　　在牛车水老街和原貌馆参观，我脑海中的第一感觉是似曾相识：似曾相识的悲壮,似曾相识的故事,似曾相识的人生。仿佛眼前忽然闪现了上海的老弄堂、石库门和七十二家房客;闪现了武汉汉正街小商品市场的场景;闪现了至今还在不断上演的北京、上海尤其是深圳等城市的"城中村"景象。闪现了北漂、沪漂和成千上万的打工族。还有,我的故乡中许多正在沿海城市打工谋生的乡亲和兄弟姐妹。这种城乡仍然存在的很大差距带来的生活图景,无时无刻不闪现在眼前。

随手记下几段老街房客回忆录,那场景至今还让客居在都市的打工族不陌生。

"二三十人共用一个与冲凉房相连的厕所,里头黑漆漆的一片,即使是大白天也是伸手不见五指。……临近早晚餐的时候,总有七八户人家挤在小小厨房里,一起生火做饭……"

"多数房子都是木房,每逢过节大家都会点上蜡烛庆贺。小时候我们喜欢过节,却也害怕过节,因为非常担心会有老鼠撞倒蜡烛而引起大火。"

"我父亲以前是一个小贩,在楼下卖咸鱼……那时候的小贩得有牌照才可做生意,所以我们算是非法贩卖,得偷偷摸摸,避开检查。每当有人喊稽查员来了,我们赶紧把各自的摊子搬到宝塔街46号,一直等到那些稽查员骑脚踏车走远了,我们才敢再摆出来。"

一条条老街,一张张发黄的老照片,记载着一个时代一群人在狮城里的情感故事。

在我看来,牛车水老街故事中,最动人的莫过于"妈姐"的故事。妈姐,新加坡早期社会的华族女佣。她们来自中国广东省的农村,多数在新加坡富有的家庭里工作,负责打理家务和照顾孩子。这些女佣,受到家乡习俗的约束,不能结婚,不能生育孩子。在雇主和一般人的眼里,这些梳起长辫子、穿着白衣裤的妈姐,象征着东方女性的勤劳、忠诚、坚毅。这些妈姐与小主人的感情,有别于一般的主仆情,不是一家人,却好像一家人。经过岁月的积累,升华为彼此生命中最重要的亲人。近年来,新加坡儿童作家和画家余广达(Patick Yee)以此为题材创作了《妈姐的金鱼灯笼》儿童连环画作品,成为狮城往事系列中最有吸引力的故事之一。浓郁的南洋文化风味,文字温馨感人,吸引了众多的狮城老少读者。其中有一句经典台词:妈姐,狮城的女佣。从唐山到南洋,她们想念唐山;从南洋回唐山,她们想念南洋……

　　将目光从牛车水老街投放到更大的视域。早年的华侨先辈迫于生计，离乡背井谋生，现如今，另一轮的农村青年走出去，也是为了更好地生活。时代的变迁不可同日而语，但背后人性美人情美的故事，却有着许多相通之处。需要我们呵护和关注，这也是正能量的源头。近年来，有不少关注中西部农村地区"空心村"、城市中的"城中村"的人们生存状态的作品，从中对当下的中国社会变迁和政策选择走向，作出反省和提供范本参考。其中不泛有一些纪实性力作，代表性的如 70 后作家梁红的《中国在梁庄》、《出梁庄记》、《神圣家族》系列。也还有深度学术研究的代表作，如陆铭教授的《大国大城》，一句"不！去往城市，来谈乡愁"足以让我们怀有深度阅读的兴趣。

　　以笔者之见，在这个价值多元、崇尚自由的时代，返乡创业，留城打拼，都是一种生活方式，选择的自由在各人。需要提醒的是，再多的乡愁论述，抵不上实实在在给他们创业就业的门路和希望。还有一点不要忽略，孰不知，一些人弃守的乡村老房旧屋，其实有着难以估量的历史与文化价值，他们弃耕的荒地漠土，有着家国生存的未来和希望。加快城乡一体化的发展进程，吸引他们回归故里回归农作，或许才是乡村振兴的希望所在。

（2017 年 10 月）

教育兴国"南大游"

——新加坡见闻之三

　　旅游主要是休闲,但旅游本身也是一种学习。教育工作者的本能和职业敏感,使我对新加坡的教育产生了很大的关注。尽管不是专程考察教育,缺乏第一手的资料和信息,我还是凭着一种本能和敏感,捕捉了一些关于新加坡教育的点滴认识。

　　新世纪以来,上海教育与新加坡教育联系比较紧密。单是教育部中学校长培训中心就与新加坡南洋理工大学合作开办了多期中小学校长专题班。我身边的不少同事,就来新加坡参加了系统的培训学习,我的"班长"蒋东标院长,就曾赴新加坡南洋理工大学深造过。这样一种"乡情",激发我专门抽出一天时间,与家人一起到声名远扬、神往已久的新加坡南洋理工大学参观。

　　坐了近一个小时的地铁,转上南洋理工大学的校车,穿行在花园式的校园,感受到这所学校与美国、加拿大等西方发达国家的大学一样,都是开放的,是没有围墙的校园。由于有女儿当向导,我们主要集中在南大华裔馆、南大建校纪念碑广场和富有艺术特色的学生自修楼参观。

　　在富有中国民族传统建筑特色的南大华裔馆,我们了解了南洋理工大学的建校历史。南洋大学,是世界上首所设立在中国以外的华文最高学府。1953年,由南洋富商陈六使先生率先倡议,得到了新马各地华人的热烈响应,共同筹资,于1956年正式建立,后经发展,1980年与新加坡大学合并,在南大原址上建立了南洋理工大学。华裔馆这座传统建筑,原是南大建校初的图书馆和办公楼,是整个南大校园的轴心所在。整座楼坐北朝南,红顶绿檐,朱色廊柱,白色窗台,左右对称,视野开阔。沿正门台阶拾级而上,放眼望去,建校纪念碑,南洋大学中国牌楼式老校门,都处在一条轴线上。在古木参天、绿草成荫的纪念广场中,呈八卦状有序分布了几座亭子,集中国园林和南洋风格于一体。

我了解到,随着南洋理工大学的发展,华裔馆逐渐成为集研究中心、图书馆和博物馆于一体的综合楼。是全球除中国大陆以外,唯一专注于研究海外华人和服务社区的多功能大学机构。华裔馆不仅注重学术研究,其重点还集中在三个方面:向世人推广全球五千万海外华人及其后裔,对当地社会及世界所作出的巨大贡献;扭转华裔后代华人身份认同感减弱及失根现象;整合新加坡融贯东西文化的先天优势,推进海外华人研究,保护华夏物质和精神遗产,弘扬华夏文化。

华裔馆大厅内正前方,有一尊南洋大学创始人陈六使先生半身铜像,详细介绍了陈六使先生的丰功伟绩。此情此景,让我们对陈六使先生,还有一生致力于中国国内教育的陈嘉庚先生,更加产生了无限的崇敬之情。"飘洋过海,一生艰辛;创业致富,致力教育;不忘根本,光泽后世。"正是这样一种筚路蓝缕的华人创业创新精神,包括海外华人在内的中华儿女们,才使我们在激烈竞争的世界民族之林得以屹立,开枝散叶,发扬光大。

离华裔馆不远,与人文社会科学学院大楼平行的一座灰黄色富有创意的如同磨菇状层层叠起的建筑,是南洋理工大学知名的学生自修大楼。走进大厅,四面八方全开放,内部装修几乎都是原色的简装,富有艺术文化气质。学生们三三两两,或围坐,或独坐,自修看书,讨论问题,沉思休整,秩序井然。五楼大厅内,还有咖啡厅和自动饮料机,方便学子们的学习生活。南洋理工大学整个校园是一座小山,除了行车道,楼与楼之间的连接,都有加顶连廊,这种既遮阳又有防雨功能的校内连廊,让师生们可以免除带雨具和阳伞的麻烦。连同校内候车站,各种功能服务设施和指示标志,处处显示出人性化的理念,环境育人可见一斑。

由于时间关系,我这次未能到新加坡另外一所世界著名大学新加坡国立大学参观。因为我多年来一直关注国立大学东亚研究所郑永年教授的相关研究成果,他的很多文章成了我对国情观察和学习的好材料。联系国内许多高校、地方政府与新加坡的教育合作,我不由在想,一个世界地图上的"红点"国家,弹丸之地,资源紧缺,在短短的半个多世纪的建国历史中,几经努力,就建成了两所世界一流大学,不能不引起我们国内教育界的关注和学习。当下，我国正在加快建设"双一流"高校，上海有复旦大学、上海交通大学等高校进入这个方阵。如何发挥国内教育和上海优势，取长补短，建成真正意义上的"双一流"，需要我们下功夫探索和实践。上海有理由、有条件让自己的教育走在世界前列，这与上海 2040 年建成卓越全球城市的目标是契合的。当然，这中间还有许多的路要走，有许多的困难，特别是制约发展的制度性障碍和理念变革，需要我们下功夫研究和实践。

粗略地看了新加坡的高等教育，身为基础教育工作者的我，目光自然转到了基础教育。只是途径比较原始——看报。当天的《新加坡联合早报》，头版有一则消息吸引了我的注意。标题是"安排培训和出国考察——幼培署助学前教育领袖深化专业技能"，报道介绍，新加坡推出了关注学前教育三年专业发展计划，对学前教育领袖可加入"计划"，通过选送出国考察及参与研讨会和课程，以深化技能与知识，为培养下一代做更好的准备。报道介绍，参与这个"计划"的领袖人物，将参加至少 180 小时的专业培训，进修的同时可继续在所属学前教育中心工作、领薪。完成课程并达到课程设下的标准后，还可获得高达 1.5 万元的奖励金。与此同时，还为教师和保育师推出专门的培训计划，从 2016 年起，已有 250 多名教师和 80 名保育师加入计划。据报道介绍，截至 2017 年 9 月，新加坡已经有四成（770 家）学前教育学府，获颁新加坡学前教育认证框架（SPARK）的资格认证。还首次委任位于第 4 道的几所幼稚园为创新指导中心。对教育的关注重视和有效举措可见一斑。通过这则消息，我认为，上海的基础教育类似这些制度性安排和措施还是超前有力的。当下的关键，是在抓落实、抓成效、抓内涵深化、抓特色创建，尤其是推进城乡均衡上下功夫。

当天报纸第 4 版另一则消息，也引起了我的关注。标题是"小学增加师资需求，今年 350 名教师中学初院转教小学"，报道数据显示，新加坡教育部统计，截至 2015 年，新加坡本地有 33 105 名教师，其中约 2 000 人在初院和高中任教。援引一位转到德乐小学的教师陈庆琳的话："小学教师需要很好的耐性，课室管理方面有更多程序。我在观摩中留意教师如何设定指示、抓住学生的注意力。低年级与高年级班也有所不同。我在那两周里也有机会向负责的教师了解小学的数学学习支援计划、与家长支援小组交流等。"这则报道，其实包含了很大的教育信息量，教师的分类培养，基础教育尤其是小学教育的基石作用,学科素养的基础培养,家校合作育人等都成为新加坡教育关注的重点。相比之下,上海的小学教育中教师的分类培训培养,教师结构尤其是"女教师偏多而男教师严重不足",家校合作育人有待深化等问题,需要进一步关注。

还有一则消息让我关注,在新加坡这个特殊的语言环境中,教育部推出了"特别课程",华人学习马来语、淡米尔语,异族学华语,目的是方便族群之间互相了解对方的文化历史语言,加深彼此的友谊,方便沟通和交流。同样,语言学习,文化交流尤其是融合教育,对上海这样的移民城市,城乡教育需要进一步融合发展的城市,可谓任重而道远。

大道至简,一叶知秋。短短的几则消息,整合已有的见识,再一次印证了一个铁律:百年大计,始于教育;民无本不立,国无木不兴。建设教育强市和教育强国,我们还在路上!

(2017 年 10 月)

台湾教育观察

> 有些地方,你走过就走过了,不会留下太多痕迹。而有些地方,会让你永远放在心里,因为那个地方曾触动过你的心灵。——题记

2018 年 5 月,应台北市文化教育交流协会邀请,我赴台进行了为期七天的考察交流活动。先后对台北、新北、花莲等地多所学校进行了教育考察,并参加了 2018 年两岸城市教育论坛和相关文化交流活动。这是我时隔 7 年后,第二次踏上祖国的宝岛。如同第一次赴台的情形一样,当飞机飞越台湾海峡,俯瞰蔚蓝的大海时,那种血浓于水、两岸一家亲的朴素情感,顿然涌上心头,有一种神交已久、期待已久的急切。尽管此次一样是行程匆匆,走马观花,但还是有很多感触。随手记下了台湾文化教育的些许印象。

一、家委会的有效运行,让家校合作育人成为现实

几天的参观考察,给我们一行留下一个深刻的印象:台湾中小学校十分注重学校家委会建设,家校合作育人,在这里已经成为现实。这样的办学理念和实践经验,值得我们大陆的中小学校好好学习。

28 日,我们来到台北天母小学交流。据了解,这所学校是台北士林区最优质的公办小学,被称为台北市教育标杆学校。

在学校梁校长带领下,我们一行从参观学生活动中心开始。一楼的学生图书馆(又叫学习资源中心),面积不大,图书种类也不算多,但很有特色。整个图书馆除了一两名专职教师外,日常运行都是由家长志愿者开展服务的。无论是新书介绍,还是图书管理,或是"故事角落"讲座,都由家长志愿者主持。家委会荣誉会长徐会长,开展了 13 年志愿服务,至今仍然"痴心"

不改,很让人感动。这种情形在其他学校也不时重现。

各学校的家长委员会都制定了组织章程,议事规则,财务处理办法,家长会志工组(志愿者工作组)运作办法等一整套运行制度。家委会由会长综理事务,下辖财务组、会务联络组、活动组、课程发展组、爱心家长组和总务组等多个组,每个组组长都由家委会常委担任,组员若干名。在学校家委会的领导下,组成家长志工团。

在几所学校考察时,我们都经历了一个相同场景。在学校门口迎接和陪同来宾参观的除了校长外,家委会会长一律在场。不少内容都是由家委会会长介绍,他们对学校情况如数家珍,娓娓道来。他们在家长中拥有很高的声望,能够为学校发展提供和筹集资源。天母小学现任家委会会长廖先生,一副运动健将的形象。听梁校长介绍,廖会长曾是台湾知名的跆拳道运动员,后来创业从事机械行业。不仅在上海开设了公司,在昆山也有自己的工厂。他的孩子在学校读三年级。当我问他,为什么会热衷于学校家委会和志愿者工作时,他说,从他的学生时代就感受到学校和社会的关爱,充满了感恩之情走入社会。他在自己的事业发展小有成就后,就一直想如何回馈学校,反哺社会。特别是他的孩子进入小学后,他就更加投入地参加学校家委会工作。当问及他,参加家委会是否会影响生意时,他风趣地说,如果一个企业时时离不开老板,这家企业管理就不成功,一定做不大、做不长。

考察中,我们听台湾校长们介绍最多的一句话就是,学校办好教育就可以感动家长,家委会与学校密切配合,才可以办好学校。

二、丰富多元的活动,让孩子们快乐学习成为可能

多元的活动鼓励学生个性发展,使孩子们"由兴趣转为专长",这样的教育理念在台湾中小学校已经扎根。

台北天母小学的发展理念是:"多元发展国际观,快乐自信天母人。"学校十分注重学生核心能力培养,社团活动十分丰富,可以供孩子们多元化选择,多元化发展。比如,学校球类特色项目就五种,其中足球十分突出,也是孩子们的最爱。近年来,在发展音乐特色项目过程中,有意识地发展中华传统音乐文化二胡演奏,人气很旺。从校园的文化布置中,也让我们感受到浓

郁的文化育人氛围。也就不难理解,在台北这个大城市,众多的"海归"家长们,都愿意将自己的孩子送到这所学校就读,而不是盲目"跟风",送进附近的美国学校、日本学校等国际学校。这也启发我们,走特色发展之路,办家门口优质学校是根本;对家长而言,适合自己孩子的教育才是最好教育。

新北市南港小学,是一所百年老校。学校充分利用自身特色,开展智慧校园建设,运用融合的观念,将兴趣活动融入教学来探究学生学习的本质,成为台湾地区智能教育示范学校。学校教师自主开发的云端书柜,自制的电子书,很有特色;学校创新开发的南港 e 酷币,建立 e 化学习平台,每位学生、家长都有一个账号,完整记录学生阅读学习历程并与人分享,观摩学习,拓展阅读视野。给我们很深的启发,学生的学习是可以在"玩"中完成的!

花莲县地处台东,是台湾少数民族的聚居区,境内遍布高山、峡谷,交通和经济条件十分普通。听介绍,全县至今还有多所只有 10 名至几十名学生的"袖珍"学校。近年来,花莲县推出了旨在提高学生体质和运动能力的"运动小铁人"活动,最为引人注目的是 2015 年以来推动的高尔夫向下扎根活动。在全县中小学校,包括偏僻的山区小学,开展学生高尔夫球练习活动,教中小学生们学会打高尔夫球,将曾被认为是贵族运动的高尔夫球,进入了平民学生中。既教会学生运动技能,更锻炼了学生的体质和气质。

在花莲市花岗中学考察时,李校长向我们介绍了办学"六大教育"理念。特别强调,学校关注学生的品德教育,一句"教好行为比教会知识更重要",引起我们的强烈共鸣。学校十分注重开展多元化的社团活动,音乐乐团是学校发展重点项目。座谈中,4 名八年级学生为我们来宾演奏了民族乐曲,精彩的表演赢得了阵阵掌声。

在一些文人眼中和笔下,与许多内陆历史文化城市一样,花莲不仅只有美丽的风景,还有很多绵长的故事。作家陈黎在《花莲港街一九三九》中写道:那不只是一条街,那是一个城市,一种气质……李庆贺在《花莲港晓望》中写道,"绝好花岗壮大观,登临一眺海天寒。旭桥缭绕烟丝系,稻住朦胧月色寒"。这些文字背后,彰显着花莲港街是这座城市过去的倒影。我想,这也是花莲人对脚下生于斯长于斯的土地的热爱之源。

有建筑大师中哲学家之称的路易斯·康曾说,一座伟大的城市要能让孩子在街上,看见启发他一生志业的事物。这种精神气质体现在花莲的学生们各具特色的文艺活动中,也体现在花莲校长协会的校长们在分论坛的交流中,在花莲许多设施不高档,甚至还有点陈旧的街区,但却是整洁有序的环境中,我们能感受到花莲的文化气质。这恰恰是处于高速发展向高质量发展转型的大陆很多地方需要学习之处。

三、走进历史深处,让两岸文化教育交流成为纽带

推动两岸文化教育交流是消除隔阂、促进融合的重要途径,十分必要,十分迫切,是我们此次考察的直观体会之一。

大陆人士到台湾开展文化交流,有一个地方我认为必去,那就是台北故宫博物院。此次台湾之行,在台北文化教育交流协会的安排下,时隔 7 年,我再次造访了它。

坐落在台北士林区外双溪畔的台北故宫博物院,绿树掩映,庄严肃穆,远远望去,就看出与北京故宫博物院相似的风格。一脉相传,血肉相连。

步入大厅,正前方是一尊孙中山先生等身雕塑。上方"博爱"二字十分显眼,气氛肃穆庄严,让人不自觉地放缓脚步,放低声音,凝神静听。伟人的身影仿佛在提醒我们,这里是历史的天空,到这里是瞻仰中华祖先的印记,每一个华夏子孙,都要有一份敬畏。

参观有"镇馆之宝"、"国之重器"之称的毛公鼎,让人震撼。历经几千年的时光,镌刻的铭文仍然醒目,华夏文化的穿透力让我们感受到光芒万丈。特制透明展柜中静静崛立的毛公鼎,无言地告诉我们,尽管它是从大陆而来,但这里与历史上的黄河文明、长江文明本就是一体,从未分开过。

玉能润人,人可蕴玉。缓步于玉器展区,万人瞩目的"翠玉白菜"和"肉形石"还是那般耀眼,那么活灵活现。似乎岁月流逝与它们无关,有的只是始终如一。此情此景,让我们感悟到"玉洁"的内涵。

参观中,郭导指着几块造工精巧的玉雕,告诉我们,这几件稀世珍宝,曾经被汪精卫送给日本皇室,以换取日本对汪伪政府的支持。"卖国求荣"四个字,让这位文才出众、一表人才且以勇刺清摄政王而闻名的曾经的才俊,被牢牢地钉在历史耻辱柱上。我们甚至大胆地想,如果当初的汪兆铭被清王朝处死,也许他就是另一个名垂青史的人,毫不逊色于陈天华、林觉民和

秋瑾等义士,可惜历史没有假如。人啊人,看似茫茫的人生路,关键处只有那么一两步。也就是这一两步,却让个人的命运和历史记忆迥然不同。这也提醒我们活着的今人和后人,"选择"人生观不是小事,尤其是处于又一个历史关口的台湾。"选择"更为迫切,文化和教育重任在肩。

不仅是台北故宫博物院,在参观的校园,在与台湾同行的点滴交流……我们无不感受着文化教育交融的力量。

以史为鉴,以文化人。两岸的故事永远讲不完,两岸的情感永远剪不断。如何让历史的悲剧不再重演,如何让那一抹浅浅的海湾,不再成为乡愁的主角,历史地落到了当代两岸中华儿女的身上。我想,这一天一定会到来。

(2018 年 5 月)

在清华遇见你

一转眼，在清华大学学习培训即将结束。六天学习培训，大家通过课堂学习、实地参观、互动探讨、联谊交流；学到了知识，学到了方法，学到了思想，学到了精神；十分充实，十分快乐，大家都很"嗨"。五个小组的交流发言，个个生动精彩，富有文化内涵，充满对清华的眷恋和依依不舍，一首《再别康桥》的深情朗诵，让我们感受到此次培训的重要意义和重大收获。从大家的发言与微信交流，真切地看出奉贤教院人的才情，来清华学习后几乎人人都是文艺青年，富有"范儿"。本来我还想搜肠刮肚地准备一些自以为精美的词句炫一下"文化味"，现在看来都没有必要，还是与大家讲几句心里话，想了想，我将自己这个发言定了一个题目："在清华遇见你"，讲三层意思，与大家共勉。

第一，我们在清华遇见了你

我们在清华遇见了一群人。我们自己人由同事变成了同学，我们与刘娟主任、罗炜老师、程岩老师、徐紫嫣等几位班级老师和各个任课老师很快成为了师生和朋友。我们还在这里透过时空，与清华的前辈包括清华杰出校友、"四大国学大师"神遇。我们还在水清木华、清华园、"那片荷塘"相遇，大家都是有缘之人。简言之，在清华，我们有同学相遇，师生相遇，友人相遇，故人相遇，灵魂相遇，梦想相遇（儿时的清华梦想成真）。总之，我们在清华遇见你。

我们在清华遇见了一堂课。这几天的课上下来，大家都有一种解渴的感觉。可以说，每堂课都是一首歌，每堂课都是一份情；每堂课都是一种教育，每堂课都是一种记忆。我们这些上过讲台多年的人都能够感受到，这种

"台上一分钟、台下十年功"的内涵,他们都是用心在与我们交流。我将每位老师讲课中的特色内容课程,都发给了区长、局长和很多校长,一方面是在即时汇报,汇报我们的学习,汇报我们的工作;更是在与他们分享,得到了他们的热烈响应。比如,唐少杰老师的中国历史和清华历史用了一串看似简单的数字符,就是这串数字符让我们思接千载,神游古今;张学政老师的160多本手写的且没有一处涂改的备课本,让我们除了震撼还是震撼! 好老师不就是从这里来的吗?!

我们在清华遇见了一片风景。从大家这几天的随手拍就可以看出,清华美景让大家陶醉,尽管有雾霾天,但丝毫没有影响大家的兴致。从清华的各种美景和各小组的活动照片,特别是今天,钱筱雪、吴慧强等同学随手拍的雾霾后"北京蓝",就可以看出大家对风景的欣赏,对生活的热爱以及个人情趣的高雅。我要说的是,更多的风景其实都在大家的内心。

我们在清华遇见了一段历史。清华就是一段民族史,就是一部教育史,还是一段成长史。在参观清华校史馆时,我即兴用手机短信写了一段观后感:"清华百年与中华民族百年联系得如此紧密,行走在历史时空,灿若星河的校史廊是如此绵长。这其中有两个阶段和群体让我沉思,那份内心深处的柔软竟被碰触,让我热泪盈眶。这就是西南联大时期和核工业群体。""那是一个如此苦难和艰难的时代,民族危亡和新中国处处受制于人的时代,物质的极度匮乏没能阻挡那群年轻人的热情,行胜于言的精神,让一切困苦付之脑后,创造了治学治国强国的历史辉煌。""一种精神,一个时代,一个群体,一片赤诚,与两个一百年何其相近。有了这些,你就会发自内心地感受新的长征、新的希望。"在朋友圈里分享,收到了很多回复和点赞。

我们在清华遇见了一种文化和精神。这几天的学习,无论是课堂学习还是现场参观,无论是知识学习还是文艺活动,大家都是情绪高涨,格外兴奋,自觉参与,创意无限,激情飞扬。但贯穿始终的是一个强烈的感受或者讲是我个人最有收获的感受,那就是"文化和精神",可以归结为"自强不息,厚德载物"的清华精神。大家想想,一位老师的课堂魅力就在于文化和精神。这方面,各位授课教师的风格和水准就是例证,除了上面讲过的,还有李真顺老师的激情演讲,让我们都进入了人与人、心与心交融的境界;刘田老师在讲课中提到,来清华学习不仅是学习方法,而是让思想来个碎片整理;固化于制、外化于行、内化于心的匠心运用,让我们记住了"敬业"永远是教师职业生涯的第一位。

第二,对本次培训学习,我概括为"三个关键词"、"六个大",与大家分享

一是"回望"。这是从历史层面,回望"大学精神",追思"大师风范"。清华老师给我们最感动的印象是:工匠精神,甘做教书匠,"匠心"独具。这种匠心从张学政老师的备课本,刘田老师的分类课件,我们的教研同行王建宗老师的数字观点就可窥见一斑。

二是"感受"。这是从感受培训班的老师讲课层面,是"大道至简"。他们都将复杂深奥的历史和知识点浓缩为数字和几个观点,从看似简单的数字出发演绎了深刻的道理;"大音希声",每位老师的教学思想是如此丰富,观念是如此新颖,但他们却没有太多的灌输,而是用简洁而朴实的行动在引导大家。

三是"启谛"。这是从教师职业生涯层面,启迪我们广大教育工作者要做到"大爱无言",因为我们都承载着"大国梦想"。

第三,代表学院党政对大家提出几点希望,希望能够把握"三个内外"

一是课堂内外。培训过程中,我们是学生,但我们不要忘记自己也是老师。要通过此次学习,发现和反思我们专业的薄弱点;走出去后,要更加自觉地加强学习和实践,不断提升自己的专业领导力和指导力。

二是校园内外。来清华学习的主要任务不是找"方法",而是让思想来个"碎片整理"。经营"信仰"的地方和行业活得最长,显出信仰和精神文化的力量。对于当下的教育学院整体和各个中心到每位同志,这种精神和文化信仰的重构和培育十分重要。这也是与当前奉贤区教育学院的学院文化建设不谋而合。无论是课堂学习还是实地参观,这种文化的力量十分让人震撼。在大峪中学参观时,"山谷相生,自然天成"的学校文化诠释,让我顿

时有一种感受,多么有"文化"！除了取材"门头沟"这个北京的自然地理,母亲河永定河的源头,更有一种意境,因为山的高耸,才显得谷的深邃;因为谷的空灵,才衬托山的秀美。同样,我们每个人都是团队中的一员,我们有缘在一起,在一个团队中就是相伴而生。通过本次学习,要更加重视团队建设,走出校园,我们都是代表学院,代表教育形象,不要忘记我们在清华深造过,每个人都要为团队的发展贡献自己的光和热。

三是培训内外。学以致用才是根本。不能用"娱乐化的心态"来对待培训,不能"听时激动,看得感动,回去没有行动"。当下,在网络化时代,快餐文化和各类信息都是海量的,我们不能为大数据所累,更不能被大数据所困。关键是要会"选择",能够自觉践行,学思践悟,为我所用。

如同北京的天气,前几天刚来时,经历着严重的雾霾,是红色预警;快要离开时,已经显出了久违的 APEC 蓝,少有的纯净和湛蓝。经历了这样一种天气的变化,越发彰显了这次学习时光的重要。其实,对于一个学生而言,不就是怀着一种迷茫的心情走进教室,然后带着一种晴朗阳光的心情走出校园的吗?！这就是教育的真谛,也是每位教育人的责任!

(2016 年 12 月)

到山水田园中当学生

丹桂飘香,潮涌钱江。我们学院研训员培训班,在浙江大学华家池校区如期开班。培训学习间隙,我将整个校区细细地逛了一遍。"山水田园",是我对这个原属杭州郊区、现如今早已是闹市之中校园的直观印象。

水,当属浙大华家池校区最具特色的景观。校区也因有华家池而得名。华家池,是校园当中的一大片天然小湖泊,水面大约有五十公顷。在都市深处有这样一片湖泊,让校园如同将西湖搬到了自家庭院中,谈及它,浙大人一脸的骄傲和自豪。宁静的湖面,波光粼粼,水天一色;环湖临水,菁菁垂柳,翠绿欲滴;湖心半岛,碎石小径,曲径通幽。阵阵微风拂过,透露着沁人心脾的桂香。晨曦中,水面雾气朦朦,水草露珠晶莹,和着环湖漫步的人们,人物合一,好不美哉;傍晚时分,斜阳倒影,余晖洒落湖面,与院外周边的高楼大厦,相映成辉,让我仿佛看到了雷峰夕照;夜幕降临,星光点点,稀疏柔和的窗灯,静谧入梦,一派江南水乡的祥和。水,是生命之源;水,是万物之灵。有了一池绿波,给校园平添几分灵气,难怪乎,智者乐水,仁者爱山。走进这片校园当学生,我们没有理由不让心灵安顿。

山,在这里是一个借用词。严格意义上讲,这是一座人工的小丘。取了一个十分文雅的名字"翠云岭"。位于华家池东侧,新宇培训楼北面,一座海拔不过十米的小山丘,方圆占地面积大约 1 000 多平方米。如在浙西山区或我的家乡鄂东地区,其实根本就不能叫做"山",只能算是一个人工大土丘抑或称江南园林"假山"。它经过多年的维护,已经是一座名副其实的园中山了。挺拔的松树和高大的香樟,浓荫遮阳,各色植物和花草,林荫小道,亭台楼阁,一应俱全,景色宜人。伴着动人的名字"翠云岭",这就是江南人尤其是杭州人的精致。翠云岭南侧,有一个小型纪念广场,耸立着浙大著名校友、革命先驱于子三的半身雕塑像。看了介绍,我知道,于子三不仅是浙江大学杰出的校友,更是浙江学生运动的优秀领导人。他的事迹在中国青年运动史上,留下了不朽的篇章。百年名校浙大,不仅有浓厚的文化底蕴,还有绵延的革命基因。百鸟歌唱,千虫争鸣;前人栽树,后人乘凉;古今一理,云岭见证!

田,这是最让我追忆青葱岁月的地方。报到的第一天,看教学楼内的陈列文字和听老师介绍,我知道,浙大华家池校区,最初也是浙大校区,从20世纪50年代起,主要的历史时期是浙江农业大学。了解了这个历史,我有一种天然的亲近感,也倍感与此地有缘。为什么?因为我第一学历就是毕业于农业大学。不仅如此,更是早在1991年,当时我还是大三学生时,就知道,我的母校曾经与浙江农业大学进行了战略合作,共同培养茶桑专业本科生。我的一些同学在大三开始,就来浙江农业大学学习茶桑专业,那时的我,其实也挺羡慕他们有这样一个跨地跨校学习的机会。时隔二十七年,我亲身来到这片校园,真的挺有感慨。我想,既然是农业大学原址,这里一定有成片的试验田地。果不其然,我找到了。在校园东门附近,我看到了两大片试验田,至今还有不少试验作物。近看,是棉花、玉米等作物;还有,大棚内也栽种了不少其他农作物,显眼的作物试验标号和试验地旁边的土壤标本馆、同位素(核)农业馆,让我对农大、对母校、对求学生涯,产生了温馨的回忆。放眼望去,与这片试验田一墙之隔,就是全国知名房地产企业绿地集团开发的大片气派的高楼大厦。四周是水泥森林的闹市中间,还有这样一块宁静的田园,着实让人好生感慨。从学生到先生,再由先生而学生,人生轮回,缘份注定。

园,这里最有特色的当属植物园。也是一片天然的植物基因库。植物园位于在校园西区,最多的植物是桑树,年代久远,长得都比较高大,算得上是活的蚕桑博物馆。对桑树,我除了知道桑叶是蚕的重要食物,结的桑果是一种很好的水果和饮料原料外,基本欠缺相关植物学知识。不过从整齐的田垄和相关防护可以看出,这里桑树的品种应该是多样的,也极具试验价值。在植物园的北面,有一栋颇具特色的蚕桑标本和试验馆。馆前广场东南侧,有一尊雕塑,主人公是嫘祖。嫘祖,一作累祖,为西陵之女,轩辕黄帝的元妃。她是养蚕先驱之一,发明了养蚕缫丝方法,被后人祀为"先蚕(蚕神)",华夏文明文化的代表人之一,江南文化的浓厚底蕴,在这片校园中扎根。不仅如此,还有一个让我很欣赏的"田园",就是中心大楼中间广场的一片荷塘。仲秋时节,荷叶基本谢了,还有零星的荷花,高洁傲立,莲蓬十分挺拔,莲子结得很饱满,给中心广场平添了一片生机,引来了许多游人欣赏,纷纷拍照留念。荷田环绕着广场的雕塑,两匹奔腾的骏马,矫健有力,与两旁的校训"求是、奋进"四个字融为一体,展现了浙大人的文化追求。我想,正是因为有这样一片山水田园,自然就会让整个校园被列为浙江省优秀历史建筑保护起来。

山也好,水也好,田也好,园也好,最丰富的莫过于人。我漫步于校区,看到的是两大类人群,一类是过客,像我等培训学员,这里是浙江大学继续教育学院培训中心的所在地,因为浙大是全国干部培训重要基地校。一类就是本校的部分研究生和留学生,他们是原居民,青春属于他们。穿梭的人群中,有一块地方吸引了我的目光,那就是东区图书馆东侧一楼的悦榄树咖啡厅。这是一个有特色的校园咖啡厅,面积不大,容纳约 80 人小憩的规模。推门进去,空气中弥漫着阵阵咖啡的香味。几排书架,摆放着新近出版的名著,也有杭州故事、西湖印象、生活常识等时尚生活书籍,还有林达、村上春树、川端康成等国内外知名作家的作品。一杯香浓的现磨咖啡,散发着花香的水果茶,可以是同窗间的思想交流,也可以是一个人的独自沉思。

此情此景,不由让人想到陶渊明的那篇千古名句:"结庐在人境,而无车马喧。问君何能尔?心远地自偏。"徜徉在浙大文化校园,领略着教育精神家园。培训学习,让我们平时忙碌的脚步稍微慢一点,让我们惯于"拿来"的思维切换到输入充电的频道。对于教师教育工作者而言,这种安排十分必要,也十分及时。

(2018 年 9 月)

紫砂之乡的教育名片

江苏省宜兴市,我曾多次路过,一直行色匆匆。脑海中浮现的印象就是紫砂,除此之外好像都不深刻。金秋十月,随上海市教科院普教所考察团到宜兴开展了为期两天的教育交流考察,尽管仍然行程匆匆,但此番到来,"紫砂之乡"、"中国陶都"的又一个形象印刻在脑海,那就是:教育,是宜兴的又一张名片。

到达宜兴是周末,十月的苏南大地,秋风送爽,空气中透露着收获的气息。田野里,黄绿相间,水陌相连,夹杂着些许秋花,偶尔停留的水鸟,引人注目。村庄里,蓝瓦白墙,古典与时尚共处,静谧宜人。不由让人想起一幅"江南秋韵"的风景画。

和桥二小的"牧场"

从宜兴市区驱车半小时,我们一行来到和桥镇考察。听随行的和桥镇胥镇长介绍,和桥是一块人文荟萃之地,是远近闻名的院士之乡和将军之乡,蜚声中外的已故人民艺术家吴冠中先生,就是出生在和桥(原闸口乡),并从这里走向艺术的世界。

我们参观的第一站是和桥镇第二小学。这是一所从外观上看十分普通的江南乡村小学,没有高大上的气派,校园整洁有序,校园文化氛围浓郁。听介绍和看宣传版面,得知这所学校近年来因校制宜,倡导和提炼旨在推进师生自主发展、生态教育和全纳教育为主要内容的"牧式教育",逐渐在宜兴市、无锡市和江苏省远近闻名。学校校长和几位骨干教师,分别从不同的角度向我们介绍了牧式教育的理念和做法。他们认为,"牧式教育"的提出,是从自然生长和自然教育中受到启发,遵从生命个体的天性和成长环境,旨在为儿童创造一个妥帖心性的学习场域,让儿童在这个场域中自然生长、自主发展。他们还别具匠心地将每间教室起了一个新颖的名字:"学室",旨在从育人场域上表达"从一开始就让孩子们自由成长"的"牧式教育"理念。几年的实践,牧式教育已经取得良好成效,逐渐凝练成了和桥二小的教育文化。

听其言不如观其行。我们随意走进一间"学室",正值老师为学生们讲"黄山奇松"一课。讲到黄山奇松中的"三松"(迎客松、陪客松、送客松)时,老师让学生们分小组开展自由讨论。孩子们丝毫不因为我们这些来自上海的领导专家的到来而怯场。字词解析,形态表达,情景描述,问题讨论,一板一眼,一脸的自然,一口的自信,清朗的童声,清晰地讲述了天下美景黄山和黄山奇松。尽管我也算得上是听课说课熟手,但从这所普通的镇小学孩子们的身上,丝毫看不出刻意准备的影子。它让我感受到,这就是学校倡导"牧式教育"的核心内容,就是首先要让孩子们在一片自由的天地中自然成长。此情此景,耳濡目染,告诉我们:文化的浸润和教育的力量是如此伟大,它可以让这些不过 60 平方米并有些简陋的教室空间,成为孩子们知识和心灵成长的辽阔牧场。这就是我们当下的教育必须大力倡导和实践的。宜兴和桥二小正在走上这条教育初心之路。

和桥高中的"人场"

15 号下午,我们一行来到了宜兴市和桥高中。这是一所百年老校,江苏省四星级示范高中,尽管地处乡镇,但新校区占地有 130 多亩。现代化的教学楼和全新的教学设施,让这所百年老校散发着新时代教育气息。

在姚校长带领下,我们参观了校园,听取了学校发展介绍,给我留下的深刻印象是:历史厚重,现代传承。就在这所学校,在宜兴这块至今还保留着农村文化的土地上,先后走出了一连串在中国近现代史上,闪烁着耀眼光芒的杰出代表:他们中有我党早期优秀的儿女潘汉年,一代艺术大师徐悲鸿,著名化学家唐敖庆等杰出校友。屹今为止,和桥高中走出了两院院士 8 人,共和国将军 15 人,是名副其实的院士和将军摇篮。

一番参观和互动交流,我们了解到,和桥高中的办学"秘诀"是:"始终围绕育人做文章"。学校没有在厚重的历史功劳簿上惯性前行,而是在清醒的定位中找到发展新方向。多年来,学校践行"敦本"教育思想,遵循"和而不同"的校训,不断探索适合师生发展的"新学习方式"课程体系和"问题加"教学模式。依托江苏省普通高中"时文阅读"语文课程基地、江苏省中小学品格提升工程项目、江苏省前瞻性教学改革实验项目等,推动了学校书香校园、课程基地、品格教育、教学改革和课程建设,逐步形成了多个学校特色品牌项目,师生素养不断提升,教育教学成绩斐然。

在和桥高中,有一个地方让我们驻足良久。它的名字叫做"古籍研究室"。在学校历任领导和历代师生的齐心协力下,学校保存了 6 千多本线装古籍,其中包括:236 册文渊阁版本的《四库全书珍本初集》、《曾文正公家书》手抄本翻印本等珍贵资料,有的是在 20 世纪那个特殊的年代,历经沧桑,几经周折,被老师们保留下来。看着静静地陈列在仍然陈旧但却整洁的书橱中的古籍,不由让我们感慨文化传承的真谛。一所好学校,不就是承载着文化传承和弘扬的重任吗? 这何尝不是教育的本原?!

宜兴教育的"气场"

此番宜兴教育之行,我们虽是走马观花,但形成了一个共识:教育,正在成为宜兴的又一张亮丽名片。因为,在宜兴,有一个让人深受感染的强大教育气场。

这个气场,首先是宜兴全市上下营造了尊师重教的氛围。宜兴自古以来崇文重教,耕读传家,代代相继。自秦朝建县以来,历史上曾出了 4 位状元、10 位宰相、15 位将军、385 位进士,"一门九侯"、"四代英杰"、"一邑三魁"等传为佳话。新中国成立后,又涌现出 30 位两院院士、8 000 多名教授,享有"教授之乡"、"院士之乡"的盛誉。改革开放以来的宜兴,作为文化名城,重视教育、尊重人才,更是蔚然成风。随行的宜兴教育局领导告诉我们,宜兴全市上下高度重视教育事业的发展,尤其是近些年来,对教育的投入和支持力度进一步加大,优质教育资源数量不断增多,布局不断优化,城乡均衡发展。2018 年,宜兴有 5 位学生考入清华、北大,100 多位优秀学子进入985 高校,一大批优秀学子进入心仪的高校深造,整体教育教学成效,获得了宜兴老百姓的充分肯定。从一整天陪我们考察的和桥镇胥镇长平和但却流露着自豪的神情中,我们也读懂了宜兴教育成绩背后的"奥妙"。

这个气场,是宜兴教育人在教育改革实践中的智慧探索。宜兴教育,在新的时代背景中,坚持落实立德树人的根本任务,因地制宜,大力推进教育综合改革。一种谋发展、抓改革、促落实的理念和行动已经深入到了每位宜兴教育人中。陪同我们参观的宜兴市教师发展中心主任任才生向我们介绍,近年来,宜兴教育聚焦"学校课程建设"和"课堂变革",以课题研究和项目建设为抓手,转变教育科研、学科教研、教师培训范式,扎实推进基于现场的"教科研训"深度融合,逐步形成科研引领、教研聚力、培训崇实、技术融入的良好机制,涌现了许多先进典型和成熟的经验,对推动宜兴教育综合改革起到了良好作用。宜兴教育,正行走在内涵发展和可持续发展的路上,朝着"全力打造高品质教育"目标奋进。

这个气场,是宜兴人传承了乡贤文化为代表的地域文化教育基因。宜兴,苏浙皖三省交汇之地。有山、有水、有平原,有"三山、二水、五分田"之称。溯(长)江、环(太)湖、濒(蠡)水的"山水形胜",倚山、傍水、据桥,彰显了独特的地域文化习性与人文精神。在笔者看来,这其中,最值得称道的是乡贤文化传承着教育基因。在宜兴,文人墨客,才子学士,代不绝书。"父子兄弟同教授,姐妹姑嫂皆名人"不乏其例。如钱振雄一家兄弟9人是教授,唐敖庆一门兄弟子侄10人是教授,邵品剡父辈兄弟6人是教授、儿辈4人是博士。宜兴电视台《宜兴人》栏目介绍的100多位宜兴名人中,就有25位曾经在和桥高中读书或任教。见贤思齐,这些著名的校友名人和乡贤们的光辉业绩,都深深地印在师生的脑海中,起到了示范和榜样作用。单是和桥镇楝树中学门口,一块巨石上吴冠中先生亲笔题写的"白发归故乡闻花香",入神的字形,仿佛穿透了石块,穿越了时空,让我们久久沉思。与这所中学一墙之隔,就是先生故居,乡音乡情乡愁,传递着的是何等浓郁的教育精神?!

考察中,我翻阅了一下有关宜兴文化资料,对这座城市有了一点直观的了解。同样,来到这个让几乎所有文化人念叨的江南城市,自然免不了要惦记宜兴活化石——紫砂。

宜兴有7 000多年的制陶史,宜兴紫砂始于北宋,盛于明清,繁荣于当今。"冠绝一世,独步千秋",宜兴独特的陶瓷文化,不仅是中国的,也是世界的。

　　"品一壶好茶,赏一把好壶,清风明月间,传递的是一种高贵、风雅、内敛的中国味道、中国气质。"文人笔下这种境界,令我们十分向往。而上天将这一意境垂青于宜兴,好生让人羡慕。

　　有诗人写道,如果说雨水是江南的衣,江南之美在于水,那么宜兴之美就在于煮上一壶茗茶;如是黄昏,最好有雨,我便可撑一把雨伞徐徐地走进宜兴⋯⋯

　　宜人宜兴,宜兴宜人。宜兴教育,教育宜兴。车子开动,即将离开宜兴的那一刻,我的脑海中忽然浮现了这样一幅并不算工整的对联⋯⋯

（2018 年 10 月）

复旦时光

　　编辑这组文章,初心就是两个字:"致敬"。

　　致敬生命。在我步入中年的时候,在经过无数次的徘徊甚至是纠结后,2018 年夏季,我走进了复旦大学高级管理人员工商管理硕士(EMBA)选拔考试的笔试和面试考场,在连绵的冬雨中走进了全国研究生统一考试考场,最终有幸成为复旦人,从此我的人生有了新的精神家园。

　　致敬恩师。他们都是学术界、商界知名大咖。中西相融,教学相长。无论是年轻的,还是年长的;无论是课堂教学,还是为人处世,他们都是值得我和同学们学习和景仰的人。

　　致敬同窗。我们来自天南地北,各行各业。我们本来大多可以松口气,歇歇脚,但我们却选择忙碌,走进课堂,不仅仅是一种校园情结,更多的是一种追梦情怀。两载同窗,一世结缘。

　　致敬复旦。这里既是百年学府,这里还是日月光华汇智之地。漫步校园,耳畔不时回荡一个千年前的哲语,"大学之道,在明明德"。无论走到哪里,我们都会记住复旦校训:博学而笃志,切问而近思。

　　归根到底,敬畏生活,敬畏时代。谨以此组文章献给复旦大学,我的母校,我的老师,我的同窗!

复旦,我永远的家园

2018 年的秋天,我们来了。

我来自北京,带上一片香山的红叶,带着天安门前的庄严与恢宏;

我来自成都,带上一本青城山的书,带着天府之国的烂漫与热烈;

我来自新疆,带上一掬天山的雪莲,带着南疆北疆的朔风与凛冽;

我来自安徽,带上一叶黄山的迎客松,带着江淮大地的豪气与浓情;

我来自江苏,带上一缕茉莉花的纷芳,带着千年运河的古老与沧桑。

我们来自天南地北,我们来自五湖四海,我们来到了这里,来到了这里:

这里是邯郸路 220 号的复旦大学;

这里是国顺路 670 号的管理学院。

(一)

还记得,那一天,金色的阳光透过浓密的梧桐,如金子般撒落在地面,树影婆娑,如梦如幻;

还记得,那一天,出门时,夫人特意将我的领带系好,而且是红色的,那样的喜庆与吉祥。

还记得,当我走进校门,望着"复旦大学"四个字的那一刻,不知为什么,我的眼里瞬间湿润了,思绪仿佛进入了遥远的少年时代。

是什么让我如此感动? 是看到了什么? 还是想起了什么?

是的,我看到了,看到了很多很多……

我看到了这块充满神奇的热土,那是日月光华双子星座,那是相辉堂前的绿荫和庄严,那是大师雕像的静思和远方。

是的,我想起了,想起了很多很多……

凝望镜中步入中年的面容,凝望那熟悉又曾遥远的阶梯教室,我多少次在问自己,这是真的吗?

是什么让我变得有些矜持? 是什么让我变得有些腼腆?

仿佛是很久很久以前的梦境,仿佛是心中的那片庭院。

这座庭院,仿佛曾是昨日来过,是儿时放飞的梦想乐园。

这一刻,定格在人生记忆;这一刻,成为心中的永恒。

因为,从这一天起,我拥有了一个新名字,我是复旦人!

(二)

这里,日子翻开了全新的一页。

我们相会在远香湖畔,排练话剧,齐唱"日月光华同灿烂";

我们汇聚于太湖之滨,团建分组,从陌生到熟悉;

我们漫步在相辉堂前,已非风华正茂的少年,却仍然有着挥斥方遒的热血与激情;

我们行走在西溪湿地,走进阿里,一同领略马老师和他的商业帝国风采;

我们端坐在史带楼里,静心听讲,如此陶醉每位教授的课堂世界。

是啊,在这里,我们遇见了一个全新的自己;

在这里,我们遇见了一个可亲可敬的老师群体;

在这里,我们遇见了一个可以相伴而行的班集体;

在这里,我们遇见了一个从术走向道的精神世界。

在这里,我们遇见了一个可以更好的自己,可以更好的自己!

他,新中国第一个审计学博士,70 多高龄,没有在桃李满天下的功劳薄上休息,激情满怀,诲人不倦;教会我们在知识中铭记规则,"坚守规则"让我们领略商道。

他，从复旦学者华丽转身为成功商人，在海外实业的天空中创造了一个又一个奇迹；功成名就之时，再次回到了他热爱的校园和讲台，"五星管理学说"让我们明白什么是从"术"走向"道"。

他，学贯中西，声名显赫，看似犀利的言辞其实透露的是爱，是对脚下这块土地的热爱；是在告诉我们，复旦学子"如何在思想自由中经世济用"。

她，从清华园走进复旦园，带领我们在信息化海洋中远航。现场教学更让我们明白，"创新，如同雾中航行，不可能等雾散再出发"。

他，青春朝气，满腹经纶，课堂气氛总是如此活跃；谈笑自如的讲解中，让我们明白"知道而后致道"。

他，儒雅大气，那场"变局与重构"主题论坛，让我们一睹他的学术底蕴和雄文风采。也让我们认识了：带着我们一起"成为将帅之才"的管院院长。

此时此刻，我们无法一一讲述这里所有的恩师。

不仅有他们，还有美丽知性的项目主任，当然她更乐意我们一起喊她"师姐"。

还有，陪伴我们一个个平常却不可或缺的日子；在啰嗦中无微不至关心我们的班主任。

正是，在这里遇见了你，我们才有如此的留恋和不舍；正如那片纪念林中的校友石所刻：

两载同窗，一世情缘；复旦吾师，日月光华！

（三）

时光啊，过得真快，转瞬间，365 个日夜就在手指间悄悄滑过，可那些日子仿佛从来没有离开过。

不是吗？冬天的复旦，寒冷的天气挡不住我们的学习热情，从基础知识到理论阐述，从商界故事到江湾考场，我们如饥似渴；

不是吗？春天的校园，绵绵的细雨淋不湿我们的求索之光，从数据分析到实战模拟，从课堂随笔到专题论文，我们满怀敬畏；

不是吗？夏天的傍晚，滚滚的热浪阻不住我们的向上之心，从谈判桌走

下来,从出差的途中走来,我们唯恐错失每次精彩;

不是吗?小小的讲台,没有什么可以像它让我们变得如此年轻,尽管有时只有区区几分钟,我们却是如此的用心;

不是吗?分组的研讨,看似闲散的安排抹不去我们的认真,从视频制作到案例支撑,我们从来不敢马虎。

是啊,我们从来没有忘记,因为我们心中明白,重返校园不只为心中的那方绿茵;其实,我们更是为怀着空杯的心态,一起充电再出发!

(四)

2019 年的秋天,又是一个秋天,我们来了,来到了美丽鹏城。

这里,40 年前,一位老人在祖国的南海边画了一个圈;

这里,40 年后,一座新时代先行先试示范区成为我们学习的大课堂。

学习中,我们迎来了新中国 70 周年华诞;

学习中,我们在思考,思考历史的潮流带给我们的嘱托和期待。

身为复旦人,我们应该有怎样的责任和担当?

是的,未来的路,注定我们每位同学都不轻松;

面对责任与压力,我们却很淡定。因为过往的人生告诉我们,不经历风雨,怎么见彩虹?!

面对期待和未知,我们依然乐观。因为现实的日子告诉我们,博学而笃志,切问而近思。

两年的时间,730 个日日夜夜。

历史长河一瞬间,复旦星空一点点;

但于我们,每位复旦人,却是生命岁月中长长的一生。

因为我们相信:

一次相遇,一世结缘;

日月光华,旦复旦兮!

(2019 年 10 月)

读"无用"书 做"有心"人
——"人力资源"课程随笔

今天是人力资源管理课学习的第三天。坐在复旦教室,听着性格开朗、思维活跃的李绪红教授的课,听着听着,有时也会适度参与热烈的课堂讨论,慢慢地对这门课有了一种新的认识和感悟。脑海中忽然闪现了一个感触,走进复旦大学读书,对于像我这样一个压力不小、事务缠身的"中年大叔",哪怕是看似没有完全静下心来听课,光是感受这样一种课堂氛围,也是一件很有意义的事。它从另一个视角,印证了"观念改变在一瞬"、"时间可以改变很多"。

事实上,因为个人经历的原因,我一度认为,人力资源管理是从课堂上学不来的,就像企业管理是课堂和书本里学不来的一样,更多的只能在实战和经验中完成。参加了复旦大学高级管理人员工商管理硕士(EMBA)学习后,听老师讲的丰富的内容和多元的授课形式,有的内容自己还不一定有很深刻的认识,有的还很陌生;有时听老师讲精彩的故事,有时听同学们的个性表达、热烈讨论甚至是激烈争论,一句不经意的话,一种触动心灵的思路,一个发人深省的案例,就在这样一种浸润式体会教学和互动的氛围中,完成了一种心灵之旅。哪怕只当观众和听众,其实也是一种风景,一种优美而深刻的风景。

由此联想到从 2018 年入学以来的课程,每位教授的讲授风格和方法各异,但大家的目标却是一致的:我们是到复旦课堂来学习和参悟的。

记得,当时参加面试时,主考老师问过我一个问题,"张同学,按照你现有的工作和简历,是否更应报考公共管理 MPA,那么你为什么要报考EMBA?"我记得当时的回答是两条理由:正是因为我没有工商管理经历,欠缺相关知识和认识,所以更要学,不懂的且在社会中十分重要的知识更要学,我就是想来当纯粹意义上的学生;二是我的女儿毕业于复旦,我有复旦情结。好像这样的回答为自己加了不少分。

一转眼,入学已经有9个多月了,中间还经历了备战全国研究生入学统一考试。各种困难和压力还真是不少。不过,当走过这样一个过程,迎来又一个学习季时,这种体验却是另一番景象,已经自动地生成了专业积淀、内化为一种精神感悟。时常会记起开学典礼上,管理学院陆院长和教授们反复对我们讲的一句话:到这里来,就要有一种空杯心态。我的理解,就是放下过去、重拾现在,知道方可致道。

的确,对于我这样一个受教育的年限还算比较多,至今还在教育领域工作、还担任了一定职务的教育管理人员,对各种各样的学习,其实有很丰富的体验经历和内容收获可对比。记得李教授讲到企业转型期组织管理的变化时,讲了稻盛和夫、阿里、海尔等多个中外知名企业的相关案例,传递的信息量很大。其中一个内容印象十分深刻,她讲道,面对平台经济趋势时,阿里是从"消费支付习惯"看,海尔是从"冰箱饮食习惯"看。让我从另一个视角理解了什么是精准定位,什么叫明白我是谁,什么是切入点……又讲到,文化变革与制度动态调整对于现代企业发展十分重要,提醒我们要注重企业文化的塑造和强化,尤其要积极主动地建立鼓励创新的文化。创新文化最重要的两个要素是,一个是以"信任"为核心,给下属赋权赋能的授权文化;另一个是宽容失败的容错文化,聚焦解决问题建立纠错机制,形成一个"如果你给员工以自由,他将还你以惊喜"的多赢格局。其实,对于所谓体制内的管理和个人发展,不也是要具备这样一种视野和理念吗?类似的故事在这门课中李教授讲了很多,有时因为她的思维活跃、信息量大而且也有着十分鲜明的个性,引起了更热烈的讨论,气氛十分活跃也十分融洽。文无定法,教学相长,问道讲坛,此为经典。

尽管我不是从事企业经营和工商管理工作,但我要讲的是,"无用"其实是非常有用的。对于教育工作者而言,特别是对于从事学校德育研究者而言,有时更需要"无用"的知识和信息,关键是要有心!

(2019 年 5 月)

学以致用

——"战略管理"课程随笔

学习战略管理这门课,对我而言是一种享受,是在与一个智者带领着的一群智者一起学习。用一句话概括,就是孙金云老师在课程结束时的一句话"尚天争地谋略致知"。从整个课程的设计到课堂安排,充分体现了这样一种思想。

从宏观层面看。进一步理解了战略管理这样一个不仅是工商业而且是各行各业必备的领导素养,始终围绕的是"做什么"、"怎么做"、"如何成长"这样一个思路在进行的。通过大量的理论讲解、案例分析与课堂讨论,我们从理性层面,进一步理解和掌握了战略管理的核心思想:外观大势,内省自身,谋定后动。

从中观层面看。这门专业课是有其独特的专业性的。不仅是对于概念和理论的理解,还在于分析工具、分析方法与具体使用等各个层面都有其专业性。简单地讲,作为战略思考与谋划,不是一种单纯的想法,更不是一种天马行空的空想,而是有其实实在在的分析思想、分析工具,是要有一种数据思维、工具思维和实证思维,是要通过科学的、专业化的分析,帮助找到企业的"红利区",是要通过外部现象,建立自己的战略思维,进而形成自己的"红利区"。

从具体层面看。通过这门课的学习,在参与课堂讨论与老师的交流中,联系工作实际,我选择了三个层面表达了自己的具体感受和收获。

首先,是关于通过包括这次课程在内的几次讨论后对班级同学的认识和感受,进而用"三个更好的"来回答为什么来复旦学习。一是更好地认识:认识自己,认识更多优秀的人,认识行业,认识社会大势,为知道而致道;二是更好地积累:先空杯,多沉淀,谋转型,思提升;三是更好地出发:学是为了用,停是为了走,慢是为了快。

其次,是关于与教育行业相关的案例讨论后形成的对教育的认识。通过"混沌大学案例"讨论,形成了五点个人思考:1. "技术"不代表也不能替代"人",尤其是以人对人心智、知识、技能和情感传授为中心的教育领域。2. 市场和教育有时(是"有时")是不可兼容的,尤其是对"利"、"收获"、"成长"等关键词。3. "量"不代表"质","有量"更不代表"有质",尤其是对人的教育培养。4. "现在"、"眼下"、"现状"不代表"未来"、"归属",教育很大程度上是慢功,这里是一个哲学命题。5. 新时代新教育要关注新技术新思维,用兼容和开放思维将一切新知识新模式积极引入教育领域,产生叠加和乘数效应。

第三,用战略工具和概念,解决自己工作中面临的战略问题。我从事教育管理工作,是一个典型的体制内单位,但同时又是适应新时代教育改革和区域发展而形成的一个代表性的专业管理单位。企业化管理思维尤其是战略管理思维更加适用。联系本单位的实际,几年的管理实践让我深刻感受到,区域教育学院在新形势下如何进行更加适应现代教育管理专业化、由传统管理走向现代治理的重任。

通过翔实的调研数据和深入的实践了解,我认为从战略层面看,最需要的是建立一个良好的学院文化和一支强有力的人才队伍,这是学院长远发展的基本战略问题。结合这次战略管理课程学习,运用战略管理工具进行分析和提出解决方案是一个重要的途径。我选择"三层面理论"进行分析并提出相应对策。

三层面理论

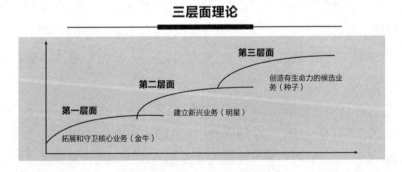

"三层面理论"告诉我们:在第一层面,是拓展和守卫核心业务,也就是对于本单位核心竞争力的业务要努力维持并不断巩固。第二层面,是努力发展与现有核心业务创造同样多经济价值的新业务。第三层面,创造有生命力的候选业务(种子)。

从我们学院看,具有最大的资源优势就是多年积淀的区域教师专业发展中心业务。具体讲,就是对于传统的中小学(幼儿园)学科教学研究、科研和教师培训,从历史到现在,这一专业优势一直存在。但在新形势下,传统的教育教学研究资源和通道受到了很大的挑战,尽管我们不存在创收和盈利的压力,但却有着专业发展边缘化的危机。简单地讲,如果不提升专业服务水平,有可能基层学校会绕开我们直接与有关高校、专业机构和专家个人联系了。这不是一个"面子过不去"的问题,而是一个关系到区域教育可持续发展的战略问题。因为在中小学教育和学校发展实质上存在着"升学率和综合评价排名"等功利的现实环境下,关键技术和专业是不可能指望友情支持和购买服务的,必须要掌握在自己手中。

而现实的情况是,一方面新进教师队伍的教师们学历不断水涨船高,同时,在各种信息交流更加便捷和高校研究机构"攻城掠地"的情形下,如何保持在区域内教育教学研究和专业指导服务的引领地位,不是靠单纯的行政命令,事实上也无法指望行政命令来实现的。这就对核心资源就是研训员为主体的人才队伍建设,提出了新要求。从"三层面理论"理解,就是"处于心脏地位的核心业务和核心资源",我们用什么策略和方法保持领先地位,与其他相关机构比具有更强的竞争力? 而事实上,长期处于一种事业单位环境和"老大不求人"环境的教育学院,人才队伍建设的滞后性已经显现,无论是人才队伍的专业理念、教育背景、专业影响力,还是队伍的年龄和结构,都存在很大的危机。

正是基于这样一个"危机管理"的理念,学院提出了"再塑专业优势、发挥智库和引擎功能,打造区域教育"三大高地"(人才、学术、信息)"的目标。在实践中,围绕学院发展的主要专业资源,将传统业务重新优化整合为教学研究中心、教育发展研究中心(含综合评估中心)、信息中心、培训中心和院务办、总务办"四大中心两办"的组织架构,从体制上理顺了人员管理。在此基础上,因地制宜,形成了学段研训员、学科中心组和名师工作室等专业管理机制,提高研训员的专业话语权,激活工作主动性和积极性。与此同时,围绕区域教育发展的重点、难点和焦点等关键问题,发挥信息汇集和专业研究的优势,"上接天",也就是围绕区委区政府和教育局关于教育重大战略思考;"下接地",即问题导向,聚焦关键问题,开展课题研究。比如,关注中小学生的在校学习状态和体验的"七彩成长"满意度调研;关注一线教师专业发展的"教师乐业育人"满意度调研;关注家长参与学校发展的"家长参与"满意度调研;关注教育发展整体环境的"区域教育发展质量环境监测"等系列调研,充分运用调研工具,进行全样本收集有关数据,运用比较科学的测量工具进行分析,形成专项报告和年度报告,为区域教育发展决策提供了科学依据。这样一些看似有点像公益且专业化程度高的工作,是基层学校、有关专家个人和机构并不在意或者无法独立完成的工作,我们进行系统深入地研究并且形成了研究报告,建立了具有一定核心竞争力的数据库,形成了新形势下的数据中心、信息中心和专业中心的竞争优势,充分体现了智库作用。

在此基础上,我们适应教育管理走向教育治理的趋势,十分注重选拔和培养来自教育教学一线、有较高学历基础和学习能力的年轻"苗子"。出台卓越教师培养计划,建立若干个名师工作室,按照一定的标准和程序面向全区年轻骨干教师,选拔进入名师工作室培养锻炼,储备一批"种子",建立人才梯队。对于这些名师工作室,采取项目制驱动,鼓励他们主持基层有需求、有创意的项目,尽力营造一种"鼓励成功、宽容失败"的氛围和学院文化,取得了初步成效。

对标"三层面"理论的检验标准,在感受顺应趋势的同时,也看到了固有的体制环境和文化,仍然有很多短期难以逾越的阻碍。比如,创新意识不强、动力不足仍然存在,体制内的安逸和不求进取的思想仍然有市场,难以体现多劳多得的事业单位绩效考核,满足于"工匠"熟练而对新知识接受不快等问题仍然存在,制约了发展和创新。需要我们进一步主动运用市场条件下企业发展战略思维来改造、来发展。

(2019 年 1 月)

批评的热爱

——"全球背景下的中国经济"课程随笔

　　久闻华民教授大名,知道他是复旦经济学院世界经济研究所所长、博导,知名经济学家。他的课一直深受复旦学子们喜爱。此次为我们讲授的是"全球背景下的中国经济"这门课。几天下来,对华民教授的课有了一定了解,近距离听这位声名远播的教授讲课,有一种全新的理解。

　　最直观的感受就是,华民教授的课,一定要耐心地听,不可断章取义或者叫"快餐式"听。乍一听,他的课除了有些新潮外,可能会让"正统"的人感到"不顺耳",甚至还会认为"反动"。如果不耐心深入地听,可能就会停留在这样一种错觉和误解的层面。但当你耐心地听下去,抛弃成见、偏见和固执时,你就会有一种全新的认识和理解。方法论、历史观、世界观,是在具体化中的抽象,让你在一种大历史、大文化、大视野中去理解相关知识,穿越时空,纵横视野。整个授课过程中,他是用一种宏观的视野,历史的纵横,方法的娴熟,数据的支撑,文化的精辟,那怕是批评,其实透露的是当代知识分子对世界、对人类、对专业的独特而自由的理解,可以说是当代知识分子的情怀。比如,当他讲欧洲走向现代化的"三个里程碑"和欧洲文明发展的"三个阶段"时,他用犀利的语言讲,"干掉了祖宗就是对内改革","展望全球就是对外开放";又讲,哲学本质是"怀疑",宗教本质是"相信",让人相信到仰望和膜拜的程度;还讲到,五四运动最大的贡献是白话文的建立,实现了语言的国民化,开始了人的解放的基本条件……这些单个看并不十分新鲜的内容,串联起来,就让我初步认识到,这就是华民教授,一个在批评和反向中表达学术、表达思想的学者。

　　课间,同学们对华教授的授课内容和风格,都会不由自主地进入热烈地讨论,有各种各样的声音,甚是热闹。在与大家的交流过程中,形成了一个共识,整个课程内容是高浓缩、大视野。对于其中的具体观点也有一些值得商榷之处。但整体看,丝毫不影响教授的学术和思想形象。我个人的观点是,对于华教授的课,包括其他教授的课,要有如下基本理念。

首先,要明白我是谁? 要清晰地明白自己的角色,那就是"学生"。进入复旦课堂那一刻,我们就是学生。由此,就提醒我们,课堂中的自己,除了学生,就不要有董事长、总裁、高管和政府官员的角色。如果不将这个"角色"摆正,华教授的课很多内容会让你不适应甚至会"抓狂"的。

同时,要清晰地理解教授。课堂上的华教授,可以说是一个技术高超的"厨师"。他是从一大早或者几天前从各种菜场甚至是渔场去采购"原料",有的是带露珠的刚出菜园的新鲜菜,有的是经过几天、几个月甚至是几年的腌制半成品,他是在按照一种学术规则和个人的创意,进行艺术加工,然后将各类菜肴摆到"餐桌上"。我们就是"食客",面对桌上的各色菜肴,我们去选择,可以都吃也可以都不吃,也可以单一吃,也可以混合吃。这种"自助餐",是需要按照自己的需求,当然也是要有体质允许的情况下进行品尝和回味的。而不是因为你自己不适应和不喜欢,就片面地甚至粗暴地认为这道"菜"不应该出来,陷入"我不喜欢吃,谁让你做出来的?"这样一种极端个人主义和主观主义的怪圈。

其三,贯穿始终的是要有一种理性和主线,那就是学术。这门课是进行经济学和社会学探讨,不是"政治",更不是"生意",是一个由学者按照一定的规则和自己的学术喜好进行公共表达的一种学术,是知无不言,言者无罪;可以有不同的争论甚至是批判,但不能进行"贴标签",更不可以放大到"打棍子"和"站队"。否则,"先入为主"和"正统论",会让人不仅接受不了有些观点,甚至会放大到一种怀疑和攻击的境地,这是最需要避免的。

其四,要有一个根本的回归,那就是开拓视野,辩证思维,为我所用。比如,他讲到关于"富人"与"穷人",进行关于收入差距分析这部分时,谈到"穷人很多是未来富人"等事实,真切地让我意识到,我们一度的社会分析和比较方法出现了"不当"。不能混淆了比较与分析的对象和阶段,不是一种简单化的"攀比",提醒我们,要有"方法"和"视野",不可以人云亦云,盲目跟风。整个授课过程就是从人类大历史到地理大发现,再到经济学大视野和文化大风云。如同一个统帅千军的大参谋长,似乎对人类、地球和学术,都在一种谈笑中进行指点。还讲到关于学科建设，他提出，经济学需要建模，需要更加系统与深入的学科背景，比如数学；而商科需要更多的知识和经验，需要案例。又讲到，经典咖啡馆是一个谈思想和品尝咖啡的地方，而星巴克是办公休息地，其伟大的创新在于为"流动的中层人士"找到了这样一个"定位"，提供了服务，满足其需求，在满足需求中创造财富，创立品牌，创新思想，这也是星巴克投资者的伟大和过人之处。这些观点和思维，让人从另一个高度和视角进行了理解，让我们在学习和消化中体会知识的力量。也更让我们认识到，学习不是一种"贴标签"，学习更不是一种口号。学习是一种积累，学习是一种重生。尤其是对于 EMBA，更要以一种大视野大情怀去学习充电，不管是人生的自我实现，还是社会的贡献，都需要我们具备这种境界和视野。

（2019 年 7 月）

万物互联时代的创新与转型

——"企业信息化管理"课程随笔

有幸静坐下来,在复旦课堂认真学习黄丽华教授主讲的"企业信息化管理"这门课程。对于我而言,这是一次十分难得的思维转换和素养提升的机遇。事实上,作为一名区域教育专业管理者,对于信息技术和信息管理并不陌生,在自己的工作实践中也在不断地应用和推进信息技术的应用。但从一个十分专业和跨界,尤其是从现代企业的视角来看待信息管理对推动发展和创新转型的作用,我还是缺乏系统的认识和深刻的把握。有幸进入复旦 EMBA 课堂,将这种理论思想和实践案例与近距离讨论融为一体,不仅对企业信息管理有了比较直观的了解,而且在一种思想和实践交流中,逐渐形成了应用化的思维。

从宏观背景看,无论是人类社会,还是世界技术革命发展,最大的动力标志,就是信息技术的发现和应用。对于中国这样一个发展中的国家来说,经历 40 年的改革开放,中国正在快速成为信息技术应用或者讲是数字经济大国和创新大国,其成就是有目共睹的。从技术领域到经济领域,从国家治理到具体的日常生活,信息技术已经与人们的工作学习生活紧密相联,或者讲已经是工作学习和生活的一部分。概言之,一个万物互联的时代已经到来。从课程学习就可知道,自 1946 年电子计算机诞生以来,基于计算机和通信网络等技术的应用,信息技术在企业组织的应用经历着三个阶段。第一阶段是自动化为主要特征的应用阶段;第二阶段是运营优化为主要特征的应用阶段;第三阶段就是以数字化与创造增量为主要特征的应用阶段。这个阶段综合利用"智云大网平链"技术来创造和创新产品,以商业模式和管理创新为核心,并与现有的应用系统、产品及其运营系统融合,为企业数字化和互联化转型赋能。中国当下的发展,无论是倡导的发展思维理念还是对现代企业发展的政策导向,都与这样一个思路相符合。

从现代企业发展的视角看,对于现代经济运行的最基础的细胞单元的企业,如何适应和主动应用信息技术是决定企业发展和创新转型的关键要素之一,或者讲,数字化、互联网时代中企业立足和可持续发展的关键要素之一,就是要主动掌握和应用 IT 技术为代表的新技术、新思维。信息系统在企业的应用使命,从支持企业提高工作效率,降低业务成本到增强组织控制、改善经营决策,到如今创造新的产品和服务,增强动态能力。当下的企业数字化转型,就是指综合利用一切现代信息技术(IT)和信息系统,特别是当前的热门"智云大网平链",实现企业运营创新、产品创新、商业模式创新和管理的创新,企业的决策和控制逐渐转向基于数据驱动的方法。从这样一个思路出发,我们可以对现有的企业尤其是比较成功转型和发展的企业进行分析。从传统行业的转型,比如城市交通与人们出行紧密相关的出租车行业,曾几何时,那种"招扬"坐车成为一座城市的街头风景线,经历短短的几年,以滴滴为代表的互联网+应用,让这个传统"招扬"风景线悄悄地消失了,代之的是手按智能手机 APP 软件,几乎同步服务就到来了;还有饿了么、美团、拼多多等分布于不同日常生活领域的应用到来,IT 技术的升级应用改变了我们日常生活方式和行为方式已经成为现实。更不讲,淘宝、支付宝等阿里浪潮的到来,让"一铺养三代"逆转为"三代养一铺",以至于有传统的门面商们,讲出了是"马云让他们失去活路"的过激言论。骂也好,流泪也好,只要有生存和发展的动力,主动适应和自觉运用互联网+技术已经成为现实。可喜的是,一批当初的"痛骂马云"者已经成功的转型成为"马粉",在平台经济的大格局中事业有了新的起色。再比如,有智慧的创业者可以看到一个事实:再多再快的外送和网购服务并不能取代电影院和人流集中的特色区的美食现场体验,就有智慧的商家用"现场体验经济和网购合一"的思维走出了困局。这样的一个看似描述化的过程,其实质就是 IT 驱动企业创新转型的实践案例和样本。这样的案例有很多很多。与此同时,还有一批对新技术新思维有着天然敏感的新生代企业家们,在经历了一段与时俱进的行业浸润后,在恰当的时机果断出手创业,一举创设了 IT 技术应用驱动行业发展的标杆型企业。比如,同样是传统服装行业,就在一些生产商和营销商都称生意难做时,年轻的赵迎光带着行业的眼光和对互联网经济的独特把握,十年时间打造了平台经济＋服装的标志企业"韩都衣舍",让传统的服装行业插上了飞翔的翅膀。我有时在思考,这到底是企业发展战略思维,还是技术驱动企业发展,最终从创业者的实践中,我们逐渐理解了其实技术和战略有时是难以分开的。

从企业管理者的视角看,如何有效掌握和运用IT技术促进企业创新转型是一个长期的话题,也是影响甚至决定现代企业家成长和发展的必备素养,或者讲是企业精神的重要有机组成。在行动中必须做到三个方面:一是要树立信息化理念,自觉培养利用IT解决问题的思维逻辑,自觉运用到产品转型、运营转型和管理创新上面来,使"颠覆和创新""跨界到无界"成为一种自觉的思维习惯。二是要主动运用信息化技术和思路,推动企业管理创新和产业能级提升,培育核心竞争力。要对行业有着十分清晰地洞察,自觉运用新技术,运用大数据思维和方法,对企业和行业进行改造提升,这种改造是从硬件到软件,从外观到内在,从产品到服务,从组织到管理,是全方位的。三是要大胆启用和培养信息化人才与打造团队。世间万物,以人为本。所有的技术创新和应用,最根本的是人在起作用。对于现代企业发展,技术、资金、土地和相关资源要素固然重要,但最根本的是人。拥有了具有现代技术、管理思维和能力的人才队伍,是企业应对转型和竞争的核心要素。作为企业和行业管理者,在新技术和新思维层出不穷的大背景下,必须有一种定力和耐力,那就是更加重视人才队伍建设,建立学习型组织,自己带头学习和掌握新技术新思维,推动企业员工的学习,将学习的投入当作一种重要的战略资源来培养。如同华为的基础研究和布局,其实质就是在做一个管长远的战略布局,而恰恰就是这样一个看似不能马上见效的布局,是在为有一个更长远更坚实的收获。

写到这里,我记起了黄丽华教授在课程结束时,引用的一句话,让我和同学们感到十分有益和感动,我将其作为自己的管理格言。那就是:企业创新转型,犹如雾中前行,不可能等到天晴雾散了才上路;虽然未知总比已知多,但只要方向对了,就不怕路远。

(2018年12月)

"法"、"力"不能混淆,"术"、"道"必须兼修

——"营销管理"课程随笔

营销管理课的学习进入了第三天,也就意味着这门必修课的学习进入了深水区。这种大容量的学习,对自己这个非工商界人士而言,是一个全新的挑战。幸好主讲的金立印教授对海量的专业信息和鲜活的案例,讲授方法十分得当,我还是有一定的收获和提高。在这门课的学习中,有一个观点特别引起我的关注,大意就是:企业发展和产品营销过程中,常常不缺情报数据,但对情报和数据的理解差异很大;信息的理解能力差异,导致市场分析能力的区别;收集海量的数据和分析数据的能力固然重要,但这远不是全部。

由此,也就自然想起《道德经》中有一句话:"上善若水,水利万物而不争。"你要能适应所有环境,即使是你不喜欢的环境。即使将你放在一个你的能力有所局限的环境里,也照样能适应它,主观能动地改变它,让自己变得无比强大。人不应该只局限在一个"形象"里,而要能适应新的环境,在新的环境里,塑造一个新的自我形象。把水倒进杯子里,它就是杯子的形状,把水倒进瓶子里,它就是瓶子的形状。

同时也告诉我们,平台再好,也要清醒地认识到,厉害的不是自己;中年职场人,不能陷入"职场陷阱",凭经验的工作模式尽管能让自己无限享受着成就,也逐渐让自己失去了创新的动力和行动,而且容易将这种专长当成自己的唯一价值固守……

这些充满了智慧的思想和方略,其实质是源于实践而在实践中提炼的,并将其转化为一种指导思想和行动。先行动后思考,一种表面顺序的转变其实是一种思维方法和理念的革新;以行动作为起点,而后再反思;进一步提醒我们不要小瞧生活和工作中的小技巧,背后透露的是智慧和思想。

的确,数据处理固然是一种能力和技术,还是一种竞争力,特别是对于以处理数据见长的咨询公司而言,无可厚非地将数据收集处理和分析作为一种核心竞争力来培养。但笔者要讲的是,它仍然只是处于"术"的层面,还不是"道"的境界。要不然,数理统计系的高才生就一定是一流的企业家和富人。事实上,这两者之间还隔了很多距离,或者讲是两重境界。课堂上,老师有一道讨论题,一度还引起了较大的争论。大意就是总结起来看,改革开放以来,中国的一流企业老板基本都不是出身于一、二线城市,反而是出身在一些小县城或者农村的居多。究其原因,笔者的简要回答是"企业家精神",列举了当下如雷贯耳的大咖,如马云出身并不显赫,"三通一达"源于浙江桐庐,刘强东出身苏北小城宿迁,雷军出身湖北仙桃,这样的人物举不胜举。在这儿,笔者没有将自己15年来的观察与思考进行细致分享,或者讲,我还没有进行系统地梳理和思考,还可以说,我的经济学、社会学分析能力和文字表达水准,还没有达到随心所欲,"专业化"表达的程度。

我一直有这样一个大胆甚至有点不敬的假设,除了褚时健,其他烟厂的厂长如果是入狱后再出狱的话,他基本上不可能成为褚橙的创始人。"三通一达"至今还是风雨兼程穿梭于城市和乡镇大街小巷,不是在送快递就是在送快递的路上。也许有人说,它的老板还不是坐在办公室里指挥,与高新技术企业老板的方式无二。其实,我要讲的是,"三通一达"创始人基本上都是在桐庐的山道和乡村田野中打磨了底色,是浙商文化加上中国城市化进程,再加上物流涌动的时代,催生了这样一批人。他们从一开始到中期一直到今天,无一不能用"企业家精神"来解释。讨论中,有同学由于理解的角度不同,以自己的创业过程来讲,认为这些不是"企业家精神",他所理解的"企业家精神"过于高大上。其实,我是用一种浓缩的语言表达的,这背后的"企业家精神"远不是今天所宣传的高大上精神,而是指从最开始的底层生存开始,从每天的挣零钱生存和睡地板,包括风里来雨里去开始的,这样一个在茫茫人海和激烈的市场竞争中,大浪淘沙过程积淀而成的精神,是过程,是文化,是洗尽繁华后沉淀下来的精华,不因为时代变化和新名词包装的变化而变化。

写到这里,不禁想起一个我一直认为可以成为中国企业家和基层官员学习的典型,那就是已故华西村老书记吴仁宝。尽管他生前我没有当面采访他。但在得到他的支持下,我先后三次到过华西村采访,接触了不少华西人,也了解一些华西村故事,这中间既有正面的,也有对他有一定争议的故事。在我看来,吴仁宝,是一个苏南经典人物中的典型,可以成为 EMBA、MPA 课程和基层政治建设的经典人物,他是穿越时代的典型,也是中国文化和为人、为官、为商的经典人物。可以说他的个别形象在改革开放的过程中并不新鲜,似曾相识,但他的"善始善终"却是无法复制的。这方面的故事,我 15 年前在媒体工作时就大量接触了,它们不是一种传统文化中常讲的"不倒翁"这样简单,而是真正有丰富内容的"故事"。

由此,也想到了著名经济家吴敬链教授多年前的一本畅销专著《制度重于技术》。同样,在学习"营销管理"这门课时,作为一名商界观察者,一名管理学院学生,我仍然深信,制度重于技术,"术"是生存之策,"道"是发展之本。对于中国企业和广大的有志于成为企业家的创业者而言,"术"、"道"兼修是根本任务和使命。

(2019 年 4 月)

交流交锋交融
——"企业走出去的挑战与实践"课程随笔

　　仲秋时节,我们的研究生课程学习,进入了选修课阶段。我的第一门选修课是"企业走出去的挑战与实践"。主讲老师是来自美国南加州大学马歇尔商学院金融系的陈百助教授。陈教授是毕业于复旦数学系的学长,改革开放之初就留美,先后在美国获得经济学硕士和博士学位,在美国多所知名高校任教,担任了兴业全球基金管理公司独立董事,诺门科技董事等多家知名企业董事,为广发证券、陆家嘴集团、西安杨森等多家企业和地方政府进行过咨询和培训,是一位典型的学术造诣与商业实战融合,具有国际视野的实力派。

　　几天的课听下来,陈教授给我们留下了深刻的印象,典型的中国和美国通,信息量比较大,教学方法灵活,课堂气氛十分融洽。有时还会将案例讨论的课堂移步至复旦校园绿茵地,以"游戏"的方式开展。金色的秋天,多彩的校园,深入的探讨,多元的思想,让深秋的复旦,平添一份灵动的景色,让我们这群步入中年的复旦学子,感受着一份久违的大学校园气息。

　　可以说,这门课的学习,本身就是一个"走出去"的经典案例。特别是在案例小组讨论和课堂陈述环节,这种管理学实战思路让我们的印象更加深刻。记得那天在讨论位于昆山的中国企业"好孩子"集团的发展战略时,尽管我们选修课的同学绝大多数是临时组建的小组,基本上互不认识,但大家围绕案例进行讨论,丝毫没有陌生感。我想除了前面必修课的经历外,更多的是我们的同学本身绝大多数是企业高管和行业精英,可谓都是业界翘楚。浸润在复旦管院的学习文化中,这种讨论就自然而然成了不同行业深耕者的经营管理思维方法,让人感受着交流交锋交融的学习和研究氛围。比如,谈到"好孩子"希望成为一家真正的全球公司,想要在北美或者欧洲尝试品牌战略,它的 OEM 客户反应会是什么。还没有讨论时,我就对"什么是 OEM 客户"产生了困惑,尽管知道是英文缩写的专用名词,但到底是什么含义,还是不懂。正准备查阅,来自某企业集团的副总裁、小组成员周磊同学就很耐心也很专业地向我们进行了说明,OEM 是指 Original Equipment Manufacture(原始设备制造商的英文缩写),承接加工任务的制造商就被称为 OEM 厂商,是全球经济一体化产业分工日趋细化的产物,能为企业加大资源在创新能力方面的配置,俗称代工或代生产。同时讲解了另外一个客户 ODM(Original Design Manufacturer),是指原始设计制造商,就是指委托方只出品牌,不提供任何设计和原料,也就是传统所讲的贴牌生产。周同学的讲解,简洁而形象,我们一下子就搞懂了。诸如此类的问题和收获,在这门课中有很多,还有请来来自美国籍的国外商学院学长,向我们介绍对当前中美贸易战的看法;还有早就在欧洲和美国投资办厂的汽车装饰企业的贾同学,一口流利的外语和专业对话,让我从这些同学身上,认识了什么是国际视野。与行业深耕者一起,与高人在一起,那种收获是一种全方位的。这就是商学院的学习方式和学习优势所在,也让我对企业"走出去",有了一种全新的理解。

实现"走出去",首先就是要让思想观念走出去。不仅是在企业经营管理,对于教育领域同样如此,这种开放的思维对于管理者至关重要。在一种国际视野下,企业发展战略,在课堂讨论的相关企业发展案例,比如优步、泰森等跨国公司的分析,都直面这个问题。是中外文化的交流,是不同利益和市场观念的交锋。正如当天的上观新闻中讲到上海的新发展时,如果说当初设立深圳特区是中国开放的 1.0 版,开发开放浦东是 2.0 版,自贸试验区是 3.0 版,那么上海自贸区临港新片区的诞生,可以称为中国构建开放型经济新格局的 4.0 版。这一形象的比方,也在告诉我们,理论先行、理念先行和思想先行,对于改革开放,对于一个行业和地区的创新发展至关重要,是真正的"先手棋"。

实现"走出去"最重要的基础工作就是要有案例支撑。它站在现实坚实而丰厚的土壤上。这里讲的"案例",就是指在实践中的各种具体化的成功案例或者失败的典型。案例教学方法,对于基础教育也很重要,尤其在中小学校科研和德育研究工作中这种方法不仅十分重要,也很管用。如同一名优秀的医生,必须要在一线临床中积累各种病例,要有对于各种病例的研究和总结。同样,这种一线的案例选择积累和归类,形成有价值的案例集成十分重要。完成这些案例和分析报告,需要分工合作、优势互补,所谓"观千剑而后识器"。这种看似简单的重复,背后彰显的是基础、底蕴和实力。

实现"走出去",最根本的就是行动上的"走出去"。一打行动纲领不如一步实际行动,这种行动执行力对于企业和教育同样重要。学习这门课之时,也正值中共十九届四中全会闭幕和第二届上海进博会即将开幕之际,扩大开放和走出去不仅是企业个体行为,也是当下的中国国家治理能力和治理体系建设的关键举措之一,是国家之治的重要时代命题。对于有经济细胞和基本单元之称的企业,更应该承担这种"春江水暖鸭先知"的探路者和先行者角色。历史使命和挑战从来都是并生的,风险和压力同步,当然机遇和成就也是对等的,关键是企业家要自觉培养这种视野和践行这份担当。

(2019 年 11 月)

“无用”与“有用”之间
——“大国博弈与地缘战略”课程随笔

今天是 12 月 21 日，周六，“大国博弈与地缘战略”这门课进入了第三天。刚好今天是硕士研究生全国统考日。阴雨霏霏，与 2018 年此时一样，似乎一场大的国家考试让人的心情不自觉地变得有点沉重和压抑。而事实上，对于中国广大学子们而言，一直就有两个季节让他们变得不那么轻松：一个是六月高考季，是万千学子和他身后的家庭乃至全社会都瞩目的时刻，承载着许多许多的希望和期许，是中国式青年学子人生价值实现的重要标志；还有一个就是 12 月的研究生统考（2016 年前，每年 10 月还有一个在职研究生联考），俗称“考研季”。如果加上公务员招考，共同构成了中国人才选拔考试的“铁三角”。

早上看新闻报道，“今日起，2020 年全国硕士研究生招生考试将举行，本次考试报考人数达到 341 万人，创历史新高”。纵观近五年的考研报名数据，考研报名人数已接近翻番（来源中国新闻网）。

“考研热”涌动的人流背后，固然不单纯是表明国人的学习和研究热情高涨，有很大成分是延缓就业的缓冲动作和择业门槛“涨价”结果。但有一个不争的事实就是，知识经济时代到来，学习仍然是最重要的投资。正如我的一些同学讲，“幸好去年考过了，不然往后更难”。一语道出过关人的心情。

明天就是“冬至”，一个中国人尤其是江南人特别看重的传统时节，“冬至如年”、“冬至大于年”在江南体现得特别明显。冬至里，人们吃饺子和汤圆，祭祖和为先人扫墓，祈福来年风调雨顺、家业兴旺。触景生情，念天地悠悠，幽思古之情。人类之所以为人类，最重要的就是有情感。从气象学角度讲，冬至是一年中最长的夜，是数九寒天启幕，也是春回大地的前奏。有诗云"还见人间好时节,群阴消尽一阳初"。对于长期处于农耕时代的人们,形成了一种习俗,提醒人们此时尽量减少外出和运动,让身体和心灵在冬天收敛储藏,为来年的丰富生活做准备。人类对于自然的了解认识,顺应自然的行为心理告诉我们,要敬畏自然、敬畏生命。其实,归根到底,人们渴望的是人间真情,企盼的是寒冬中那一缕人间温暖。

此次主讲"大国博弈和地缘战略"这门课的老师,是复旦大学美国研究中心前主任、复旦国际问题研究院原常务副院长沈丁立教授。沈教授是理学博士出身的政治学者,美国普林斯顿大学军备控制博士后,一个有思想、有学问、有世界思维、有丰富学术视野的老师。听他的课十分有趣,讲故事似地娓娓道来,历史的纵横在谈笑间,社会的变迁在数据中。上下五千年,纵横千万里;跨文化跨时空地讲解中,让我们重新对世界对历史对中国对社会进行了一次快速梳理,既对知识点进行了温习,更让思想对社会对时代进行了一次回顾。在生动活泼的交流探讨中,让思维方式、观察方法和学术探讨,进行了一种完善和重构。

"读万卷书,行万里路","天下第一美事还是读书"。这是我学习"大国博弈与地缘政治"这门课的直观体会。文史哲是一脉,史地生不分家,也是我在听课中的感受。这种跨学科跨领域的学习,在综合性课程中体现得十分明显,不管是当下的企业管理还是行政管理,包括教育管理无不体现这种趋势。当然,听课过程中,"书到用时方恨少"的叹息也会不时出现。在上每门课时,我们都或多或少有这种感受,遗憾当初没有系统地学习相关学科知识。对我而言,是一个全方位的补课过程,比如,外语的薄弱让我信息的收集能力一直欠缺,数学工具的运用不熟练也影响了建模能力和分析能力,当然这也是让我们对这些课能够持续不断听下去的动力源。感慨之余,更多的是庆幸。庆幸自己生活在这个时代,生活在上海这座城市,有机会在一个恰当的时期,选择了一个读书学习的方式,让日子变得充实而从容,让心灵变得淡泊和宁静。因为,我们都明白,持续学习、终身学习能力,是一个人的核心竞争力。

在讲地缘政治这部分内容时,沈教授讲,"不管讲什么,主题是要长智慧;邻居不能搬,但我们能力可以提升"。"关键是要有胸怀,要有仁慈,要塑造。""和平不是天生来的,是要有本事有勇气和有智慧调理出来的。"这些观点是如此亲切,多么深刻。中国这么多的邻居,与20个国家为邻,其中有14个陆地国,有6个海洋邻居。上课时,还有一个小插曲,老师讲到,这么短的时间到底从哪个国家先讲,让我们同学自由选择并且要陈述理由,由大家举手表决。最后还是日本和韩国更集中。我们同学中有一个来自韩国的郑同学,他提出请老师先讲韩国,大家的掌声让老师礼节性地从韩国讲起。正如沈教授所讲到,本课程学习重要目标有三个:培养洞察力,获得平衡力,提高领导力。通过学习让我们有四个重要的思考纬度:一是睁眼看世界,历史与现实告诉我们,国家发展有三个关键因素,制度、技术和文化创新;二是中美贸易战启示我们,照顾核心利益,掌握平衡智慧;三是大国博弈,文明不可比较,文明是各美其美,美美与共,取人之长,补己之短;四是地缘政治告诉我们,邻居不能搬,但我们的能力可以提升。归根到底,中华民族伟大复兴可以实现,但任重道远,不可毕其功于一役。考验的是我们制度、技术和文化创新综合能力。

课堂上下,从主题到互动都融洽和谐。这本身就是一种智慧,一种教育智慧。这样的一个视角也让复旦的课变得"物有所值"。由此联想到,学校和专业品牌的塑造,最根本的还是卓越的师资,优秀的学生,当然还要有合适的环境。当下基础教育一直强调内涵发展、个性发展和品质发展,这样的课程对管理者不无启发,重视师资队伍建设刻不容缓。

我们的同学,大多数是事业有成的成功人士,本可以轻松地享受休闲时光,但大家却自发地选择了来复旦学习。今天牺牲了部分自由时间,受到了课堂纪律和规则约束,但大家却收获着"有用"。这种"有用",不一定是立马能够看到的,也许是很长时间都无法看到用处。但我想不论什么形式,本质是一样的,我们都在为有用而努力。

(2019 年 12 月)

从企业生态化生存到教育生态化建设
——"企业领导力"课程随笔

这次"企业领导力"课程，非常荣幸能师从复旦 EMBA 学术主任、上海实业集团原执行董事兼海外公司董事长包季鸣教授。包教授以其渊博的学识、宽阔的眼界、丰富的阅历和深沉的情怀，让我们全体同学走进了企业管理的海洋，初步领略其无限的风光，也体会了惊涛骇浪，让人感慨知识无涯、人生有向。其中，讲到"中国企业发展之路——生态化生存"这一课，让我对自己的专业领域教育发展有了新的思考和感受。

结合包教授讲授的知识，联系奉贤区的教育实践和我近期承担的上海市级课题研究，我形成了一个鲜明的更坚定的观点，那就是：关注家庭教育、关注家校社合力育人和推进教师家教指导力建设，是教育生态的营造、教育生态的优化和教育生态的激活。归根到底，就是教育新生态的最佳构建点。

从技术革命的时代现状分析这个观点。或者讲，这个观点背后蕴含着怎样的专业成长逻辑？我们讲，当今的时代已经进入了互联网＋和人工智能（AI）时代。从现代商业讲，是进入了万物互联时代和平台经济时代。互联网早已超越单纯的技术属性，成为社会、文化与技术的综合体，深度改变着这个世界的运行法则。无论是活跃在市场大舞台的成功明星企业，还是新生的未来型企业，或是不断进化的传统企业，都在被新法则接管。这个新法则从技术背后的哲学思维和逻辑思维看，其实讲的就是今天的各行各业，无法独善其身。必须是共生共赢共享，需要建立和维护一个符合时代特征的发展生态。由此延伸，对于与人的发展和社会发展息息相关的教育行业，更要遵守和履行这样一个"生态化"法则。

从教育本身的维度看。当教育发展到今天，关注家庭教育和家校社合力育人，就是教育发展到现阶段的一种理念"回归"和"提升"。所谓"回归"，就是回归育人本质，而这里的"人"，绝大多数是未成年人，是家庭教育的第一位任务，是教育的根本目标，是社会的希望所在，三者目标是完全一致的。其实从教育发展的历史看，尤其是现代教育格局形成以来，这种认识已经广为接受，只是由于多种原因，做得不够好，有时还念歪了经。今天重提这种理念和要求，不是标新立异，其实只是回归"初心"。所谓"提升"，今天所倡导和关注的家庭教育、家校社合作育人和教师家教指导力提升，不是对过去的理念和行为方式的一种简单重复，更不是对传统方法的单向度照搬，而是适应新形势，从理念到行为到范式的重构，是一种真正意义上的"再出发"、"二次创新"。

从平台经济的视角看，平台是生态圈的基础和核心。按照包教授的讲解，生态是什么？平台上不同特种的聚焦就是生态。生态可以是凑合、聚合，或者是融合。我们追求的是化学效应，是高质量融合，是具备了强大的孵化新物种、连接新物种、改造新物种的共赢生态圈。对企业界而言，产品型企业值十几亿美元，平台型企业值百亿美元，生态型企业值千亿美元。这样一个工商管理观点提醒我们教育界，家庭、学校和社会合作育人，是一种高质量的融合，不是一种简单凑合，当下要做的就是努力构建更加科学合理的教育共赢生态圈，是追求高质量的化学效应。而在这个生态圈中，教师的要素是最关键的。第一步是聚合，第二步是融合，第三步就是化学反应。我们今天已经做到了第二步，离第三步还有一段距离。

综上所述，要自觉从教育生态学的角度，思考和分析教师家教指导力建设在教育新生态中的定位和实现途径，这样一种思想方法，本身就是研究的新视角和新支点。从生态系统建设来看，必须寻找教师家庭教育指导能力的组成结构，让人从外观形态理解"是什么"，进而要了解各个要素是如何有机衔接的，是如何相互作用的，通过相互作用构成内在的运行机理；通过结构组成和运行机理的掌握，其实就是掌握生态的组成和运行，为有效形成提高能力的策略和途径打基础。这样一个形成闭环的过程，既是研究的过程，也是推进实践的工作方法。

由此，再次提醒自己，学科是相通的，触类旁通，举一反三。管理思想方法与教育实践和研究融合，就是从"术"走向"道"的现实版。

（2019 年 8 月）

思维重于技术

——"数据分析和企业决策分析"课程随笔

上"数据分析与企业决策分析"这门课之初我是很有压力的,因为这门课就是数学与经济统计学,单是一堆数据就够让人晕的。不过一天课下来,有一种直观感受,对于学习者而言,关键是掌握课程思想方法和数学分析方法,两者相结合就是决策的科学依据,这也就是管理者尤其是高级管理者的核心素养要求。李文连教授的课让我理解了什么叫深入浅出,这不仅是他本人有精深的专业水准,清华数学本科、加拿大滑铁卢大学硕博连读的教育背景,高超的教学方法。作为教育工作者,我认为最值得学习的是他对讲课对象即我们这些学员的精准把握。再次印证了,"教育是技术、教育是艺术、教育是学术"的本质特点,三者缺一不可。

李教授讲授描述性统计到概率,不是从概念到公式原理到例题的套路,而是从应用到游戏到小组讨论再到集体讲解,从企业管理的实践中引出"问题",再到简洁化的知识结构划分,让我们对学习本门课的结构和基本系统有所了解。

企业家和管理者是相融的,或者讲,企业家应该是一个优秀的管理者,但并不相等。企业家是在运用管理思维来经营企业。在讲解评价风险及收益时,推出了投资组合选择案例,李教授特别强调,不要过多关注数学计算,而要将目光聚焦如何定义风险,深入掌握什么情况发生的事情才算风险,其实就是告诉我们:要用数学思维方法,不要停留在数字计算上。在课间的随机调查中,这种投资思想和行动的"二元背离"情况比较普遍,这就在一定程度上印证了不选风险过高的"Z"和偏稳妥的"A",而集中选择居中的"Y"的结论的基本原因。有这样一种有趣的现象,班上从桂阳同学说,按我的投资理念和性格,我会选择冒险"Z",但我是制造业的创业者,我只能选择"Y"（稳健）。陈友锦同学调侃地说，如果我是王思聪，我会选择"Z"，但我是陈友锦，所以我选择"Y"。余海红同学说，因为我是余海红，所以我选择的是"A"。随后的课堂小组陈述时，师生间的互动，让我这位"第三只眼"的观察者，得出这样一种体验："投资"需要数学思维方法，但不要停留在数字计算；"管理"企业不能有过多风险，但企业不可能无风险。

从"概率角度衡量风险"讲解完风险后，再次进行了课堂调查，数据的变化中仍然有14%的同学选择了风险极高的选项。这种有趣的结论，反映了群体的投资心理，背后也蕴含着投资群体性格和文化心理，与群体的行业分布与年龄的联系十分紧密。由此也联系起这几个月来的课程，平台经济中高频词毫无争辩地归为"二马"（马云、马化腾），案例分析中对当下中国市场中众多的新星，巴菲特投资理念不时被同学们提起。

事实上，理念、思维方法和行动是企业管理也包括任何行业的通行法则。这中间思维方法的提高和培养至关重要，它是对固有的人群尤其是行业中的人区分度的重要"分水岭"，这也是EMBA学习的关键的所在。固然有所谓人脉的培育和积累，尽管这也是一件比较重要的事尤其是对于商界而言。但从学习的本质看，思维方式和方法的培养是第一位的。这种思维方法需要信息的输入，需要工具学科，比如信息技术和数学模型建立，尤其是在学习"数据与企业决策分析"这门课，这种直观的感受和收获就更加明显。在讲课过程中，教授说对于一些过于繁琐的数学概念原理和计算步骤并不作硬性要求，但却反复强调一些核心思想和方法十分重要，比如点、区间和检验假设，这中间的核心概念和公式必须掌握。为了强化这种观念，不时会用抽奖答题的方式刺激大家的兴奋点和参与感，可谓用心良苦。其实在这样一个学习和领会的过程中，就可知思维方式的变革、思想方法和工具使用十分重要。

互联网大数据时代，信息技术的掌握十分重要，数理应用统计更是紧缺人才。这门课的本质，是用工具和数学方法来改变思维方式和工作方法，进而影响和支持决策。再次印证了一个判断：我们已经进入了一个新的观察学习"窗口期"，还没有形成结论或者讲还处于一个转型发展准备期。尽管每一天就只有一点点的收获和体会,但量的积累却在形成质的变化,文化的形成和观念的转变就在这样一个过程中产生了,由物理变化而成为化学反应了。这就是学习的价值所在。

(2019 年 3 月)

理解与行动同步

——"投资和财富管理"课程随笔

"投资和财富管理"这门课是选修课,时间实在太紧了,对于像我这样一个"门外汉",只能讲是走马观花。特别是数据分析和财报,这些专业性很强的内容,听起来比较艰难。但两天的课下来,还是有些收获。一个直观的感受就是思维与技术同等重要,理论掌握和行动实施必须同步进行,而不是一个简单粗暴的"谁先谁后",尤其是对于我们这些已经走上职业生涯和所在团队的中坚群体,更要具有这样一种理念和行动。

课程之初,我们的主讲老师张山,他是耶鲁大学终身教授,他提出的课程观点就让我记住了。这门课是给大家一个大的视野,从管理者的视角看问题,是帮助大家培养直觉和常识,而不是教授复杂的技术,是让大家在感兴趣的领域拓展知识。这种开门见山的讲课思路,也比较符合我们能够真正"坐下来"学习的需求。

在比较丰富的课程内容中,我关注了一个当下时兴也十分重要的内容:金融科技。讲到金融科技的发展历程、成长分析和区域分布时,对金融科技分布区域的介绍中,从用户的活跃度看,中国、印度等一些发展中国家反而比发达国家更容易推广。分析个中原因,张教授讲,"在金融领域有一个专业词汇叫做'金融抑制',是指在欠发达的国家有大量的被金融排斥在外的群体如乡村地区的人们,他们往往不能得到有效的金融服务,但是新技术给了这些群体获得金融服务的新机会,而且他们往往比发达国家的人们,更加愿意拥抱新技术带来的新服务"。从另一个视角说明,让既得利益者固有的观念转变不是一件易事,印证了"一张白纸好画图"的理念。

这种现象和分析也在启示我们,对于教育领域而言,也存在这样一个现实。一些群体由于无法享受有效的教育资源,新技术和新途径可以让他们得到教育服务,因此他们对于新兴教育服务的需求和接受更为迫切。现实中,一些教育机构和培训机构就获得了这样的空间和机会,折射出优质教育资源的购买服务的市场空前活跃,当然这中间也有"补偿性"、"替代性"教育的缘故。一些家长无暇或者无力教育孩子,就借助于辅导班培训机构,用以弥补这种"不足",以期实现"弯道超车"或者"换道超车"。站在消费者和满足需求端的角度看,这似乎是一个平等的办法,也是一种正常的现象。这就是当下为什么教育培训机构仍然火爆的原因之一。但从教育自身看,这可不是一件好事,无论如何强调"减负",尽管我们的学校,尤其是义务教育阶段的学校,当下基本上下午 3 点半后就放学了。可是新的问题马上就产生了,产生"前脚走出校门,后脚送进培训机构"的怪圈。作为公共服务的教育部门,逐渐形成了"晚托班"和教师义务志愿辅导团,但从现实的情况看,还是没有从根本上解决"需求"。所以讲,"市场"的力量有时太强大了。

由此,提醒我们教育管理部门和管理者。对于教育的需求,要从更大的视域审视,不能以简单的想象和一厢情愿去设计。再好的愿望,如果不同"需求"和"市场"对接,可能会产生不希望看到的结果。正所谓,欲学诗,功夫在诗外;欲投资,力在投资外。

(2019 年 12 月)

知识逻辑的演变

——"公司财务管理"课程随笔

"公司财管管理"这门课,我们是在深圳移动课堂期间进行学习的。课堂设在有着新时代改革开放前沿"窗口"之称的前海。9 月的深圳,天高云淡,扑面而来的创业创新热潮,让我们领略着南国风情,感悟着知识的魅力。课程中,我们还实地参观了腾讯公司,参加了复旦大学管理学院与深圳报业集团共同举办的"粤港澳大湾区"背景下的沪深两地企业家论坛。这种实地参访和理论课堂结合的学习形式,让我们对专业理解,多了一种穿透力和现场感。

这门课主讲老师是钱世政教授。他儒雅温和、充满睿智,是复旦管理学院知名教授。钱教授的阅历十分丰富,曾任复旦大学会计系副主任,后调任上海实业集团副总裁兼财务总监。他还兼任过海通证券副董事长和浦发银行等多家上市公司董事职务,具有丰富的商业实战和财务管理经验。听钱教授的课,让同学们感到是在与一个总裁谈心,也如同与一位智者对话,有一种发自内心的厚实感。就连我这个财务管理"门外汉",通过学习,也找到了感觉,颇有心得。集中在一点,那就是知识演变的逻辑是相通的。

在讲授财务管理概论时,钱教授从一家比较知名的企业药明康德入手,让我们通过小组讨论和案例分析,经过思维碰撞后,再从知识导入。从时代背景、价值创造的模式和财务管理的模式三个维度出发,对公司财务管理的演进过程进行了精辟分析。一句"从单纯的成本控制走向'目标'、'预算'控制,进而走向战略管理和价值创造"的概括,让我们在较短时间内,深入理解了公司财务管理的演进轨迹和实质。进而让我们认识到,财务不是一个财技工具,而是保障整体战略实现的体系,从一个更大的视野,让我们理解财务管理。进而分析,由于科技的发展特别是进入 IT 时代,提高了社会资源配置的效率,加上"市场信息"、"客户信息"融合在一起,使财务管理的内涵和外延发生了巨大变化。从案例分析告诉我们,如果将财务管理部门变成一个核算单位,那么"AI"取代指日可待,而药明康德的案例,是面向一个开放的系统,创造价值就不是"机器人"能完成的。这就从根本上论证了现代财务管理的目的是价值创造,由会计核算、资金管理变为"价值创造"。

这样一个抽丝剥茧的逻辑分析过程,不仅让我们逐渐掌握了财务管理的实质要领,更是从另一个视角提醒我们,不管是财务管理,还是其他管理,都将面临一个内涵外延与时俱进的嬗变过程,需要我们有这样一种反应能力,方能把握时代的脉搏。提醒我们,互联网时代,可以不搞互联网产业,但必须有互联网思维,将"不可能"变为"可能",要学会用"价值链"的角度选择企业的战略定位。钱教授以医药产业为例进行深入剖析,这个产业分析的过程,让我这个教育人不由自主地反思,如何将现代企业管理思维有效地植入学校管理和区县教育治理,是一个值得关注和探索的新课题。

顺着这样一种思维路径,随着课程的深入,我越发感受到,工商管理与教育管理之间存在着极大关联,并且能够找到这种"关联点",其中一个非常重要且有效的关联点就是"大数据"思维。近年来,世界畅销书作家、以色列青年新锐派历史学家尤瓦尔·赫拉利,接连推出了《人类简史》、《未来简史》、《今日简史》等"简史"系列,轰动一时。尤瓦尔讲道,"数据将可能成为一种宗教信仰"。不是吗?当下的企业发展,数据化运营思维和行动已经成为普适行为。通过数据分析、数据共享、数据赋能可以构建一个数据"闭环",这个思维运用到教育治理中同样有效。2016 年以来,在教育行政部门的支持下,我和团队成员关注了教育服务对象(企业称客户)的满意度评价,连续三年开展了涵盖区域内小学三年级以上的中小学生"七彩成长"满意度、全体教师的"乐业育人"幸福度、家长协作教育参与度、社会满意度四个维度的调研分析,初步建立了区域教育"服务对象满意度"数据库,从中可以观测和分析区域教育的整体满意度和有待改进的方向,数据思维对教育管理和研究的功效可见一斑。看来,世界是平的,管理思维逻辑是相通的。

不仅如此,钱教授讲课还很幽默。讲到"消费者社区的实质是体验经济"时,他讲,"新经济是直击心灵和需求的经济,一些优秀的企业家尽管是'理工男',但比起'文艺男'有更丰富的内心体验,因此就能产生'平台+社区'的经营模式",多么形象生动。这从另一个视角启发了我们,当下的学校德育工作,由于话语体系的不对称,一些教育者与现在的对外界充满好奇心的年轻人没有对话平台,如同鸡和鸭之间,互相走不进心灵,又如何能够打动人和塑造人呢?! 触类旁通,知识相通,学以致用,如出一辙!

(2019 年 9 月)

"不一定",可以让你"一定"

——"会计学"课程随笔

到复旦学习,我们每位同学都有一个心照不宣的情结,那就是能够与大师相遇,与高人为友。在我看来,这段学习历程经常会遇到这样的惊喜。李若山教授的会计学课程,就让我们有这种收获和惊喜。

他有一串耀眼的光环和头衔:新中国培养的第一位审计学博士,曾经担任厦门大学会计系主任多年,复旦大学管理学院财务系主任,博导,证监会上市公司专家委员会委员,国家会计准则制定委员会专家组成员,多家上市公司独立董事,学术著作等身,电视上关于上市公司和高端企业发展的论坛时常可见他的身影……

在他众多耀眼的头衔中,我最喜欢的是"复旦老师"和"我和你是小老乡"。因为他多次对我们讲,70多年的光阴走过,最喜欢的还是老师这个职业。"走进课堂我就变得年轻了。"另外,在课间的交流中,我还得知,他的祖籍就是湖北武汉,是我的同乡,与我以"小老乡"互称。

他讲课时,风趣略带沙哑的声音中透露着坚定,仔细听,其实带着一种深沉的期待。

老实话讲,李教授的课曾经是我最陌生也曾是最害怕的课程。因为我对会计和账目,好像有些迟钝,而且也一直没有从事过财务会计工作。但我要说的是,听他的课,让我基本克服了"害怕",不仅学会看财务报表,并能用一双谨慎的眼光看财务运行,用批判的思维看企业管理。这中间,恐怕最要得益于他的一句课堂口头禅"不一定"。直到上完他的课,后来再上其他教授的课时,不时有教授调侃地对我们讲,是不是"不一定"。看来李教授的"不一定"早就出名了。

他的"不一定",其实是培养我们一种"质疑"精神和多问几个"为什么"

的思辨习惯。实事求是地讲,李教授有这样的底气和资格。当行业翘楚,是我们每个人都渴望和期待的,也是很多企业家同学来复旦深造的根本动力。但另一方面,我们又长期处于一种固有的环境和文化中,中庸、遵从和顺应,几乎成了我们为人处世的代名词。而这一点,无论是做学问,还是企业发展,都是一种"硬伤"。

他的"不一定",其实是提醒我们不要按照惯性行事,尤其是在千变万化的市场中,就要勇于善于在"不一定"中寻找出路。我们大多数同学已经是事业比较成功,至少是处于事业上升期,加之很多人还处于青壮年时期,好像还很有"资本"。多了一点"不一定",就能提醒我们,处于"百年未有之变局"的大环境中,我们最需要的也许不是资金,不是政策,而是一种思想,一种精神,一种创新求变的精神。这种创新求变的思想和精神,可以让我们由弱小变得强大,在运动中寻找发展的机会。正如黑格尔在《历史哲学》中讲,"爱奥尼亚的明媚的天空决不能单独产生荷马"。而且事实上,它也没有继续产生其他的荷马。

他的"不一定",其实是希望我们在新的起点上,学会思考和谋划如何"一定"。对我们而言,来复旦深造,更多的是学习思维方法,更多的是拓展视野。当然,在这里,我们可以遇到"贵人"。这里充满着向上和阳光的气场,听教授讲课,同学之间的交流互动,丰富的案例研讨,充满挑战的私董会,不同的行业,不同的思维,很自然地建构起了企业发展的"生态场"。同样,一个偶然的信息,一个问题解决的思路,一个创新发展的方案或者模式,可以让你有一种久违的"重逢",一个历经"众里寻他千百度"后的"蓦然回首"。

写到这里,还真的想多听听李教授的那句"不一定"。

(2019 年 6 月)

有了"平台"怎么办?

——"管理经济学"课程随笔

　　有幸参加骆品亮教授主讲的"管理经济学"课程学习,我对管理经济学有了一定的掌握,更加注重用经济学思维看待经济,注重用时代的思维看待经济,注重用务实的思维看待经济。这其中对于平台经济也有了全新的理解和认识,更加认识到经济管理思维对于教育管理十分有益。

　　通过学习,我意识到,了解平台经济必须掌握商业模式知识。商业模式就是指一个组织创造、传递及获得价值的基本原理,当下主要有三种典型的商业模式,分别是:传统的差价模式也就是经销商模式,互联网化(吊钩式),平台化(佣金＋增值服务)模式。当下最热的当属平台化模式。

　　平台经济的内容十分丰富,各种理论观点林立。概要的理解就是,平台化发展是对传统的差价盈利模式的一种颠覆。整合起来理解,长尾理论、O2O理论和双边市场理论构成平台经济的理论基础。平台的构建与运行、平台的盈利模式和平台的多边化发展是平台战略的关键。在这些理论基础的支撑下,平台经济商业模式主要由三部分组成:第一部分也称"底层",是由海量潜在用户构成的巨大蓄水池。第二部分是平台提供的搜索引擎、社交网络、视频网站等基础服务。这些基础服务如同巨大的抽水机,将潜在用户转变为平台上的活跃用户。平台经济最简单粗暴的盈利模式就是对基本服务收费。第三部分是平台经济商业模式最重要的"双边市场"。通过基础服务转化而来的海量活跃用户构成了平台的一边,另一边则是由用户流量带来的广告变现机会,以及被海量活跃用户吸引而来的第三方增值服务提供商。平台可以通过广告变现和与第三方服务商利润分成达成可持续的盈利模式。一些知名平台型企业的商业模式发展基本上是沿着这一路径走过来的,如腾讯、脸书(Facebook)、谷歌等,都经历了大致类似的发展过程。

通过学习,让我自然联想到自己的工作领域"区域教育"如何应用"平台"的问题。当下的区域教育是典型的公共事业,面对是众多的中小学幼儿园以及中等职业学校。以其服务对象的特殊性,对于纯商业的要求更加严格,除了严格执行政府招投标程序外,还有对其安全性、专业性和科学性等特殊要求。俗话讲,民以食为天。因为这个领域从事的是育人工作,最主要的服务对象就是广大学生和教师,对于他们的校园生活保障就显得更加特殊和重要。也正是如此,如何将商业思维有效应用到教育系统后勤管理和服务工作就愈发重要。

从整体上看,中小学幼儿园后勤保障工作,具有融公共服务、企业化运行和社会化服务于一体的综合属性。我所工作的上海市奉贤区教育局目前通过建立信息化平台"六个子系统",对学校食堂进行全面的监督与指导,提高学校食堂管理水平和饭菜质量。到 2019 年,全区现有上海市"六 T 实务管理"示范单位(餐饮行业科学的管理方法)116 个食堂,占全部食堂的61%,占公办学校食堂的 82%,初步实现了社会化服务与商业经济的有机衔接。

在分析学校食堂管理与服务中,我关注了一个十分重要的环节,也是当下中小学幼儿园管理中每天必须接触的企业化运作活动,其中最具代表性的是餐饮原材料的商业化配送。在当下还是带有浓厚的"计划"和"官办"色彩,市场化程度不高,还存在一定的薄弱环节,以致于"餐饮服务质量"在校园生活调研中,一直是比较突出的问题。分析个中原因,尽管有"众口难调"的现实性,但从企业化运行上看,还有很多有待提升改善的空间。目前正在引入平台经济管理方法,对现行"基地+物流+代加工+终端用户"的关系梳理上进一步进行调整和优化,同时对原材料采购的规范性与市场灵活性上寻求更加有效的思路。

笔者以为,任何一种新型商业模式都会有两面性,平台经济同样如此。仔细分析,从 90 年代的"广告"经济,到 21 世纪的几大互联网巨头,无不彰显着商业模式的巨大效应。但与此同时,我们还要从一些反面案例中汲取教训和引起警觉。2018 年 12 月以来,闹得沸沸扬扬的曾经红极一时的平台型企业代表 OfO 千万用户退押金事件,再次给一路高歌猛进的共享经济敲响了警钟。共享经济本身是一个新兴事物,作为一种新兴业态需要培育,也需要全社会以包容的心态对于新业态的发展给予理解和支持,但对这些新兴业态,政府层面既要有培育发展的关怀,更需要科学有效地监管,从事前、事中到事后。特别是企业本身的自律意识、规则意识和法治意识更需要树立,这是企业可持续发展的生命线。离开了这些,所有的"繁荣"都是"浮云",等到了出现了系统性崩塌的那一天,不仅发展的使命不能完成,甚至连企业的存在和法人的自由都会不复存在,真到了那一刻,既不是企业本身愿意看到的,也不是社会愿意看到的,因为谁也不愿成为"双输"的主角。

从这样的视角看,提醒着学校后勤服务工作,在运用平台经济等新型商业模式开展企业化运作和社会化服务中,更要注意趋利避害。也许这就是学习"管理经济学"这门课的根本价值所在!

(2018 年 11 月)

用历史照亮未来

——"中国资本市场与股票投资分析"课程随笔

受疫情影响,我们的选修课"中国资本市场与股票投资分析"改为线上教学。这也是这场史无前例的疫情带给整个教育形态的新变化。作为一个教育工作者,疫情期间,我和同事们一直为本区中小学生们的线上教育而奔波,其中还有一项重要任务,就是组织志愿者开展线上家庭教育和心理健康教育热线咨询服务。从一个线上教学组织管理者转变为线上教学学习者,这种角色变换在提醒着我们,线上教学已经成为教育新常态,是每个学习者必须面对的现实,需要我们尽快适应并有效运用。

主讲这门课的是复旦大学管理学院会计学系李远鹏副教授,一个思维活跃富有亲和力的年轻教授,他的课很受欢迎。他的开场语就是"用历史照亮未来",他讲道,对历史的洞察力代表对未来的预测。这句话也成了李教授的课堂口头语,是他一直强调的教学思想和投资理念。开场语课件制作很有特色,背景是选取复旦大学校园内的一座中国古代天文学计时器日晷雕塑,外加浑天仪,深邃的天穹,一盏明灯,从历史深处走来,在历史的深处中探测未来,很有哲理,富有诗意。

授课过程中,李教授对中国、美国股市楼市和投资分析,一直关注历史分析法。运用大量翔实的数据,丰富的案例,相关案例时间跨度都比较长。尽管数据的专业性强,但他的讲解深入浅出,条理清晰,富有亲和力,容易产生共鸣。比如,他对中国股市的趋势分析时,用了一句"秋播春收"来比喻,十分形象生动。整个课堂的气氛非常和谐,让本次线上教学的物理空间距离变得无间了。

在整个课程教学中,李教授反复强调的观点是,只有对历史有透彻地了解才能预测未来。并且讲,我们很多时候不能准确预测,主要是对历史的了解不透彻不深入。在具体分析中,他提供了翔实的分析案例。比如,楼市,中国的楼市数据基本只有20多年时间,特别是大陆的楼市基本上是从1998年以后才起步,从一定程度讲,中国的房地产是没有历史的。而美国有60多年的数据,比如,亚马逊的股价波动与一个人的人生成长经历十分相似,所以,不能用西方分析思维套用到中国,中国市场分析只能是边走边看。通过周期性分析,可以清晰地看出,中国股市20年走了2个基本相同的周期线,呈现了明显的政府周期特点。从历史的数据分析投资,大类资产年化收益率基本上很少超过6%。

事实上,这门课程内容容量很大,是一种"横扫式"教学,需要学生的思维和知识储备,能够跟得上老师的思维,否则这种大容量的课程无法取得预期效果。从上课参与度、同学发言和与老师的互动情况看,看得出参加课程学习的同学都具备了这种同步性思维,不少同学的提问和回答反映了良好的专业水准,对其他人也是一种启发,教学相长,融会贯通。

从这门课的学习来看,再次印证了一条铁律:优秀的师资是第一位的,师资优秀是复旦大学管理学院的重要标识和符号。老师的学科背景、商战阅历、海外视野、授课艺术,这些都是学生们看重的重要要素。正因为有一个优秀的教师群体,能够对包罗万象的专业进行条分缕析,为一群在工商界打拼、忙碌得无暇停下来静心思考的人,提供一个合适的空间和场域,让他们在学习充电中有效思考,停下来更好地再出发。

从根本上讲,这门课是一种规律的探寻分析,是一种历史与现实思维的分析综合,而不是实战操作技巧传授,更不是职业培训班的技术训练。正如课堂上,李教授调侃说:"曾经有同学说我们这门课是学习炒股课。不是的!我们是通过历史分析,研究经济、股市、产业和价格规律的学科。"是啊,工具思维与理念思维是有着极大区别的,人与人、企业与企业,其实最大的区别就是观念的区别,体现的是格局差异。

从现实情况看,线上教学具有便捷开放,教学成本低,也相对容易组织,尤其是在疫情背景下,线上教学是最安全、最经济的教学组织形式,而且一些知识点通过线上也能更有效地组织和传播,老师的主导性会更强。

但实事求是地讲,线上教学还是存在一定的局限性。主要是无法实现同学间、师生间面对面的充分交流,现场教学可以最大化的实现情感交流,事实上，许多信息是需要有特定的语言环境和适当的物理空间。特别是由于线上传播的原因，导致师生间的一些观点和信息无法进行充分地沟通，其中还有避免不必要的误会和不必要的传播的顾虑。另外，信号和声音等不稳定的技术故障情况时有发生，影响了授课和听课效果。不过从总体看，整场线上教学的组织还是有序有效，同学们的反响也比较好。毕竟瑕不掩瑜。特别是考虑毕业季的到来，为了不影响一些同学的毕业论文答辩等考虑，学院作出的科学的合适安排。

伟大的导师讲过，"理论一经掌握群众，便会变为巨大的物质力量"。学习可以让我们更加清晰地看清大势，可以更深入的理解行业，而不是功利的快速变现，更不是学习了这门课可以立马在股市楼市上大显身手。如果是那样，那就不是 EMBA 课堂，而是短线培训班和职业洗脑班。我们的课程，是让具有实战经历又向企业思想家努力的群体，处理好"无用与有用"、"短期实用与长期管用"的关系。我想，这也是这些课程的价值所在。

（2020 年 6 月）

为何进行关联研究

经过快两年的工商管理专业学习,在导师的指导下,我选择了自己的研究生毕业论文方向,初定题目为"基于'客户满意度'视角的区县教育治理研究——以上海市奉贤区为例"。一个是企业营销,是企业经济行为;一个是以中小幼教育为主体的基础教育(区域职业教育和成人教育不作本研究的重点),是社会公共服务领域。在中国的现有国情和制度安排下,可以讲两个领域没有太多交集。但为什么要选择这个题目呢? 笔者的初步思考如下:

先讲区县教育。区县教育是中国最基础的教育单位,按照1985年以来的制度安排,中国基础教育体制是"分级管理、区县为主"的体制。尽管随着中国经济社会改革尤其是教育体制改革的深入,上海等相对发达的先行区,不断加大市级层面教育统筹力度,但总体上看,分级管理体制还是没有发生大的变化。从一定程度上讲,区县教育治理水平影响甚至决定着中国基础教育的水平。基础教育是区县教育的主体,基础教育是典型的公共服务,是民生服务之首。既然是公共服务,其治理水平和效应就要满足服务对象的需求,服务对象的满意度评价就是一个重要衡量指标。这一点,与企业的经营管理目标和衡量指标呈高度一致性。正是基于此,笔者作为区县教育专业管理者,运用所学的现代企业经营管理理论和方法,研究区县教育治理就是题中应有之义。教育服务对象主要有四大类:学生,教师,家长和社会。这四类服务对象的满意度和评价构成了区县教育重要衡量指标。从2016年起,上海市奉贤区教育学院就展开了这"四类"服务对象满意度大样本调研,其中教师是全样本(全区8 000在职在编教师),中小学生是小学三年级以上,家长从2019年起也是全样本。连续几年的分析数据,给本课题研究提供了扎实的基础。

再谈对于治理的理解。作为当代政治与行政学研究的重要思想,治理理论被学者们广泛接受。然而,对于治理的概念学界却是众说纷纭。例如,在约翰·皮埃尔和盖伊·彼得斯看来,治理已经成为一个囊括了从公司管理到国际关系等不同研究领域的宽泛概念。中山大学学者李泉在其《治理思想的中国表达》一书中,从基于市场、网络和国家三个视角进行了分析。其中基于市场的视角,他认为,首要的问题便是如何建立起一个有效的机制来动员这些主体彼此合作以解决共同面对的难题。他认为,治理的市场视角主要来自于经济学理念。它首要得益于 20 世纪 70 年代以来公共选择学派将微观经济学理论拓展到分析公共事务方面的突破。第二个来源是对企业内部管理结构的研究。新制度主义主要分支的学者发展了独特的研究范式来考察私营部门内部管理制度的性质,并以此来解释出现在不同管理层级之间的冲突发生的模式和原因。从笔者学习过程看,知名政治学者俞可平的治理理论还是最具有代表性和权威性。

再谈关于营销的学习理解。美国营销学家菲利普·科特勒和凯文·莱恩凯勒在其合作的名著《营销管理》中提出了"全方位营销"的概念,提出全方位营销的四个维度是:内部营销、整合营销、关系营销和绩效营销。其中关系营销就是与顾客、渠道成员以及其他营销合作伙伴建立丰富、多面的关系,进而提出现代营销管理的八项任务中非常重要的任务之一就是与顾客关系。现代企业营销管理理论,企业从开始从产品组合管理转向顾客组合管理。他们开始编制个性化的顾客数据库以更好地理解消费者的需求,并给消费者提供个性化的产品和信息。

以笔者的理解,事实上,从有完整意义上的商业起,"顾客至上"的理念就已经深入人心,关注和满足顾客的需求是企业发展的根本任务,只是不同的时代人们的表述方式和关注点有所不同而矣。

也正是这些理论和实践,让本研究从"顾客"视角出发,关注顾客的需求和满意度。这种理念和实践经验对于现代教育具有十分强烈的借鉴意义。顺着以上的思路,就初步形成了笔者的诠释思路。基于此,本研究在现代企业营销和公共服务的教育治理中找到了一个十分重要的结合点,力求打通看似两个不同的价值体系和话语体系的联接点。

为什么要研究这个话题?这个话题既古老又现代,既是社会性又有个性,既具有经济性更具有社会文化价值,既有工具色彩更有人文意蕴,是一个在经济社会发展到新时代,中国经济社会格局与世界接轨融合的重要节点上,"治理"这个历史性新课题进入新阶段后的重要话题。

一个看似重利,是经济效益为主。一个是重育人影响,是社会效益为主,而且其工作的内容对象是截然不同的。在研究这个话题时,我们完全有必要先对中国的商业进行一个概览。中国商业史,源于上古,成于秦汉,盛于唐宋。有一个历史脉络呈现,用学者王孝通的话讲"历代商业以政治之治乱为盛衰,因势随商业之盈虚而隆替"。

财经作家吴晓波长期致力于中国企业史的研究和写作。在其著作《浩荡两千年》中,用优美深沉的语言描述了中国商业经济的发展脉络,写道:"如果将当代放入历史长河中进行考察,你会惊奇地发现,正在发生的一切,竟似曾相遇,每一次经济变法,每一个繁华盛世,每一回改朝换代,都可以进行前面的印证和逻辑推导。我们正穿行在历史的三峡中。"他认为,一部中国企业史,归根到底是一部政商博弈史。语气中充满了悲壮和沧桑。

本研究的主要理论支撑或者研究的逻辑路径。本研究先是从两个看似独立的系统进行:一个是"企业管理—现代企业治理—现代营销管理—营销管理中的客户管理";一个是"治理—教育治理—区县教育治理—现代学校治理—区县教育的最重要的客户(教师、学生、家长)。"然后,在两个条线中找到一个重要的结合点"客户(顾客或者是服务对象)","客户管理"架起了企业管理与教育治理"立交桥"。即一个大治理概念下的两大分支"企业治理"和"教育治理"(一个是经济生产领域,一个是公共服务领域),在两大分支中找到一个共同的结合点,研究其异同。相对而言,市场化高的企业治理对市场和顾客需求的反应比较灵活和变化快,将其注入相对反应迟缓的教育领域,期待这种"嫁接"产生一种全新的管理成果。

综上述之,本研究也可以简述为"企业管理与教育管理的关联性研究与实践探索"。

走进阿里　牵手未来

6月的杭州，一派人间天堂的葱茏；初夏的西溪湿地，尽显希望的生机。我们复旦 EMBA2018 秋 1 班的全体同学，在管理学院领导和老师的带领下，来到了阿里巴巴集团总部，进行了为期一天半的参访。

菲住布渴，数字化智能化未来已来

6月 11 日下午，我们入驻菲住布渴酒店。这家坐落在阿里西溪云栖小镇、由阿里全资投资的酒店，是全国首家未来酒店，让数字化智能化的概念成为我们生活的现实。

改变从入住登记开始。没有传统的酒店大堂和前台，进入大堂，互动景观大屏映入眼帘，机器人"天猫精灵福袋"代替服务员，完成对客人的迎宾、指引。基本覆盖酒店内全场景的客人身份识别，无感梯控、无触门控自动进行人脸识别，智能点亮客人入住楼层，自动开启房间门；进入房间，客人专属的客房管家天猫精灵智能音箱已经被唤醒，可直接对室内温度、灯光，窗帘、电视等进行语音控制。客人有需要时，由机器人完成对客房的送餐服务……

据了解，"菲住布渴"是阿里打造的"新物种"。其中，飞猪负责全链路体验流程的设计，达摩院担纲酒店创新研究计划，阿里云则提供稳定安全的大数据底层服务；酒店内的智慧机器人，都启用了阿里人工智能实验室的最新设计，智能场景事业部完成酒店整套数字化运营平台和 AI 智能服务中枢以及智能场景系统的研发。通过一整套数字化、智能化解决方案，为酒店装上智慧大脑。

未见其人，先闻其声，阿里给我们提供了一个全新的赋能体验。

"马老师",阿里就是一所大学

走进阿里总部园,给我们最直观的印象就是走进了一所新型大学校园。园内的行人,一脸的青春,一脸的文化,一脸的哲思。

园区内,几组富有创意和哲理的雕塑,沿湿地地势和园区建筑,自然布局,别具一格,充满了灵气和生机。其中一组共三座造型独特的雕塑,引起了我们注目:一群低头思索的少年,脚下是厚重的坚石,迈开双腿,阔步向前,以简单快乐的方式生活,散发着阿里的文化和价值观。

听阿里集团副总裁刘松介绍,在阿里,员工相互之间特别是对上级,基本上都是以"老师"相称。这是马云亲自倡导并且多年来也一直坚持的要求。这与马云的老师出身和他的教育情结有关,已经内化为阿里的企业文化。

历史有着惊人的相似。马云宣布退位后要做的第一件事就是从事教育,而且以乡村教育为主。华为创始人任正非,在来势凶猛的美国压制和亲人的生命之忧面前,面对央视现场采访,没有谈华为自身的生存,而是讲出了自己的心声,"这场贸易战的实质是对中国教育的呼唤"。

家国情怀,远见卓识,这不只是巧合,而是当代中国企业家的责任和使命。

看来,教育是源泉,校园是福地。创新始于教育,对于我们这群来复旦校园"回炉"的 EMBA 学子们,可谓正当时!

从 IT 到 DI,我们跨越了吗?

6 月 12 号上午,秋 1 班参访团与阿里的交流研讨会,在 1 号馆七楼大厅如期举行。会上,复旦管理学院殷志文副院长发表了热情洋溢的致辞,向阿里赠送了一幅复旦相辉堂经典织锦图,表达了复旦管院与阿里的合作诚意,传递我们一行此番参访阿里的期待之情。

阿里集团副总裁刘松从"变革时代的那些问题"入手,集团副总裁、阿里云智能新零售总经理肖利华,阿里云研究院院长田丰、蚂蚁金服集团行业发展综合体总经理马岩松等多位高管,分别从不同的视角向我们介绍阿里相关业务,介绍了"小前端大平台富生态——阿里的生态体系",让我们了解到电子商务、数字娱乐、本地生活,支付与金融服务、智慧物流、全域营销、云计算等丰富的内容,传递着扑面而来的数字化时代气息。研讨过程中,不少同学就许多感兴趣的话题,与阿里高管们进行了深入互动,领略了数字经济时代的造风者精彩故事。

笔者观察到,在位于1号馆七楼电梯入口处的大堂,映入眼帘的是一个充满中国传统商业气息的"诚"字。"诚"上按了一道红手印,一幅"信不可弃,宁可不淘"的对联,道出了阿里的经营和发展理念。时代再怎么发展,技术再怎么先进,在瞬息万变的时代大潮中,仍然还是有很多不变也不能变的东西,那就是中华优秀传统文化的精髓和内核,自强不息,诚信为本,经商、从政、为学、做人,莫不如此!

数字化时代转型,跨越的是技术和知识,不变的是坚守和正统。创新和守正,本来就是一对孪生兄弟。对我们每位希望与时代同步的人而言,更要培养这份定力!

青春阿里,不止"102"的梦想

在阿里园区的东南角,有一栋楼非常神秘,依水而建,外形酷似舰船,在阿里内部,这栋楼的代号为9号馆。之所以说它神秘,是因为9号馆是用来接待重要客人,只有受到阿里集团最高领导人邀请的人才有可能进入该馆。

得益于复旦管院领导和班级几位大咖同学与阿里高层的有效沟通,我们一行造访了阿里9号馆,近距离领略了阿里20年文化轨迹。

走进9号馆,左侧是一个超大面积的电子屏幕,播放阿里巴巴的欢迎视频;右侧则是一副巨型的"清明上河图",这幅反映了中国古代商业图景,还有乔布斯、巴菲特等大佬藏匿于市井之中。奇幻的时光隧道,浩瀚的星云中讲述着人类商业的变迁,讲述阿里巴巴围绕"让天下没有难做的生意"这个理念,服务全球1000万盈利企业和20亿消费者的长期战略目标,从5大商业基础设施"电商、跨境、金融、物流、云计算"描绘了商业未来的改变。

这里有一幅照片,让所有参观的人驻足良久。二十年前的1999年,离开北京回杭州创业前的马云,带着他的合伙人,特意爬上长城,照了这张合影。这张合影已经成了阿里的图腾。他瘦小的身躯和消瘦的面庞,透露着坚毅和执着;略显臃肿的羽绒服却包不住一颗"决心做一家中国人创办的让世界感到骄傲的公司"的梦想。这张照片,也许是闯荡江湖领略商海暗流后的心灵回归,是对未来的精神洗礼;也许是体会"不到长城非好汉"的境界,抑或是"让天下没有难做的生意"大战前的无声动员?我们不得而知,但我们知道,这是一个充满神奇当然也充满着艰辛的创业之路的新开始,是阿里的长征出发地。

关于"阿里102",我们在参访时得知了其故事的来源。在阿里巴巴5周年庆的时候,马云提出了一个新的目标:"阿里巴巴要做102年的公司,诞生于20世纪最后一年的阿里巴巴,如果做满102年,那么它将横跨三个世纪,阿里巴巴必将是中国最伟大的公司之一。"

大家熟悉的马老师,正是通过这种方式来强化阿里巴巴的企业认同感和使命感。

一代人有一代人的长征路。20年,对于一个人还只刚刚走进青年,处于青春期的阿里,仰望的是百年梦想。如今,"阿里102"已经成为阿里企业文化,公司上下,充满了忧患意识和危机意识,没有止步于现有的成绩,"云巅创新,战略转型"成为阿里的新名词。

案例教学、移动课堂、企业参访是复旦EMBA课程的重要组成和经典特色,也是我们EMBA班级团队建设的重要内容。在阿里参访的时间是短暂的,我们看到和理解的也是有限的,但留给我们的思考和启发却是恒久的。

阿里,给我们的不仅是技术和信息;参访,让我们全体同学牵手再出发……

(2019 年 6 月)

文化记忆

　　故乡对每个人而言，是心灵的栖息地。每个人的内心都有一个故乡。无论你走得多远，无论时光如何流逝，那份故乡故园故人的情结都在，会随年岁的增长，如同陈年老酒愈发浓烈。

　　文化的最大魅力，在于会讲故事，讲好故事，讲家长里短，讲直击心灵的点滴，讲传承久远的家国情怀。

　　技术的发达，物质的丰富，交通的便捷，时空的变化，让不少传统习俗在悄然中消失，渐行渐远了。许多的乡村故事，也就成了历史的风铃，只有提起时才偶尔响起，不然也就淹没在漫漫的岁月风尘中。

　　一座城市不仅只有高楼大厦，不仅只有自然风光；推动这座城市走向远方的一定是这座城市的人，是这些人的文化风采和精神风范。

画里龙川

人在画中，画在眼前，白墙黛瓦，石板老街，牌楼雄浑，宗祠厚重，山秀水清，闲云野鹤，名人祖居地，心灵休憩园……尽管是隆冬时节，木瘦水寒，但眼前分明就是一幅灵动温暖的水墨画。是一幅艺术家即兴用徽墨在宣纸上泼就的书画作品。这便是我对位于安徽绩溪的龙川村第一印象。

一年一度的春节即将来临，禁不住双亲和乡音的召唤，带上家人，一改往日的高铁和飞机出行，也来个自驾返乡。旅途中，特意绕道黄山脚下的安徽省绩溪县龙川村。离开上海时，冬雨再次降临，寒潮也赶来凑热闹，路滑天寒，小心驾驶。五个小时的车程，到达绩溪境内，却是一派晴空。龙川用一种友好的姿态，欢迎我这位诚心造访的客人。

早就想到绩溪龙川一游，也不知为什么会对这个地方有如此浓厚的兴趣。只知道，冥冥中仿佛有一种声音在召唤，那是一种对传统文化的向往，是一种对历史名人的追忆，是一种对徽商走南闯北英雄气的景仰。

其实我从没有到过这里，包括久负盛名的黄山。10年前到过与绩溪县相距不远的江西婺源。那时参观江村时，就听导游讲，这两个地方有着深厚的历史渊源，只是历史和人为原因让两个同属古徽州的代表地，分隔成两省，但文化和习俗的认同没有随时空而隔离。除此之外，我对龙川并没有太多的印象，只知道是黄山脚下千年古徽州文化代表地，还是一个原生态的美丽乡村。

车过绩溪县城，向东北方向行约五公里，便进入了一条前往龙川村的旅游路，也是通往"徽杭古道"的一部分。全域旅游的发展思路让这个本就是风景如画的地方，处处透露着保护生态的气息，道路通畅，峰回路转，民居整洁，设施完善。选择此时到访龙川，其实是错峰旅游，多了一份从容和淡定，少了一些喧嚣和匆忙。

龙川石板街的老屋，是永远的徽州记忆。丁河、川河交汇的水街两旁，耸立着数百年如一日的老屋，屋顶斑驳的印痕，分明告诉了我们这里绵长的历史；沿河和林间蜿蜒的石板路，无言地诉说着这里通向村外远方的故事。这个故事可能是一名功成名就衣锦还乡的进士，也可能是腰缠万贯富可敌国的徽商，但更多地似乎在讲述一代代龙川人，谨尊"修德行仁、隆恩尚义、读书取荣；弗见利忘义，以富欺贫"等胡氏家训，难怪乎被蔡元培先生津津乐道"绩溪汉学世家"。也让人们体会着文化脉博的跳动，感悟中华传统文化的生生不息。

水是龙川的灵动之源。清沏的河川里，仍然有不少妇人在水边洗衣，原始的木槌，敲打着衣物，水中拉长的身影，甚是耐看。让人有一种时光倒流之感，但又分明是如此真切。坐下来品一杯本地产的香茶，略有苦涩中透露着一种甘醇。好水泡好茶，解渴消乏，回味久久，竟有一种"对酒当歌"的意韵。

那厚重沧桑的牌楼和胡氏宗祠，不只是血脉相连的乡贤乡愁乡音，更显家国情怀和历史星空。记录和见证着一千多年的历史风云和人世悲欢离合。从书本和口传中对绩溪的印象，这里是古徽州徽商的发祥地，也是因一座座牌楼悠长的故事而动人心弦。如泣如歌的故事中，穿透着历史的风雨，记录着人世的沧桑。仿佛有着千年的回音，荡漾在这块三面环山，两水合润的风水宝地。其实更多的是对一连串名贯中西的优秀人物的景仰：抗倭英雄、兵部尚书胡宗宪，户部尚书胡富，一文一武，双星闪烁；有深度影响着天下胡氏的"胡源泰"茶号创始人的故居；还有与龙川村相距不远处，民国大家胡适，一代红顶商人胡雪岩的故居。斯人已去，精神永存。生生不息的乡音让人顿悟家国情怀的源头。

尝一碗地道的胡适一品锅、臭鳜鱼、毛豆腐、绩溪炒粉丝，舌尖上的中国有徽菜一席之地。徽菜从这里走向全国，富有商业基因的绩溪人，创立了徽厨技师学院，许多有文化有技术的新徽派厨师从这里走向全国，在新时代续写着徽商新故事。

行走在龙川的乡村小路，心中涌动着莫名的美妙，感觉山水与人的那番亲近和本能的善意。水挽着山，山牵着水，村子依偎在山水的环抱中。那种静谧的人性之美，那份和谐的生活之美，尽在脚下，尽收眼底。导游告诉我们,生活在这里的人们,仿佛早已修炼成闲云野鹤的出世心态,在这块生于斯长于斯的地方,随意搭个桥,耕块地,出落的是诗一般画境,收藏的是那份绵绵的人生惬意。

入夜时分,绩溪小城格外宁静,一如那幅画卷,静谧宜人,风情万种。窗外的灯光衬托着夜色,让人禁不住想起一句广告语:给心灵放个假,想到就要去的地方。

(2019年2月)

返乡之路

离开徽州文化重镇绩溪,踏上了返乡之旅的下半程。由于提前进行了行程攻略,我选择了祁黄高速转彭湖高速再上杭瑞高速(G56)这条线路。事实表明,这条沿长江之南平行的路线,有效避开了杭瑞高速车流密集高峰,省去了常见的归途车辆涌堵之劳顿。

"春运",这个中国特色的归途风景,一度成为许多归乡之人"爱恨交织"的记忆。尤其是 2009 年春节前的那一场雨雪冰冻灾害,让许多归乡人有种"风雪夜归人"的刻骨铭心。思乡之情,归家之苦,成为春节的伴生词。如今,随着国家建设的大投入,人们生活水平的大提高,飞机、高铁、高速公路等基础设施的快速发展,这种归乡之苦有了极大的改善。但春运的劳碌和拥挤,仍然让每一个外出打拼的人,心有余悸。写到这里,我真心地希望,在新的一年和未来的日子里,国家发展更加充分,各地发展更加均衡,让归家之路,成为通畅和谐轻松之旅。

车子行驶在黄山山脉腹地,冬日的阳光十分温暖。车窗外,"十里一风景,百里一古城",用在皖南旅途十分贴切。新安江山水画廊,歙县徽州古城,祁门红茶文化符号,让我对徽州文化有了更直观更深刻的印象。进入江西境内,邻近长江南岸,离家乡也愈来愈近。天气晴好,交通畅达,窗外的风景让人入迷,思绪也随群山环绕。一路行来,仿佛穿行在历史文化长廊,与历史拥抱,与古人对话。许多风景都是中小学课本中耳熟能详的经典之地,如此真切,如此厚重。

路过彭泽,想起陶渊明

彭泽县,属江西省九江市辖县。车过安徽池州东至县,当江西省彭泽县的地界路标映入眼帘时,我的脑海中立即浮现了一个久远而熟悉的名字——陶渊明。陶渊明,名潜,别号五柳先生,谥号靖节。江西浔阳柴桑(今九江市)人,东晋义熙二年(公元406年)秋任彭泽县令,到任八十余日,逢退督邮来县,须束带揖见,陶渊明叹曰:"我岂能为五斗米来,折腰向乡里小儿!"乃自解印绶而去。回到故里,隐居田园,读书种菊。

东晋时东流地域属彭泽县,如今属安徽池州东至县。相传陶渊明辞官后,曾乘舟下东流,隐居种菊。因此,东至留下了不少关于陶渊明种菊的传说。后人为了纪念这位伟大的诗人,在东流古镇建立了一座陶公祠。据《东至县志》记载,因为陶渊明喜爱菊花,所以人们把长江东流段称为"菊江"。陶公祠建在长江边上,成为一处有名的旅游景点,常常引来游客观光。

我对陶公的认识,更多的是源于中学课本里选取他的几首千古名诗。一首是《饮酒·其五》:"结庐在人境,而无车马喧。问君何能尔? 心远地自偏。采菊东篱下,悠然见南山。山气日夕佳,飞鸟相与还。此中有真意,欲辨已忘言。"

另一首是《归田园居》:"少无适俗韵,性本爱丘山。误入尘网中,一去三十年。羁鸟恋旧林,池鱼思故渊。开荒南野际,守拙归园田。方宅十余亩,草屋八九间。榆柳荫后檐,桃李罗堂前。暧暧远人村,依依墟里烟。狗吠深巷中,鸡鸣桑树颠。户庭无尘杂,虚室有余闲。久在樊笼里,复得返自然。"

好一个"心远地自偏",好一个"复得返自然"。它反映了诗人远离世俗和官场,辞"旧我"后的真实心声,也是田园诗人的最高境界代表作。向往自由、追求公平、申张正义,古今一理。也是中国文化的精华之处,千古文人的傲骨风范。

如今,我们就行走在诗人的故地,真实的故园。如果陶公在世,看今日人间之变局,不知是何感想?

湖口石钟山,争相传诵的苏轼

长江,不仅是母亲河,还是一条文化河。

车过彭泽,相邻的就是湖口县。一个因鄱阳湖与长江交汇口而得名的县。进入湖口境内,映入眼帘的一个地标,就是石钟山。看到这个长江南岸的著名风景点,就让我们自然想起一个经典咏流传的名篇《石钟山记》和它的作者苏轼(苏东坡)。

如果讲,中国文学史上,有一个人永远绕不开,在我看来,那一定就是唐宋八大家之一苏轼。在文学史上,苏轼与陶渊明、屈原、杜甫并称为"屈陶杜苏"四大家。当然,还有苏门父子"三苏"的文学佳话,千年传颂。

《石钟山记》写作的时间是宋神宗元丰七年(1084 年),是苏轼游石钟山后所写的一篇考察游记。文章写道,"元丰七年六月丁丑,余自齐安舟行适临汝,而长子迈将赴饶之德兴尉",文章通过记叙对石钟山得名由来的探究,强调要正确判断一件事物,必须要深入实际,认真调查,"事不目见耳闻,而臆断其有无,可乎?"此时,也是他自元丰二年(1079 年),因"乌台诗案"陷狱四个多月后责授检校水部员外郎充黄州团练副使,到元丰七年(1084 年)四月上旬离开黄州(今湖北黄冈)的日子。

就是这样一个让今天不仅是广大学子,也让众多的城市争相传诵的苏东坡(苏轼),历史让他与我的家乡黄冈有不解之缘。

翻阅苏轼的千古雄文,追寻他的人生足迹,曾有诗人用"一蓑烟雨任平生"来概括。出生于四川眉州,功名成就于汴州,建苏堤于杭州,再任密州通判,又任徐州太守,再贬于黄州(今黄冈)团练副使,流放于惠州、儋州,终老于常州……一个在仕途上颠沛流离之人,特殊的时代,特殊的个性,特殊的境遇,让他在政治上是失意之人。但对中国文学史而言,却因他的不得志而大幸。抑或讲,一个人,成就了一座城,也可讲,是一座城造就了一个人。这座城,不仅是杭州,不仅有苏堤;从文学和人生的角度看,就是我的家乡湖北黄冈,一个闻名中外的历史名城黄州东坡赤壁。因为这个人,也就是从此有了"东坡居士"名号的苏轼。代表他的文学、书法最高成就的千古名篇《念奴娇·赤壁怀古》、前后赤壁赋和寒食帖;处江湖之远,他对百姓、对为官、对人生、对哲学和对佛学,基本上都是在黄州成为了他的颠峰。

个人仕途之不幸,成就文化之大幸,历史总是那样的在残酷的现实中显现公平。

浔阳江头，追忆白居易

九江，古称浔阳。庐山脚下，长江南岸，开埠码头，一座旅游和历史文化名城，也是江西工业和经济重镇。进入九江境内，我们自然想起了高中课本中的名篇佳作《琵琶行》，诗人白居易就这样与我们进行了时空对话。

公元815年（唐元和十年），已经44岁的中年人白居易从京都长安来到浔阳，担任了一个五品有职无权的江州司马。彼时九江，别说与繁华的都城长安比，单是在长江南岸，也只能算是一个偏僻之地。从繁华的长安谪贬而来，强烈的境遇落差，心中的郁闷失意，可想而知。

也就是九江，历史的成为白居易的人生转折点。初到九江时的白居易，也许他认为是他人生中至暗时光，但从文学史的角度看，纵观他的一生，是九江。生活的磨砺和对底层百姓生活的深入了解，用今天的话讲就是接地气的生活体验，成为他文学创作和思想锤炼的源头活水。它成就了白居易文学的巅峰，诗王也好，诗魔也罢，就是从浔阳江头奠基的！不再是位居京官时一首《长恨歌》而出浮华之名，也不只是浔阳江头夜送客时，偶遇歌女发出的"同时天涯沦落人，相逢何必曾相识"的感叹；而是日后，留给人们无数脍炙人口的千古名篇的新起点，是对底层百姓生活的关切和同情心，入选中学课本的《卖炭翁》，就是他的文学境界不再止步于《长恨歌》的代表作。

我从江南来，自然忆起他在任杭州刺史时关爱百姓的德政之举，还有耳熟能详、无限向往的忆江南"三部曲"。曲一，是忆江州也就是九江。"江南好，风景旧曾谙。日出江花红胜火，春来江水绿如蓝。能不忆江南？"曲二，是忆杭州。"江南忆，最忆是杭州。山寺月中寻桂子，郡亭枕上看潮头。何日更重游？"曲三，是忆苏州。"江南忆，其次忆吴宫。吴酒一杯春竹叶，吴娃双舞醉芙蓉。早晚复相逢？"翻阅资料得知，诗人的"三忆"，曾一度让人误以为是独忆杭州。事实上，曲一"忆江州"最为著名，但后世江州几经更替胜景不再，故让人误以为此忆是杭州。看来，一个地方很大程度上也是发展成败论英雄。

可以说，白居易在九江的日子，失落中没有沉沦，山林中他找到了人生的位置。难道这不是人生的一种最现实的而又公平的宿命？

就在这样的一串文化名人的"碎片化"记忆中,我们的车子穿过了九江长江大桥,进入与九江一江之隔,其实已经连为一体的省际"口子镇"——湖北省黄梅县小池镇。也就意味着,正式进入了我的家乡湖北省黄冈市地界。迎面而来的一句"禅宗甲天下,黄梅唱古今"的传媒广告,清楚地告诉我:哦,黄梅到了。离我的家乡武穴(原广济县)更近了,我的思绪就自然与中国佛教的重要一支——禅宗相连了。

写到这里,一定有朋友诧异,为何又扯到了佛教,写到了禅宗。列位且慢诧异,我单是讲出禅宗四祖司马道信出生于武穴市(原广济县),并且是时任广济县令的儿子,修行禅悟于武穴市与黄梅县交界处的破头山(也称破额山),也许你就知一二了。欲知详情,且听下回我专讲家乡禅宗的故事。

(2019 年 2 月)

心安是故乡

　　车子驶入家乡地界,窗外的一切,如此熟悉,如此亲切,我分明感受到每次回来都有新变化。

　　故乡对每个人而言,是心灵的栖息地。哲人讲,每个人的内心都有一个故乡。无论你走得多远,无论时光如何流逝,那份故乡故园故人的情结都在,会随年岁的增长,如同陈年老酒愈发浓烈。古今中外多少文人士子用自己独特的情感,表达对故乡的眷恋,留下了许多千古佳作和名句。这其中,我认为有两篇经典代表作:一个是唐代诗人贺知章的《回乡偶书·二首》,尤其是收录入小学生课本的"其一","少小离家老大回,乡音无改鬓毛衰,儿童相见不相识,笑问客中何处来",朴实无华,脍炙人口,千年回读,荡气回肠。一个是已故台湾文化学者余光中先生的那首《乡愁》,一首"乡愁",不仅表达了赤子之心,更让那湾浅浅的海峡,不再隔断人心,成为了一条两岸融合的文化纽带。中华优秀文化的穿透力有时就是如此强大。

　　身为一名上海教育工作者,在返乡途中一路记录沿途文化风景,谈到自己的家乡时,我很乐意也认为很有必要介绍一下家乡悠久的优秀传统文化。这其中就有一个影响中国和世界的传统文化禅宗文化和他的光大者之一——禅宗四祖司马道信。

　　我的家乡是湖北省黄冈市辖县市武穴市,原名广济县,1987 年撤县建市。

　　这里位于长江中游北岸,地处吴头楚尾,素有"鄂东门户"之称,鄂赣皖"三省七县"通衢之地,入楚第一深水良港。北部巍巍大别山余脉穿境而过,中部丘陵地区山青水秀,南部平原沿母亲河长江一字排开。物产丰富,气候宜人,经济社会发展在湖北省县域中位居前列。

　　这里历史悠久,人文荟萃。公元 579 年,北周占齐昌地,将广济境地从齐昌县划出,立为永宁县,河南温县人司马申为首任县令;讲起这个人,人们也许并不熟悉,但他的儿子,却是影响和改变中国佛教历史的禅宗四祖司马道信。唐天宝元年(742年)因与河南永宁县和江南东道永宁县同名,唐玄宗乃亲自取佛教语"广施佛法,普济众生"之意改名广济县,属蕲州府辖,后属黄州府(今黄冈市)辖。

在绵亘的历史长河中,这里积淀了丰富的地域文化。曾因隋唐时期统治者信奉佛教,这里的佛教文化也十分繁荣。唐代杜牧《江南春》中描写的"南朝四百八十寺,多少楼台烟雨中",其实也很生动地反映了当时广济佛教文化盛况。比如,这里许多地名包括镇域名字,至今都有"寺"字,如:大法寺镇、石佛寺镇、新庙街、三里庙街、高庙等,佛教文化印痕十分鲜明。

谈到禅宗,武穴市和相邻的黄梅县,是佛教历史和现实绕不开的地方。四祖道信出生于武穴,五祖弘忍出生于黄梅。翻阅一下武穴地方志和有关历史资料,随手记下了四祖司马道信的几个重要人生履历。

公元580年4月3日(太建十二年三月初三己丑),道信出生于齐昌郡蕲州苞兴县衙内(今湖北省武穴市梅川镇),取名司马信。

公元583年(开皇三年)道信四岁,送入设在镇北竹影佛寺的乡塾发蒙读书,他聪颖过人,年读十数卷,积学孔孟老庄。闲暇时听寺僧诵经,入耳即知下文,人皆夸为菩萨转世。

公元586年(开皇六年)道信七岁,于梅川镇北济北寺出家(或说在破额山出家)。公元592年(开皇十二年),向禅宗三祖僧璨求法,后在吉州符寺受戒,26岁时被三祖授以衣钵。公元625年(武德八年)于黄梅破额山正觉寺传经讲法,唐太宗李世民慕其名,多次派使者迎其入宫,坚辞不去,被赐以紫衣。公元644年(贞观十八年)道信传法于弘忍(禅宗五祖),于公元651年(永徽二年)坐化,后被唐代宗谥为"大医禅师"。公元1324年(泰定元年)时加号"妙智正觉禅师"。

纵观道信的宗法思想,其中最著名的是"择地开居,营宇立象",建立固定的传授禅法道场,结束了自达摩以来居无定所、行无定处的游化局面;提出"农禅并举"的主张,并且发明一个名词,把出家人种地叫"出坡"。自此出家人开始种地,自己养活自己,僧人生活有了保障,使中国佛教得以发展壮大。

他提出了"心净即佛,佛即是心"的思想。道信认为,"佛即是心","离心无别有佛,离佛无别有心"这种道理,这样一来,一切禅修便归结为对自我本心的体悟,于是人佛、心佛、心性之辨成为禅宗的中心论题,禅宗成为名副其实的"心宗"。

在武穴,至今流传着四祖好善乐施、普济众生的故事。传说他曾治好了皇帝母亲的不治之症。后来,皇帝封司马道信为国师,但道信不为官、不为利、不进宫,愿在余川镇十里修行,也未要皇帝赐的万两银子,皇帝为感谢道信,亲自封道信四祖"大医祖师"。此外,还有他带领众弟子和组织百姓开展"广济抗旱"、"降服强盗"等多个为民造福的故事。

在道信的诞生地——武穴市北部重镇梅川镇,这里也曾是广济县治所在地。有一口距今1400多年的古井,井水冬暖夏凉,清冽甘甜,史称"浴佛井"。此井内圆外方,一块正六边形的青石井圈覆盖其上,井圈每个角和边都刻有一朵荷花瓣,雕刻精细,形态逼真,宛如12朵盛开的莲花。井口北侧立有一块石碑,上镌明代万历年间所书"浴佛井"三个大字,苍劲浑厚。

游客每每到此一游时,面对一口千年至今清沏甘醇的古井,不禁思绪万千。有诗人写道,仿佛是一千五百年前,禅的代言,生于斯又长于斯的司马道信。不知道是这道信恋恋不舍的山成就了道信,还是法力弘大的道信成就了这美丽的山,此山此水不再沉寂。

多年前,我随一个教育文化代表团到台湾考察,随团到过位于台中地区的中台禅寺参观,这个几乎与星云大师创建的佛光山齐名的知名文化景点,有一个禅宗历史纪念墙,上面清清楚楚地记载着四祖的身世,出生于"湖北广济"四个字,一下拉近了我与台湾教育同行的距离,同宗同祖的文化吸引力可见一斑。

我是一名无神论者,对佛教和禅宗并无研究,相关知识也非常肤浅,纯粹是出于对优秀传统文化和地方文化的爱好和工作需要,近年来进行了粗浅学习。这其中,我对著名文化学者易中天先生的《中华史》系列十分推崇,易先生对于禅宗文化理解十分精道。抛开宗教糟粕的一面,如果单从社会和文化的视角理解,笔者认为禅宗流传和光大的本质就是体现在"教化民众、普济众生"的教义上。在古代社会文化传播并不便捷,人民的生产技能并不发达,生活水平也还不富裕的时期,这种文化对于凝聚人心、克服困难起到了重要的心灵抚慰作用,这也是宗教的正能量之一。由此推及,我们当下各个地区各大城市,在发展过程中,关注优秀传统文化建设,重视营造吸引各种优秀人才和各阶层人士包括外来务工人员融入当地的文化建设,意义更加重大。从一定程度上讲,也是决定一座城市一个地区能否可持续发展的核心竞争力所在,近年一度出现的城市"抢人"大战就是一例。但笔者以为,"抢人"固然重要,但更重要的是要营造"留人"的文化和制度环境。

身为一名教育工作者,我也不是一个文化本位主义者。在我的内心,上海和湖北都是我的家乡。多年的上海工作生活,让我对上海的城市文化和精神有着比较深入的理解和强烈的认同。每当我与朋友们交流时,总会发自内心地讲,"上海是我家,我是上海人"。细细思量,不论是开埠时期,还是改革开放时期,上海都因其"海纳百川、追求卓越、开明睿智、大气谦和"的城市精神和"开放、创新、包容"的城市品格,不断地吸引着每一个来上海创业和生活的人们,也正是丰富多元的文化交融成就了上海的"魔都"美名,书写着一个又一个历史的辉煌。

同样,作为一名21世纪上海沧桑巨变的亲历者和建设者,我为上海的每一个变化而感动。从世博会到进博会,从苏州河到黄浦江,从长江经济到海洋经济,从当好长三角龙头到推进长三角一体化,从经济发展到教育社会事业进步……上海的每一个变化,都与我们每一个上海人休戚与共。迈向新时代的上海,要当好改革开放的排头兵、创新发展的先行者,建设"五个中心",建成社会主义现代化国际大都市,在续写历史的荣耀中承担着新的重任,其中城市文化建设和城市精神的提升时不我待。

写完此文时,正值农历腊月二十九,在上海就是小年,而我的家乡所讲的小年一般是腊月二十四,看来各地的民俗还是有一定差别。但笔者认为,具体的日子并不重要,重要的是都在传承中华民族文化传统,都是在春节的喜庆中追求幸福的日子。至此,脑海中想到了一句心语"他乡是故乡"应该改为"心安是故乡"。祝愿每个中华儿女幸福快乐,伟大的祖国更加昌盛。

(2019年2月)

流动的春节

　　双休日的早上,照例要沿小区周边散步。临近春节,小区周边街道上的行人明显稀少了,平时随处可见的快递"小哥"的背影,也一天天消失了。超市里的蔬菜品种尽管与平时一样多,但明显看出库房保鲜的成分多,少了田间地头的气息……春节快到了,要过年了。

　　对中国人而言,春节永远是一个生命的磁场,一种从基因中浸润的磁场。这个磁场的魔力早就超越了宗教信仰,或者说,这就是中国式宗教之一。春节,是穿越几千年的中华文明载体,一种比文字记载更加直观的仪式和存在。因此,就不难理解,风霜雨雪不能阻挡,千山万水不能隔开,到手的生意也可放下,无形有声的召唤,让中国人尤其是远离家乡打拼的人们,甘愿承受世界上最自找的累,也是世界上最壮观的人口季节性迁徙。诞生了"春运"这个中国式社会学名词。

　　文化最大的魅力,在于会讲故事,讲好故事,讲家长里短,讲直击心灵的点滴,讲传承久远的家国情怀。流传久远的文化作品无一不是如此。近期苹果公司向中国消费者推出,由著名的导演陈可辛拍摄的贺岁公益广告片《三分钟》,让人泪奔。选取的是中国春运为主题,描写一名普通列车乘务员春节不能与家人团聚的故事。这位平凡的乘务员母亲,只能和自己的孩子,在站台短暂相聚。列车停靠只有短短的三分钟,孩子给母亲背乘法口诀,抢在发车前背完。母亲露出一笑,观众却已泪奔。亲情、团聚、别离,这些都是中国人很熟悉的情感。在春节这样一个特别的时刻,让人性美、人情美得以完美的诠释。

　　是啊,春节,就是人与人的相聚。相聚的人们,可以向父母亲人诉说一下外出打拼的故事,分享一下收获的喜悦,献上一份孝心,让年迈的父母长辈皱纹舒展;可以让心爱的人相聚,一年的思念和情感在那些日子里定格成美好。当然,也可让前面的失意和心中的委屈释怀,带着亲人友人的鼓励,重拾信心再出发。街头古桥仍旧,村口老树依然,路变宽了,楼变高了,智慧城镇特色小镇开始了,有线电视无线网络也进村了,似乎与打拼的城市无异,但却在内心一直在找寻什么,是儿时的记忆?是梦中的故事?是曾经的承诺?似乎都是,又仿佛都不是……莫非这就是传说中的乡愁?!

度过了年三十,正月的拜年和走亲访友的程序完成了,忽然觉得自己"该走了"。"在城市想起乡下,在乡下怀念城市","故乡他乡"的心的互动,让人们又一次行走在路上,行走在离家远行的路上,这样的故事等待来年再续。

是啊,春节的故事永远也讲不完。身为教育工作者的我,面对春运的大潮,会忍不住思考一个多年来在谈但还未得到有效解决的话题。城市化是历史的进步,进城是人们自愿的选择,这些算不得悲剧。可是,不少异地迁徙的人们,有一个特殊的群体——农民工,他们的孩子在需要父母抚爱的年纪,无法随同进城,留在老家,就不是什么自愿选择。现行的教育制度使他们的孩子无法很好地在城市接受教育,这是一个很大的问题。尽管国家和流入地城市已经做了很大的努力且还在做努力,但仍没有非常有效地解决,或者说,人们的获得感不强。

有经济学家讲,大城市本来应是一个包容的生态体,农民工不只在城市打工,他们还有各方面需求。他们想租房买房,想生儿育女,想让孩子上幼儿园读小学、中学和大学,一句话,从内心深处希望获得城市人一样的优质资源。只要市场有需求,大城市的分工协作都会提供这样的服务。现在的关键是,一些政策性因素阻碍了市场发展,从幼儿园到中学的民办教育,都面临这样那样的门槛,供给不足,市场不畅。想减少留守儿童悲剧,必须从城市变得自由和友善做起。经济学家陆铭教授在《大国大城》中明确提出"户籍制度会伤害国家竞争力,大国更要发展大城市"。呼吁要进一步放开相关制度限制,提出"农村更好的未来在大城市,'城市病'的出路不在限制人口,而在科学的基础设施和公共服务供给"。

我们欣喜地看到,十九大为国人描绘了新时代的蓝图。乡村振兴战略为乡村建设和农民的美好生活愿望实现提供了可能,城乡一体化和"有温度的城市”，为不平衡不充分的发展解决创造了可能。

我也期待，新的一年，中国教育制度改革有更大的进步，教育公平和教育质量比翼齐飞！

（2018 年 2 月）

家乡四月天

又到清明时节了,我回家乡了。与家人一起为祖先扫墓,缅怀先辈。顺便利用小长假的时光,走近田野,听听春天的脚步,闻闻春天的气息。

家乡的小村庄十分安静,小丘陵地形,各家各户的房子其实就是造在田野和小山林中。这里,既没有平原地区一排排的整齐划一,也不是纯粹的山区那样三三两两,坐落在密林深处。基本上是组团而建,整个村落是由若干个小山丘连接而成。原先的老房子基本上都是在小山坳中的平地建,那时的建房材料,基本上是土坯砖,最多是一面红砖墙,便于避风雨、防倒塌;而今的新房子,基本上都是小别墅,在小山丘顶上建,朝向好,间距宽,视野开阔,光线充足。静坐在我家三楼的书房,可以清晰地听到窗外的蛙声和各种鸟鸣声。从温州等地当小包工头的堂兄弟们,到我的书房参观后都说,眼前就是一幅山水画。听着他们的话,有时我会禁不住的想,尽管他们原先只是小学毕业的水平,但走南闯北的风雨历练,不仅让他们的腰包变鼓了,更重要的是让他们的眼界开阔了,内心丰富了。村庄的房屋和这些外出的兄弟们一样,都在随时代而变。

今年清明节的天气十分给力,一扫"清明时节雨纷纷"的景象。让年初的破纪录的春雨躲开了,是真正意义上的春和景明。气温回升得很快,穿长袖衬衣即可,天气晴好,人的心情和行动也变得轻盈起来。

窗户外、田野中的布谷鸟叫得特别欢。我不知布谷鸟的声音是一种求偶的声音,还是对自然气候的反应,还是真的是在催着农人们快点去耕耘、去播种。也许几者都有。大自然,人、植物和鸟类和平共处,共同在守护着季节,共同构成了一个完整的世界,尤其是村庄里的世界。

当然,如今的乡村早就被城市化进程所带动了。小时候我就常听到的民谣,"农村有三宝,鸡鸣狗叫伢儿(小孩)吵",如今村子里都是老人和中年妇女在守护着自己的家园,很多人其实是在守护着自己的精神家园。因为按照生活的便捷度,的确是城里更方便。不过就我的观察,其实故乡还没有发展到家家可以城市化的程度,特别是文化程度不高、生活能力不强的人家,还是有不少。多年不变的生活方式和内容,在一些老年人身上其实就是日复一日。他们中有不少人,是我从少年时就看到的英俊少年和强壮汉子,集体出工时他们的强力风采,乡村社戏中的活跃身影,娶新娘子时的热闹和调皮……时光就在流逝中改变着周围,改变着时代、改变着容貌、改变着生活方式。一转眼,他们中的一部分人就进入了他们父辈们的状态,一如往日的人生重复。

看着这些也曾年轻过的熟悉和不熟悉的面容,有时会让人有一种时光流逝、恍若隔世的感觉。

清脆的鸟鸣,清新的空气,这是家乡最让我安心之处。这里的大气没有污染,晴天时,静坐在三楼,对面直线距离有几公里的崇山山脉如此近,有时连山上的树枝和偶尔的人们走动,都能看得清清楚楚。

林徽因的佳作"人间四月天",放到此时的家乡,十分恰当。家乡是全国有名的油菜之乡,每年的清明前后,金灿灿的油菜花,缀满了田野和山坡。这里不像平原地区的油菜花一马平川,如同金色的花毯,更像是点缀在一件艺术画中的缓带。如今全域旅游的理念也深入家乡人的头脑中,每年总会围绕油菜花和踏青,开展几样别出心裁的活动。吸引了城里人,吸引着从乡村走出去,在城里安家的人们,携妻带子,到儿时熟悉的田野里,观赏花草,放飞心情,也让心灵深处的乡愁在春天里释放。更让对美好生活的向往在春天的互动中传递。

不少田埂上种了很多蚕豆,蓝蓝的花儿。小时候,我们经常背着大人摘下来生吃,偷吃后嘴角边没有清洗的着色,让我们不时领教大人们的训斥。但听归听,下次小伙伴们还是照常行动。时光就是这样匆匆,但这种场景现在的乡村很少见了,关键是小朋友们大多数随父母进城了。要不就是被超市里各种琳琅满目的食品,有时还有麦当劳、肯德基代替了。到底是时代的进步还是乡愁的忘却,我不知道。

我家房前栽上了的桂花和石榴,这几天都长得更好了。尤其是那两株年前移栽的石榴树,吐露出紫红色的叶芽,这几天气温回升很快,阳光充足,三天就长得不一样了,叶芽展开了;父母亲为了让这两株新栽的石榴树长得更有形,特意在两旁枝干各用红绳系着一个小石块悬在地上,使石榴枝的长姿保持平衡。万物生长需要阳光雨露,但更需要方向性培育,人与物都是如此。有时看着这些不断成长的树木和花,让人禁不住想起,我们这些兄弟姊妹们的成长,不也是父母用心浇灌而成的吗?老祖宗们前传后教,形成了清明祭扫先人的传统,其实就是一种心灵的传递,一种精神血脉的延续。不光是中国,世界的文化传承也是如此,特别是那些在人类长河中熠熠生辉的民族更是如此。

不待朝霞初露,清脆的鸟鸣就响彻耳畔。夕阳西下,天边的彩霞变幻多姿,美仑美焕。站在阳台远眺四周,视野十分开阔。家乡的小村庄,如今变化最大的是交通设施的完善,高铁高速公路的开通,让千里之外上海大半天即到;网络入户,让异地办公和经营已成现实。当然,我也看到,家乡还有很多需要改善的地方:乡村公路尽管已经铺上水泥路入村入组,但路面管理水平还有待提高;垃圾集中收集已经做到了,但村民的习惯养成和清扫的程度还不够;最需要关注的是医疗条件的提升和乡村文化设施的改善,很多老年人医保水平还不高,特别是大病医疗条件还不够好。一些因病致贫、有病不治的情况还时有发生,一些极个别的案例让人心情也很沉重。往日春节时热闹的舞龙舞狮子划龙船,平日里不定期的乡村社戏、流动电影、说书快板这些曾经的乡村文化符号如今基本绝迹了;虽然电视和网络已经普及了,但我看得出,现代电视剧和时兴的网络并没有让留守老人们产生新的文化满足。他(她)们还是用唠叨和家长里短在打发闲暇时光。在我看来,显然不能简单用所谓的观念和接受水平来解释,平凡的日子很多是不必解释的。

小长假最后一天,我踏上了返程高铁,一如平日的安静,不再有当年外出求学时的心情复制。因为上海也是我的家,是我和孩子们生命成长的家,我是在两个生命家园中来回走动。

(2019 年 4 月)

石榴红了

元旦时节,回到家乡,看望年迈的父母,在家小住两天,真是难得的安静。我发现,老家庭院里的两颗石榴树结果了,挂满了枝头,一些石榴已经红了,将枝条压弯了。因为正值寒冬,整个树枝光秃秃的,这些石榴垂吊在枝头,如同一个个红灯笼,甚是好看。给冬天的庭院增添了无限生机。

这两株石榴是在前年老家的新居建成不久后,父亲亲手栽的,与之前的几棵桂花树栽在一起。是从一个亲戚家移来的树苗,刚刚栽下时,只有小手指那样粗,不到一米高,就是一个树枝条。当年春天,嫩叶就长出来,随着气温的升高,树苗很快就长个头,生枝发叶了。母亲特意在长高的树枝两侧各用一根小绳系上一块小石头,如同木匠用的水平线一样垂直,以便保持着树的生长平衡,免得长歪了。如今树状十分修挺,与当初母亲的栽培是分不开。

夏天,石榴花开了,一朵朵开在枝丛中,红红的,鲜艳艳的,与常青的桂花树一道,将庭院点缀得生机勃勃,是家人饭后散步和静坐聊天休闲观赏点。秋天,石榴开始结果了,一开始,小花苞只有蚕豆般大,待到慢慢地长大了,父亲特意将一些过密的果实摘除,让养分更加集中到保留的果实上。成熟的石榴个头不算大,但结得比较匀称,表皮十分光滑,绿中泛红,红中留青。果实前端都有一个喇叭结,有几只还紧紧地长在一起,像个小葫芦娃。由于经过了修剪和人工选择,树枝两边结的果实数量相当,十分对称。一阵微风吹过,石榴随着枝桠晃动,犹如一位挑担健步而走的青年,故意让竹扁担晃悠,两边挑的箩筐随之晃动,据说这也是减轻压力的一种平衡挑担技巧。和谐轻松的担姿中,透露着一种青春的炫耀。

今年的元旦到了,就进入了腊月。每到腊月,家乡村子里留守的人们还是保持着不少传统,其中一项就是"干塘分鱼"。就是腊月里,无论是大集体时，还是后来鱼塘承包到户了，人们都会选一个晴冷的日子，花几天时间将池塘的水抽排，将鱼捕起后，水抽干了，待塘泥快晒干时，挖来挑到田头堆积，来年就是很好的有机肥，还可进行池塘疏浚，以免淤积。到了池塘快见底的那天，先用鱼网将大鱼捞起，随后，大人们会穿上深至腰部的胶靴，进入池塘，将没有入网的鱼用手抓或者竹篓捕，活蹦乱跳的各种鱼，扑腾起来，泥水会不时溅到脸上、眼眶和头发上，用手一抹，成了一个花猫。身上脏了，人们却是乐呵呵的，因为丰收了，家家户户会在屋檐下或者堂屋的木梁上，挂着腊鱼腊肉，直到来年的正月。餐桌上多了荤菜，来了客人很有面子，既是保持一种生活习俗，还是一种家庭经济实力的展示，充满了浓浓的年味。此时，小孩子们会站在岸边围观，也有胆大的"半截子"少年（家乡俗语，指大男孩），趁大人们不注意，下到塘里，踩上松软的塘泥，去体验一把抓鱼的快乐。谁知脚下一歪，整个裤腿就进满了泥水，冰冷的泥水也不觉得冷了，有的是快乐，大人们的呵斥也挡不住孩子们的热情。在岸边的人们，等着分鱼，捕上来的鱼会大小搭配，过秤记账，吆喝声中透露着一种收获的喜悦。那时，村民们的物质条件都不富裕，家里孩子多的，平时都还有粮食接不上的时候，这些腌鱼就是最好的接济品。如今，这样的场景已经基本找不到踪迹了，村子里大部分青壮年都已经进城了，有的是读书考学变成了城里人，有的是外出务工，一般只有过年时节才回家。小孩子们也基本上随父母进城或者到镇上去读书了，成群结队上学、放学、做游戏、围观捕鱼和等着打年糕的场景也已经没有了。现在大多人家的物质，基本上比较富足了，至少是衣食不缺，再也不稀罕腊鱼腊肉了。很多人已经按照医学健康饮食要求，少吃腌制品。技术的发达，物质的丰富，交通的便捷，时空的变化，让不少传统习俗在悄然中消失，渐行渐远了。许多的乡村故事，也就成了历史的风铃，只有提起时才偶尔响起，不然也就淹没在漫漫的岁月风尘中。

查阅一下资料得知，石榴，是被子植物门，是落叶灌木或小乔木，在热带是常绿树，分为花石榴和果石榴两种。我家栽的是果石榴。果石榴通常花期5—6月，果期9—10月。石榴性味甘、酸、温，具有杀虫、收敛、止痢等功效。石榴营养丰富，维生素C含量比苹果、梨都要高。石榴籽，古人称"千房同膜，千子如一"，视为吉祥物。石榴耐旱、耐寒、也耐瘠薄，对土壤要求不高，秋季落叶或春天萌芽前均可栽种，用插枝即可栽种。这样的简单环境条件,使石榴树非常方便栽种和管理,也让石榴在一种平平淡淡的环境中迅速开枝散叶。

回到故乡,探望亲人,一草一木,令人浮想。听听父母亲和乡亲邻居唠叨,陈年往事历历在目,生命的真实存在和过往时光不时回放。想想看,我们兄弟姐妹们的成长与眼前的石榴树成长有点相似,儿时的物质条件比较艰苦,大人们都忙于劳动,基本上没有特别的管教,是自然成长,更谈不上有今天的孩子们专门的培训班辅导,还不时有世界之旅。有时我会想,今天城里的父母们,围绕孩子的教育和成长怎么会有那么多的焦虑,真不知,我们那时的中国农村父母们会如何对待。或者说,是不是不会有我们这代人中的许多问题? 当然,我并不是说今天的教育就退步了,只是常常在拷问,我们的教育到底是哪里出了问题? 还有哪些应该校正和回归之处? 在青少年的性格培养和成长教育上,能否像对石榴树的修枝剪叶,除草施肥一样,简单自然,不进行过多的人工干预,更不能拔苗助长。让生命成长的过程似水流年,如同石榴的自然生长。

我还觉得,回到故乡,是为了和自己相遇。家乡是一个小丘陵地区,远离城市的喧哗,没有工业化的忙碌。特别是入夜时分,格外安静,静静的群山,静静的月光,静静的树木,一切是如此宁静安详。夜晚在极致的安静中入睡,清晨在极致的安静中醒来。家乡的冬天,没有北方冬天的萧瑟;让人在观景赏物中,感悟生命的流动,感慨人生的沧桑,感受生活的意义。

两天时间非常短暂,还没有离开,甚至刚刚到家,父母就已经在悄悄地张罗着我回上海的行囊。一会儿要带这带那,一会说家乡的猪肉是真正的土猪肉,味道比上海超市买的味道更鲜;一会说今年的年糕比往年更糯更好吃,要多带点,别忘给谁谁也带点;就连腌制的辣椒酱也比往年味道好。讲到最后,还是问,从国外留学回来的孙女什么时候回老家看看……

前些日子,我还与同事们谈到,多年前的春晚歌星陈红唱红的《常回家看看》,2019 年红遍大江南北的《我和我的祖国》,当然还有很多经久难忘的歌曲,之所以这么耐久,百听不厌,并不是其歌词创作有多么高深,也并不一定是歌手技术有多么高超,其实透过动人的旋律,表达的是朴素却永恒的亲情友爱,表达的是浓浓的真实的家国情怀。联系着人与人,联结着家与国,联动着心与心。人间真情真爱真心,至简至美;同样,无论是自然界,还是人类,就如这庭院中的石榴,一切人为,只是为了不负此生。

我真希望,故乡的石榴年年红,永远不是记忆。

(2019 年 12 月)

青岛散记

由于工作关系和爱好使然,我到过不少风景优美的城市,青岛一直由于种种原因未能去成。这次利用假期休息,终于得以成行,而且是在立秋刚过,告别了酷暑,来到了神往以久的海滨城市青岛。短短两天的行程,在朋友的安排下,我来了一次独自一人的青岛游。匆匆间记下些许文字,表达对青岛的印象。

一、初遇青岛

一阵秋雨一阵凉,季节交替时光匆匆;红瓦绿树,碧海蓝天;依山傍海,穿越时空。青石板路和围墙,欧式风格中透露更多的是德式风情。这便是一出高铁站,坐上接站朋友的车去往八大关宾馆途中,车窗外的青岛给我的第一印象。

夜幕下的登州路啤酒街,人声鼎沸,车水马龙。尝海鲜喝青啤,卖鲜花的叫卖声,街头艺人的献艺音乐,霓虹灯闪烁下的人流,或吃喝,或沉思;或高谈阔论,或窃窃思语;或情侣恋人的温存,或兄弟姐妹的热情;各种方言,南来北往;中洋混杂,古今穿越……

朋友帮忙订的是有名的青岛八大关宾馆。说它有名并不是有多么豪华,而是它所处的地理位置是久负盛名的"八大关"。所谓"八大关",都以中国著名的长城关隘命名的马路,分别是:韶关路、函谷关路、嘉峪关路、正阳关路、临潼关路、宁武关路、紫荆关路和居庸关路,后来又增加了武胜关路和山海关路,但依然统称为"八大关"。

八大关区域,是青岛最具历史感的地方,这里静雅宜人,一路一木,一木一林,景区到处都是郁郁葱葱的树木,四季鲜花盛开。林木间建有一幢幢

20世纪初别墅式欧式建筑,是近代万国建筑博物馆,是一部青岛浓缩史,也是一页中国近代史的见证。有人讲,来青岛不到八大关"几近未至"。话语有些尖锐,却是道出了实情。这里不仅是一座开放的天然公园,更是一座原生态的建筑和历史博物馆。康有为先生讲,"红瓦绿树,碧海蓝天"是对青岛风采的概括,实则是对八大关区的描绘。

趁着夜色,漫步于最具历史盛名的八大关街区,舒缓低沉的路边音乐,阵阵海风吹拂伴着海潮拍岸,停泊在港湾的渔船舢板,蝴蝶楼等民国建筑门前的铬牌和灯箱,仿佛诉说着胶州湾的前世今生,让人在静谧中进入无边的思绪。这便是我独行于青岛的最初印象。

二、崂山印象

身处互联网＋和高铁时代,大都市的忙碌奔波几乎成了我们工作生活常态。求快求新的追求,加上对现代化交通工具的依赖,有时会让我们心情变得格外浮躁。这次来青岛的时间充裕自由,我特意选择乘公交车游览。从八大关历史街区赴崂山风景区,一路慢行,单程两个多小时的车程,车票只要3.5元钱,既省去了车费,又可好好观赏青岛市区。

初秋的崂山,既有夏日的苍翠,又无酷暑的燥热。来时天气雨雾蒙蒙,犹抱琵琶半遮面,海天相连,难识本色;登顶时天空放晴,绿树褐石泾渭分明;极目远眺,碧海蓝天,海天一色,海上第一名山,人间仙境,实至名归。一杯崂山绿茶和一个崂山蜜桃补充能量,除去登山劳顿。此情此景,凭海临风,放飞思维,顿悟"人比峰高、天地和淳"的意境。禁不住轻点手机屏幕,一句"放下杂务,偶尔发呆;放松心情,更好工作"与朋友们分享。

崂山是有名的道教圣地,历史盛名时,有"九宫八观七十二庵"之盛况。著名的道教大师张三丰也曾于此修炼过。崂山也充满了周易的文化底蕴。从景区布局到道路,周易八卦的风格无处不在,透露着"天人合一"的意境。

崂山不仅是宗教的,也是俗世的。尽管我的行程有些匆忙,崂山"十二景"不能一一细品,好在近距离听了许多景点令人着迷的故事,民间传说平添了崂山许多风情。文化名人的足迹墨宝神仙妙笔,处处透露文化生动脉博。

在游览巨峰(又称崂顶)时,与巨峰相呼应的一座山峰巨石顶上修建的草绿色的军事观测设施吸引了我的目光,瞭望镜和各式天线,仿佛就是一双聪锐的眼睛,环顾着四周,是如此地警惕,对着黄海的天际,让人的思维禁不住回望那段"民族海殇"的时代。为了不让这段苦难的历史重演,我们的军人,还有我们的每个华夏儿女,在和平的岁月中,在日益富强的新时代,我们内心还应有一种"苦难的回望",一种"历史的追问",从而激励我们每个人在诗情画意的时代中,仍存那份执著和冷静。

三、名人故居

青岛的美,不仅有风景如画的海湾,有雄峻伟岸的崂山,更多的是有与青岛、与中国近现代史紧密相连的人文建筑。这其中最吸引人、也最为青岛骄傲的、莫过于众多的名人故居。

在八大关景区海滨,位于山海关路的尽头与黄海路交汇处,有一座欧洲城堡式的建筑"花石楼"。因楼的主体材质都是花岗石砌成,又加以滑石装饰,而得名,只是它有一个令国人都熟悉的名字"蒋介石故居"(又称"蒋公馆")。这座经典的欧式建筑是由中国建筑师刘耀宸设计的,建于1930年,原主人是侨居上海的俄国著名的报业商人涞比池。1946年,东北战事紧张时和1949年1月蒋介石下野时,蒋介石都秘密飞到青岛,在此下榻,故得名。这座极具代表性的城堡式建筑,其外观整合了罗曼和哥特式建筑风格,内部设计体现了巴洛克和洛克式的艺术风格。历经时代洗礼的花石楼,先后有多个名人政要在此住过。新中国成立后,党和国家领导人董必武、陈毅等先后在此住过。陈毅元帅1954年入住时,还在此挥毫写下了著名的诗篇《初游青岛》。这首诗作还挂于别墅墙壁上,平添了这座建筑的人文内涵。在环别墅浏览时,面朝海湾的一面外墙爬满了爬山虎,面朝大海,海风轻拂,白窗沿、绿植物、灰色石,夕阳下的小楼格外的有神。刚好一家三口请我帮助他们拍合影照,上初中模样的女儿一袭红衣,坐在底楼窗沿,父母牵手站在女孩两旁,那种呵护的姿式和温馨神情,让我感动。曾经属于达官贵人的名楼庭院,回归普通百姓的居所,这本身就是时代的进步。

位于居庸关路与山海关路交汇口,有一座让人眼睛一亮的建筑,远远望去,掩映在绿树丛中,一座尖顶、通体蓝绿色的别墅,吸引着路人。这就是经典建筑群中的一座瑰宝——公主楼。整座别墅是北欧田园风格,是由俄国设计师尤力甫设计并建造,整座建筑简洁、流畅、精巧,显得高贵典雅,别具一格。之所以命名为公主楼,源于20世纪30年代初,丹麦阿克瑟王子携妻子玛格丽特公主在访问青岛时,入住在此,来自童话故事故乡的公主一家的入住,为这片土地尤其是这座小楼,增添了许多浪漫美丽的故事。环步于这座别墅和庭院,室内的布局还原了当初的风格,公主一家全家福,别具丹麦情调的油画,典雅的王室家具,还有螺旋的木制楼梯,轻柔的羊毛地毯,充满文化气息的练琴房,富有生活味的棋牌室,特别是那间原始的欧式手工皮鞋坊,让我的思绪也回到了那个浪漫的时刻。庭院里的美人鱼、安徒生的雕像,让人置身于美丽的童话世界。

行走在绿树掩映的大学路片区,历史文化气息扑面而来。这里密集地分布着近代和当代青岛文化精华。走过青岛民俗文化博物馆、青岛文化艺术研究院,大学路与鱼山路交汇处,一道类似故宫博物院红墙内,座落的是青岛美术馆、文新出版局等机构。

一幅骆驼祥子纪念馆的广告牌,吸引我来到了著名作家老舍先生的故居。位于黄县路12号的老舍故居,入门处的一则文化栏就吸引了我的目光,介绍青岛文化名人街区的情形,可以用群星璀璨来形容。一连串名家大咖的名字让人震憾,这些故居成了青岛一条光彩夺目的人文走廊。故居门前有一首诗:“这是一座老舍,这里曾经住过作家老舍。无论世声怎样喧闹,无论时光如何斑驳,骆驼祥子和他的洋车,始终载着老舍在青岛的那一段岁月……”它真实而深刻地表达了故居的历史和现在。老舍先生1934年至1937年,在这里度过了意义深远的青岛岁月,为中国文学史贡献了《骆驼祥子》这部杰作。另有《月牙儿》、《断魂枪》、《文博士》、《我这一辈子》等大量作品问世。先生对青岛居住地的独特风貌,有着深刻的体察和精妙的感知,写下了《五月的青岛》、《青岛与大山》等文章,是青岛这座城市的一位伟大理解者。从一定意义上再度诠释了一座城市不仅只有高楼大厦,不仅只有自然风光;推动这座城市走向远方的一定是这座城市的人,是这些人的文化风采和精神风范。

老舍故居的小院落收拾得十分整洁宁静,还原了那个时代的风貌。院墙上手绘了一幅《骆驼祥子》漫画,在老舍先生雕塑像旁,还有一个"骆驼祥子拉车"的雕塑,形象逼真。室内陈列了先生当年青岛岁月的生活用品,望着书房内的摆设,让人不禁想象这位文学巨匠的青岛岁月和文学生涯。看先生的生平介绍,不禁让人体会着文学与时代的命运关联。故居的东侧厢房专门改为"祥子书店",陈列了老舍先生的著作,富有情调,只是时间匆忙,未能坐下来好好读一读先生的著作。故居另一侧厢房还开设了荒岛书店,介绍了作家萧军萧红与荒岛书店的不解之缘。故人已去,作品永恒。来这里参观的人们都是轻声轻语,或驻足凝望,或无语沉思,静静地走,悄悄地看,怀旧的氛围中,让人们感受着文化的力量,感悟着人生的真谛。

鱼山路33号,座落着梁实秋故居。对"梁实秋"这个名字,我很长时间来一直没有好感,主要源于中学时代一篇鲁迅先生的文章《论资本家的乏走狗》,写的就是与梁实秋的文化论争。一直以来的教化,让梁实秋的印象在中小学生心目中高大不起来。等到大学后才知道,单从学问的角度看,梁实秋其实是彼时的大知识分子。他1930年至1934年受聘于国立青岛大学外文系主任兼任图书馆馆长。在这座故居,他翻译了世界名著《莎士比亚全集》。故居没有对外开放,我只能围着院墙远远地看着,对着紧闭的大门和宁静的环境,感受着另一种心境。

与之不远处的鱼山路36号童弟周故居。在一片院内,如今已经是破败不堪,杂草丛生。在这位著名的生物学家和教育家曾经居住过的院落,我以环绕院内走一圈的方式,表达了一种景仰之情。

福山支路5号的康有为故居。1923年至1927年康有为去世前一直居于此。这位与中国近代史紧密相联的名人的入住,让康有为故居成为了青岛近代史的重要见证地。世称南海先生(又称康南海)的康有为先生,是中国近现代文化先驱,国学大师,载入史册的康梁变法使先生成为资产阶级维新变法的领袖。他一生学贯中西,迹遍全球,1923年6月入居这里,题为"天游园"。在我的印象中最深的是,康有为在整合中西思想资源的基础上,成就巨著《大同书》,为人类设计出一个无阶级、无压迫、人人自由平等的大同世界。融合儒释道的中化传统文化和西学思想于一体,是一个空想社会主义的宏愿。一生命运多舛,既有资产阶级激进的思想和"大同理想"奔波,又有开过"保皇派"的历史倒车,千秋功过任评说! 这座故居,是一位故人的生命往事记载,也是青岛这座城市的精神秘笈。

由于沈从文故居还没有开放,只能在这位让人景仰的文学大家门前拍照留影。随后来到最后一站——闻一多故居。闻先生故居位于海洋大学四号门内右侧。故居东侧有个纪念广场,松柏丛中耸立着一座花岗岩雕的闻一多雕像,背面铭记着闻先生的生平和山大岁月。故居四周爬满了爬山虎,只留下窗户和后门,后墙上挂了一个研究院招牌。故居没有开放,看起来很久没有修缮,前门紧锁,杂草丛生,有些落寞。身为民主斗士和文化大师的闻先生是我的黄冈同乡,浠水巴河岸畔有他的故乡故园。今年的春季,我到浠水看望我的老领导、现任浠水县委书记黄强胤,交流中,他特意向我介绍了县委正在大力推进文化浠水建设,打造巴河闻一多文化园。相形之下,不知何故,这里闻一多故居发展不够,不能不说是一个缺憾。

四、漫步栈桥

栈桥是青岛的历史记忆符号,也是青岛一道亮丽的风景线。

那天一大早,我从入住的八大关酒店出发,沿海湾路一路步行到栈桥。近四十分钟的路程,穿过第一海滨浴场、青岛海军博物馆、青岛天文宫、人民会场、鲁迅公园、海洋馆等场所,一路上,整个街道沿海湾而建,路面十分整洁,环湾而行,远眺山坡,红瓦绿树,十分壮观。因季节的原因,海滨浴场的游客少了很多,沙滩上游人三三两两,或游泳或漫步,海水也很蓝,栈桥广场一面临海军博物馆,远远就看到停泊的军舰,路过的一座很有气派有文化味的欧式建筑吸引了我的目光,走近才知是青岛日报社办公楼。由远及近,栈桥犹如一条玉带伸入海湾,一座清代风格的亭楼建筑立于海湾中,苍劲有力"迴澜阁"三个字很远就能看到。排队步入迴澜阁,游人安静地观看历史展,也让人们自觉地走入了历史深处。

栈桥的前身是青岛"铁码头",是晚清继旅顺口水雷营及其码头、大连湾柳树屯水雷营及其码头、威海刘公岛北洋水师铁码头之后在中国北方沿海建造的又一座海军专用码头,是专为防卫胶澳的"水雷营"的"下雷船"装卸鱼雷水雷和加装燃煤而建造的。是李鸿章上奏请光绪皇帝批准,李鸿章亲自过问下进行的又一个海防设施。但不幸的是,甲午战争后,这座还未来得及完工的设施,没能赶上为国效力的那一天,就被德国占领,沦为租界的一部分。至今,在迴澜阁陈列架上,"德境"界石清晰可见。细读这段史料,让人内心产生了无尽的沉重。也是随着新中国的诞生和改革开放的发展,这座曾承载民族期待后来成为民族耻辱柱,再成为新青岛新标识的海边"长虹",见证了青岛的历史进程。百余年来,无数的文人墨客怀着种种心情登临栈桥,并写下诗词文赋。闻一多先生在散文中写道:"伸出海面的栈桥……海天的云彩永远是清澄无比的,太阳快下山了,西边浮出几道鲜丽耀眼的光,在别处你永远看不见的……"萧军晚年在《犹记栈桥风雨夜》中回忆了 1937 年他从栈桥乘船逃往上海时的情形:"栈桥风雨流亡夜,雪碎冰崩浪打礁! 逼客生涯随去住,荆榛前路卜飘摇"以纪念那段刻骨铭心的记忆。

岁月悠悠,大海无言,斑驳漫漶的无字石碑静静矗立在栈桥之上,诉说那一段段湮没在历史长河中的故事……

前人不忘,后事之师。漫步在今天海天一景下的栈桥,我们每一位游人、每一个国人都要且行且珍惜。

离开迴澜阁时,耳边传来了悠扬浑厚的报时钟声。钟声是从与栈桥正对的青岛边检大楼顶部大钟发出的。和着那入港邮轮的汽笛声,仿佛让我进入了青岛海洋岁月,进入了中国海洋时代,踏上了"一带一路"的大国强国之路。

(2017 年 8 月)

心动沙家浜

久居上海,地处江南。有一个地方念念不忘,但一直没有到过,这就是素有"江南福地"之称的常熟市沙家浜。这个国庆长假得以成行,从浦东自驾驱车约一个半小时就到了。

眼前的沙家浜,桂子飘香,秋菊怒放,芦花轻扬,水波荡漾,满目葱笼,一派典型的江南水乡风情。一幅"蟹肥芦花开,秋爽沙家浜"的宣传画,让一个灵动水乡沙家浜展现在我们面前。也许是由于长假最后一天的缘故,这天游客不算多,全然没有拥挤嘈杂的假日景区"标配图"。我们的脚步得以放慢,心情也变得轻盈起来。半天的景区游,我的脑海中逐渐有了一个"多色沙家浜"的形象。

沙家浜是红色的。这是沙家浜留给我们的经典形象,从儿时到今天,或者说,这是沙家浜让我念念不忘的最重要形象。阿庆嫂、新四军、胡司令等人物形象,还有那家喻户晓的春来茶馆,成了一代人的文化记忆。在整个景区中分为几个大区,其中专门有一个革命教育区,是全国爱国主义教育示范基地。革命教育区占地 100 万平方米左右,由革命历史纪念馆、照壁、碑亭、瞻仰广场等组成。它是抗战时期沙家浜军民鱼水情深、团结抗日的缩影。走进此地,我的脑海中马上闪显了白洋淀的形象,或者讲,这里就是江南白洋淀。芦苇剧场上演的大型现代剧《芦荡烽火》,声光电和现场技术再现,仿佛让人回到了烽火连天的抗日岁月,观众席中孩子们如此投入的神情,让人体会到革命故事的教育力量。行至"芦苇迷宫"的景区,面对接天无际的芦苇荡,我的眼前仿佛再现了这样一个历史的画面:民族危亡之际,一群英雄儿女,带着伤病之躯在沙家浜藏身养伤,与当地群众结下深厚感情,同仇敌忾,歼击日伪军,谱写了一曲"军民团结如一人,试看天下谁能敌"的史诗。当年的迷宫,是天然的抗敌屏障;今天的芦苇荡,成了人们吐故纳新的天然氧吧。同一块天空,不同的感受,时光可以流逝,历史不能忘记!

沙家浜是绿色的。绿色生态、美丽家园在这里已经成为现实。作为国家 5A 级景区,沙家浜遵循着"绿色发展"理念,景区管理井然有序,从一些细节中就可以看出:入口处对景区餐饮店进行挂牌评比公示,让旅客提前心中有数,避免了一些景区曾经出现的宰客行为。尽管游人多,景区开发也很充分,但整个景区湿地水面和生态保护得很好,水面很清,没有污染,保持着湿地特有的风貌。正如作家贾平凹先生一句经典散文所写,"游了一次沙家浜,再也忘不了江南的这个古镇,记住了这个可能是中国最干净的水和水中浩浩荡荡的芦苇"。

沙家浜是和谐的。沙家浜的秋天,一望无垠的芦苇,一派丰收原野景象。乘上小游船,一种典型的江南小舢板,有如鲁迅先生笔下的乌蓬船,与家人和友人坐上,艄公或者船娘热情开船,穿行在芦苇丛中,或在曲桥中穿过,或在小小九曲十八弯中漫行,与岸边水草亲近,不时有白鹭在水草丛中出现,或觅食或嬉戏,丝毫不畏惧游人,人与动物和自然和谐相处。船公或船娘们哼唱的京剧沙家浜小调,把我们带入了那个充满传奇与梦幻的历史气息中,让人体会一下"人在画中游"的梦境。

沙家浜是江南的。这里处处透露着江南的气质。既有万顷芦苇荡,更有小桥流水人家,亭台楼阁,青石原木,垂柳碧波,婀娜多姿。每一处景观,都有一个动人的名字,"双莲湖韵"、"竹筏观鸟"、"芦荡唱晚",其中一处名为"隐湖长廊"的景观,行人步入其中,移步换景,湖光水色,若隐若现;莲花、岸柳、芦苇、水上茶庄、湖中游船,尽收眼底。好一派"垂柳环水水环村,短棹无声客到门"的江南水乡风光。

在横泾老街,由于是修旧如旧的复古建筑群居多,再者由于江南古镇风格大体一致,无论是一个因"刁德一"而出名的刁家大院,还是各类酒肆店家,还是出将入相的古戏台,未能引起我太多的驻足,基本是匆匆而过。不过,有一处酒糟坊"翁家坊",却让我驻足良久。不是那至今仍然火红飘香的酒,也不是那原生态的酒加工流程,而是一个神奇的酒庄传说。讲的是,道光二十二年(1842 年),英军入侵长江,守军退散,百姓四散逃命,翁阁老带一家老小逃难,避居常熟城南南乡。一天他路过此地,闻酒香而入店,手蘸米酒尝了一下,味道甚佳,从此过后,每喝酒总会想念此地酒香,几年后,找到曾经路过的老糟坊,出资让坊主重开糟坊,专门为翁家配制,老糟坊也就改名为"翁家糟坊"。至1856年翁同和会试一举成名后,直到成为帝师,京城家中所用之酒都取之翁家糟坊。故事真伪不去考证,倒是斯人已去,往事并不如烟,真是"一代帝师扬名酒坊,后世百姓寻常人家"。

大道之行,天下为公。让人民走上历史舞台,成为时代主角,这本来就是历代先贤们热血奋斗的夙愿,沙家浜就是这样一个地方!

(2018年10月)

莫干山遐思

　　随着被人们称着"加长版"五一假期到来,我和家人自驾来到了风光秀丽、神往以久的莫干山。

　　莫干山,位于浙江省北部德清县境内,美丽富饶的沪、宁、杭金三角的中心,系国家级风景名胜区。因春秋末年,吴王阖闾派干将、莫邪在此铸成举世无双的雌雄宝剑而得名,享有"江南第一山"之美誉。

　　五月的莫干山,林海青翠,漫山修竹,杜鹃遍野,空气清新,鸟鸣溪唱,游人如织。我从上海来,匆匆而来,匆匆而过。走进了竹海丛中,徜徉在名人别墅,走近了历史深处。

一、美丽莫干山：竹海深处

　　莫干山,名副其实的竹海。莫干山有句地方谚语:"三胜竹云泉,三宝绿净静。""三胜"指竹胜、云胜、泉胜;"三宝"指绿宝、净宝、静宝。

　　"竹",是莫干山"三胜"之冠。以其品种之多、品位之高、覆盖面积之大,列于全国之首、世界之最。翻阅德清县新闻中心编辑出版的《山水德清》等资料,我得知,景区及外围区有连片竹林 127 平方公里,有诗云:"竹径数十里,供我半月看。"莫干山的竹子品种繁多,有毛竹、刚竹、水竹、筷竹、紫竹、凤尾竹、苦竹、斑竹、油竹等二十多种,其中莫干山独有的"黄金嵌碧玉"、"碧玉嵌黄金"两类珍贵竹种,则以其独特的花纹倾倒无数游客。

　　竹,植物学上属多年生禾木科竹亚科植物,茎为木质,是禾本科的一个分支。竹枝杆挺拔,修长,四季青翠,傲雪凌霜,倍受中国人喜爱。与梅、兰、菊并称为"四君子",与梅、松并称为"岁寒三友"。与竹为伴,寄情山水,最著名莫过于魏晋时期的"竹林七贤"。

漫山修竹引无数文人墨客为之赋诗词,平添了莫干山的文化风韵。陈毅元帅《莫干山纪游词》其一:"莫干好,遍地是修篁。夹道万竿成绿海,风来凤尾罗拜忙。小窗排队长。"漫步于莫干山,许多石崖石刻中有不少就是描写莫干翠竹的美文佳句。

竹子与德清人结缘深厚,在过去很长一段历史时期,竹子是德清人的重要生活生产来源。每当筏竹季,从南北中三路汇来的竹排汇聚于一个因筏竹而得名的"筏头"秋月潭,待拦水坝高筑、溪水满涨,放排工们择吉日放排,如千帆竞发,蔚为壮观。

虽然筏竹放排早已成为了历史记忆,但竹笋仍然是德清人餐桌上的最爱,也是德清最地道的特产。按产季,分为春笋、鞭笋、冬笋。春笋,又分为毛笋、元笋、迟笋(又称哺鸡笋),产于惊蛰后,脆嫩鲜美,无论是烹、炒、煮、炖,均好味,制成的笋干,更是美味佳肴。清代名士王士禛有诗云"赢得武康斑竹笋,从今莫笑庾郎贫"。竹器也是德清的重要特产,许多竹制用品和工艺品,成为人们家庭生活重要物件和民间艺术品中的瑰宝之一。

一方水土一方人。这漫山的翠竹,造就和丰富了德清人的敦厚虚心的品质和宁折不弯的精神,从一路上的德清城市和乡村新貌就可窥见一斑。

二、神奇莫干山:雌雄剑客

除了漫山的竹,"泉"也是莫干山一胜。飞瀑流泉多达百余道,可谓峰峰有水、步步皆泉。这其中,就有一个成就了莫干山历史美名的剑池。

人言不到剑池,等于没到莫干山。剑池是莫干山的精华所在,也是我造访莫干山的第一个历史文化景点。

从转驳车停车场下车,沿着曲折的石径山路徒步而下,穿行在竹林深处,远远就听到了山泉飞瀑的声音。循声而去,步行约半个小时,我们到了剑池。那剑池约五米见方,周有铁栏,靠峭壁处有亭。如今增加了干将、莫邪夫妇的雕塑。传说古代吴王命干将、莫邪夫妇,在三个月内铸成两把宝剑,为使铁水凝固,莫邪跳入炉内,天下闻名的宝剑才铸成。而此山也因此得名"莫干山"。

剑池景点的主体是四叠飞瀑，而景色最为壮观的属第三叠。越往下走，瀑布越大，景致愈美。下到第三叠的石道边，有一巨石，上面刻有"剑气冲天"4个大字。

由于是"五一"黄金周，游客如织，让人早就习惯的景区内人头攒动。看完剑池，我没有逗留，避开拥挤的人流，沿着"古望吴台"的指示牌而去。凭经验，我猜出这一定是纪念干将、莫邪夫妇的又一个景点。只是这条路鲜有人至，既除却了拥挤和喧嚣，也让我有闲情细观沿途风景。在这个离剑池约二十分钟山路的山岗云端之处，正对着西北面的空旷悬崖边，有一座后人修建的亭子，取名为"望吴台"。

正可谓，凭栏剑池云中处，感叹豪杰怀古今。摩肩接踵、穿梭如织的游人都冲着"剑池"这个莫干山扬名之景而去。在缅怀干将、莫邪这对旷世夫妇壮美的传说和悠长的故事时，却在忙碌和不经意间忽略了干将、莫邪夫妇是从吴国而来，他们承君王之托，洒热血铸剑，却怎么也难以割舍心中的牵挂。那是对故乡吴国的怀念，是对家园故人的眷恋。耸立在这万丈山峰，远眺吴国的方向，千年回望，故园难忘。

对比热闹非凡的剑池，略显寂寞冷清的古望吴台，彰显了世人"只重结果，易忘来路"的现实和苍凉。

三、风云莫干山：别墅往事

莫干山是中国四大避暑胜地之一。众多的历史名人，既为莫干山赢得了巨大的名人效应，更为莫干山留下了难以计数的诗文、石刻、事迹以及200多幢样式各异、造型美观的名人别墅。

这些别墅建筑风格各异：既有中国古典式、现代式，也有欧洲中世纪城堡式、西欧乡村田园式，遍布于风景区每个山头，掩映于茂林修竹之中。建筑美与自然美融为一体，美不胜收。更妙的是，200多幢别墅，竟无一相同，因此莫干山又有"世界近代建筑博物馆"之誉称。

毛泽东、周恩来、蒋介石、宋美龄、蒋经国、张静江等国共要人，也有杜月笙、张啸林等江湖人士，还有各色外国传教士，都在这些别墅里居住过。风云激荡的岁月中，国共两党合作谈判、蒋家王朝覆灭前的金元券币制改革、新中国第一部宪法修改完善讨论等重大史实,都曾在这里展现。每一幢别墅都有一段历史,都蕴藏着丰富的文化内涵。

看蒋介石居住过的武陵村和民国时期名人别墅,直感历史烟云如蹉跎,风流总会雨打风吹去;观毛主席下榻地,顿悟莫干风云在人间,江山代有人才出……

斯人已去,唯楼仍在。这些点缀在密林深处的各色别墅,庭院中,浓密的法梧,茵茵的草地,火红的杜鹃,翠绿的爬山虎,斑驳的石墙,欧式壁灯,一如百年前的景象,留下的是悠远的诉说和无尽的故事。

走近莫干山名人别墅群,我自然还想起了几个地方:庐山、青岛;当然,还有上海的武康路、湖南路、思南路、淮海路……抚今追昔,深切地感受到,风景是属于人民,最美的风景是人心。

四、青年莫干山:改革发声

如果说,竹海,是莫干山的绿色外衣,各色别墅是莫干山的名片,春秋历史则是莫干山的神奇。那么,此番吸引我来莫干山的重要动力,就是亲临一个史称"中国青年经济学者集体发声"的莫干山会议会址——莫干山450号别墅。

这座中世纪城堡式风格的建筑,原是由美国传教士海依士所建。最初为教堂,新中国成立后,改为莫干山大会堂。1984年9月3日至10日,党的十二届三中全会召开前夕,中国改革所处的关键时期,在中央和有关方面支持下,由中青年经济学者自己发起、自己组织的"中青年经济科学工作者学术讨论会"在莫干山召开。这一会议被称为"经济改革思想史的开创性事件"和中青年经济工作者的"第一次集体发声"。会上,与会各方围绕改革开放的各大议题争鸣不断、纷纷"论剑"。会议的许多成果,为80年代的改革开放提供了重要创新思路,其中不少建议为中央所重视并采纳;会议也使一批中青年经济学家脱颖而出,走上改革开放的历史舞台。尤其让人称道的是,这次会议,用不讲关系、不讲学历、不讲职称、不讲职业、不讲名气,仅凭学术水平确认代表资格的方式,让来自全国124名青年经济学者们相聚这里,他们中后来有一批人,活跃在中国经济改革的历史舞台上。应该说，是大历史、大时代为当时中青年经济学者的"发声"，提供了历史性的机遇。

莫干山会议，是一面历史的棱镜。进入新世纪，多次召开的新莫干山会议，是响彻莫干山谷的大合唱。2019年，恰逢新中国诞生70年，也是莫干山会议35年。35年，正值一个人的青壮年时期，在这样一个特殊的历史时刻，我们慕名而来，现场受教，意义深远。

缓步在莫干山会议旧址，修旧如旧的会议旧址，一如往日的宁静。尽管是游人络绎不绝，但人们走进这里后，却是一色的肃然安静，放缓了脚步，放低了声音。人们知道，从进来的那一刻，就是走进了一座历史博物馆，如同在世纪老人面前，教堂里教徒们应有的虔诚。

是啊，经济学和社会学研究，有时需要一种清教徒式虔诚。在充满历史感的莫干山会议代表合影前，我的内心充满了崇敬。是对这群人，一群胸怀理想和济世情怀的中青年知识分子们的崇敬，也是对一个时代，一个崇尚改革勇于革新的时代群体的崇敬。

由于工作关系，我到过中国革命建设和改革的许多重要纪念地。每一次走进这样的地方，内心都会升腾起这样一种崇敬之情。走进莫干山会议旧址，我自然地想起了安徽凤阳小岗村，一个是中国农村改革的源头地，一个是推动城市改革的先声地，它们都是与时代同呼吸共命运的圣地。历史将这份责任当然也将这份荣耀给了他们。

在会议旧址，很多青年人结伴而来，有情侣有同学有家人，环顾和参观这座老教堂，为它的建筑和历史满怀惊喜和新奇。我看到，一位青年女子半倚着教堂花窗，侧面而视，沉思远眺，让同伴拍照，甚是优美和富有气质。是啊，"五四"即将来临了，这个属于青年人的节日，当代青年人的快乐和向上真的很让人羡慕，只是不知他们眼中的莫干山会议是一种什么样的风景，是一种时代责任和济世情怀，抑或只是一个普通的风景点而矣?! 我想，不管他们是何感想，时代总是向前走，希望总在青年人身上，这既是社会规律，也是国家希望所在。

在会议旧址依山而建的半悬空式地下室，其实也是老建筑的一楼，如今改造成了咖啡厅。来一杯美式咖啡，一份现烤的松饼，静坐在民国和西式风味咖啡桌旁，听留声机里传出的经典音乐，有一种时光倒流的感觉。仿佛在感受久远的人生哲思,也仿佛在旁听 35 年前一群青年经济学人的济世宏论。

"莫干山之美不仅在山水间,莫干山之美也不仅在记忆中;莫干山最动人的是,新时代莫干山文化和新时代莫干山精神。"离开莫干山的那一刻,我脑海中想起了这样一句话。

（2019 年 5 月）

冬日太谷

　　2019年12月,应上海市教科院和山西省教科院之邀,我到山西参加教育部重点研究项目专题研讨会。这是我第一次踏上山西的土地,这个既被称为中国北方,也有被经济地理战略称为中部地区的省份,在我的脑海中一直是黄天厚土的形象,一种传统的厚重和一些荒凉的意境。多年前,有两种文化一直在影响甚至左右着我对于山西的印象:一个是余秋雨先生的《抱愧山西》一文;一个就是抗战影视剧关于太行山的描写。再后面关于山西印象更多的来自于新闻报道,比如山西煤老板的故事,关于平遥古城和乔家大院,当然也还有"农业学大寨"和作家赵树理先生为代表的"山药蛋"文化。总之,都是第二手资料,是想象中的山西。而今天,真实地走进了山西。

　　到达太原,一走出候机楼,就感受到了北方冬天的寒冷。车窗外道路两旁,一派萧瑟,光秃秃的树木,干褐色的土壤,偶尔可以看到泛黄的松柏,树干部分涂着白色保护剂的杨树,挺立消瘦,正在储存着自己的能量,等待来年春夏盛放。还有不时横在树顶部的鸟巢,格外显眼。相比之下,江南气象上入冬时间比往年来得晚,也就是这几天才有一点初冬的味道,霜叶,薄雾,早晨和夜晚时的一丝寒意,让人感受着季节变得比往日腼腆了。此时的上海街头,金色的银杏和各种树木正在展示着醉人的景色,不少郊野公园层林尽染,正散发着秋冬盛景。

　　说来惭愧,直到从机场出来等车的时候,我才知道此次开会的地点是在太谷县,而不是在太原市。坐上接站的车子,我对随行的同事讲,山西有很悠久的历史文化,太谷县就是一座历史文化名城,这里出了许多历史名人,是唐代大诗人白居易的家乡,还有一个非常有名的近代中国历史人物孔祥熙,旧中国"四大家族"之一,一个影响着中国近代历史的家族。到达驻地,办好入住手续,咨询了会务组的当地同事,得知孔家旧居离酒店不过10分钟的车程,而且闭馆时间也很晚。放下行李,利用这片刻空闲时光,招手出租车。果然,不到 10 分钟,我们就穿过了一段太谷古城,穿行于古城小巷,青石板街,灰色高墙,典型的北方院落,转过一段这样的古街巷,就到了孔门旧居。

眼前是一座典型的豪门旧府,雕龙画凤,庄严厚重,标准的王府形象。听讲解得知,宅院原系太谷士绅孟广誉的老宅,建于清乾隆到咸丰年间,1930 年为孔祥熙购得,后经不断改造扩建而成。眼前的孔府其实只剩下一小片原始旧居,原先的主建筑占地有 30 多亩,周边十分开阔,只是众所周知的原因让这里变得萎缩了,门前的街巷比较逼仄。我们到时,已经少有行人,空旷静谧。随行的同事穿着高跟鞋,走上青石板路,清脆的声音回荡在街巷,让冬天的古城小巷有一种别样的感觉。我笑对同事讲,上海女孩再次回到了山西婆家。旧居门前立了几块石碑,一块是国务院重点文物保护标志,一块是山西省重点文物保护标志,外墙上挂了很多大学和研究机构"金融实践实训基地"等字样。是啊,这是中国金融史绕不开的地方,"金太谷,银祁县,铜平遥,吃不完米面的榆次县",这首晋中民谣,说明了太谷是当时商贾云集、殷实富庶的地方,在商业经济发展鼎盛的康乾时期已是华北的金融中心,也被称为民国时期的华尔街。古城还有两个不可复制的标识,一个是晋商票号的重要发源地,一个是民国财长之家。无论是其金融属性还是金融地位,孔府这块不过方圆几十亩的地方,却承载着一份沉甸甸的历史记忆,当然也是历史包袱。历史不是虚无的,历史是现实的回放,历史有时需要一个承载点。眼前的这座旧居,承载着的就是中国金融史的一段陈年往事,尽管已经如烟飘散。

走进入门大厅,顿时感受着一重厚重和沧桑,也有一丝落寞。我们到过很多旧居和古迹,对于时下的名人故里的开发很有印象,相比之下,这座旧居保护还比较粗糙。听介绍,孔府得以保存,主要是由于太谷刚解放时,就成为太谷师范学校的一部分,因为是校园,主体建筑在历次运动和大拆大建中才得以幸存。尽管今天的很多内容已经不是原始的,但主体建筑和结构基本上是原始的。导游介绍说,解放战争胜利前夕的 1948 年,邓公赴西柏坡开会时,路过太谷,专程到孔府游览,并且指示,"要尽力保护历史古迹"。这句指示对这座旧府保护起到了重要作用。整个建筑风格,基本上是中国传统王府的格局,宅院现存正院、厨房院、书房院、戏台院、墨庄院、西花园及部分残损的东花园。它由多个横向排列的套院组成,每个套院均沿中轴线方向分割为多个四合院。各院间用明廊、抱厦或过厅相隔。主体建筑均使用斗拱飞椽,造形美观大方。木构部分雕梁画栋,沥粉堆金,宛似七彩虹霓。各院之间有垂花门、宝瓶门和八角或月牙门相通。

整座建筑具有几个独特的特点:一个是外圆内方的外墙开窗,既有钱的标识,也是主人一生的为人处事风格,精明中庸,外圆内方,中西兼容。主人的独特生活历程,少年时的一场病被洋教士救治后,让主人父子皈依了洋教,进而得到洋人资助进洋学堂,并以优异的成绩赴美国耶鲁大学留学,后来又东渡日本。他不仅接触了西方的思想,更是结识了包括孙中山先生在内的一大批同盟会骨干,自己也成了骨干。一个时代的烙印在主人的身上十分鲜明,或者说,主人就是那个时代的中国知名青年的化身之一。一批志同道合的人,风云际会地走到了一起,成了主人一生的贵人。一段中国旷世奇缘,四大家族中的三大家族(宋家本身就是)就造就了,也让主人成为民国历史知名人物。后来,主人1907年还创办了私立铭贤学堂,后发展为私立铭贤农工专科学校、私立铭贤学院,与山西大学堂一起,开创了山西近代高等教育的先河。后来发展为山西农业大学,所以至今山西农业大学校园还是坐落在太谷县。第一学历为农业大学毕业生的我,不禁对主人的教育情怀多了一份尊重,它与政见并不相关。历史人物尤其是风云人物,功过是非从来都不是单一的。性格、家业和时代角色,成就了主人一生轨迹主色调。

与人结缘,与学结缘,与钱结缘,与政结缘,太谷从此就只是主人的记忆和故居,中国甚至是西方世界才是主人的舞台。旧居中有一座院落,是主人为迎接自己的连襟蒋某夫妇入住,颇费心思而建造的临时行宫,很有特色。那是1934年,同样是一个寒冷的冬天,主人的连襟夫妇贵为民国之尊,要到这个毕竟还是偏安一隅的北方小县城来,既是历史大事,也是一件颇让主人伤脑筋的事情。参观中,我们看到了至今都不算落后的地暖建造,可见主人的聪明和眼界。再就是他的连襟夫妇入住的卧室,其实就是一个很小的侧房,但与安全通道相连,便于在一旦出现紧急情况下出走,让人不易找到。出奇不意,别具心裁,政商军何不是如此?!

在据说是当年是这座府院财务科之称的建筑中,如今的旧居经营者叶耀中先生(也是银行家,对于古钱币和古玩很有研究,从 20 世纪七十年代就开始了收藏)专门开辟了一间中国古钱币展厅。导游得知我们是从上海来的,加上整个旧居也就只有我们几位游客,就专门将平时关闭的展厅打开,让我们参观。里面各种年代的金币、银元、银锭、银票,张献忠抢夺的金币,清朝王宫银锭,品种齐全,浑然成体系,活生生就是一个现实收藏版"金库"。不愧是银行家的家,也不愧是由银行家来打理。

旧居至今还保存下了当时一座专门为王公贵人们订制修建的戏台,导游笑称这就是现在富人家的 KTV、私人电影院。今天看来还是那样的华贵大气,与北京王府、江南大户园林丝毫不差;不,应该说就是一样,这里就是北方小城里的王府。偌大的剧场,排列两侧的厢房,屋檐下挂满了红灯笼。夜幕已至,这里分明又是《大红灯笼高高挂》的场景。

院落里的枝头依然是光秃秃,半月已经升上了天空,整座旧居是那样的安静。灰色的院落,洁白的月光,斯人已去,历史却在。天地万物,道法自然,九九归一。掩卷而思,不禁想起红楼梦里那道尽人世沧桑和无奈的好了歌。

与孔府一墙之隔的是一座千年古寺——无边寺,亦名白塔寺,因寺内有白塔而得名,是山西历史上的八座知名古塔之一。透过孔府的闺房窗户就可清晰地看到古塔,整座古塔是八角形砖木混构。寺庙创建于西晋泰始八年,北宋治平年间曾予重修,题名"普慈寺"。北宋元祐五年,开建白塔,就有了白塔寺之称。元、明、清又屡次修葺,光绪三十二年再次修复,称"无边寺"。古刹,与远方的鼓楼相映,夜色下的古城显得格外的质朴厚重,与旧居一道构成了古城的底色。

走出旧居,穿过老巷,逛到了灯火辉煌的夜市。人流如织,商品满目,我们从历史的空间又进入了人间气象,眼前分明就是典型的现代县城气质。坐上出租车,窗外的小城还是比较繁华,街道两旁的路灯具有古典的华贵气质,虽说是仿古的,毕竟还是现代人的作品。城市化已经让历史成为了一个供人们回望的图腾,现实版的人们永远是随着时代的脚步向前迈进。

这个冬天,夜色太谷,我触摸到了真实的山西。

(2019 年 12 月)

新时代的奉贤教育,要将目光投放到上海教育第一方阵,在建设教育强区的战略格局中思考、谋划、探索和践行,要努力实现在上海教育现代化的"高原"中,找到南上海品质教育的"高峰"。

城乡教育一体化的实践,既要有"摸着石头过河、谨慎前行"的态度,也应有"敢为天下先、为他人不敢为"的底气和勇气,为上海乃至全国提供奉贤经验。

"贤文化"应该是多色的文化组合。具体讲,就是以言子讲学为代表的古色传统文化、李主一和刘晓为代表的红色革命传统文化、绿色海农文化和海纳百川的外来文化的有机复合体。

通过卓有成效的教育实践,让我们培养的学生,人人具有家国情怀、世界眼光、科学素养和人文精神,成为对家庭、对国家、对社会有贡献和有价值的人。

品质的力量

　　黄浦江南岸,杭州湾北畔,有着千年文化底蕴古老而年轻的土地——奉贤,是全体奉贤人的家园。历代奉贤教育人,弘扬"贤文化"精神,筚路蓝缕,走过曾经的辉煌,也经过烈火重生的嬗变。在"十二五"成功实现奉贤教育从追赶走向跨越后,从未放下追寻脚步的奉贤教育人,没有在"跨越"的门槛前止步,而是顺应人民对美好教育的向往,树立了努力打造"自然、活力、和润"的南上海品质教育区的新目标。

　　当历史的脚步迈进新时代,身处其中的每位教育人,都会思考一个共同的命题:新时代的教育应该是什么样子的? 由此,每位生活在奉贤新城的人们、每位工作其中的奉贤教育人都会禁不住地追问:品质教育应该是什么样子?

　　作为一名奉贤教育改革发展的亲历者、实践者和一些创新制度设计的参与者,笔者以为,新时代的奉贤教育,要将目光和思维投放到上海教育第一方阵,在建设教育强区的战略格局中思考、谋划、探索和践行,要努力在上海教育现代化的"高原"中,找到南上海品质教育的"高峰"。为此,奉贤教育必须充分做好"四个大变革"的准备:

　　1. 品质教育要的是教育思想大变革。无数的事实证明,只有思想的大解放,才有改革的大发展。党的十九大,确立了习近平新时代中国特色社会主义理论为指导思想,开启了"人民为中心"的教育思想引领。身处南上海的奉贤教育人,放眼新时代,置身大格局,既不要妄自菲薄,更不能沾沾自喜。要正视人民对美好教育的向往与不平衡不充分的教育发展之间的矛盾,从奉贤教育改革发展的成就中汲取更多的正能量,从奉贤人民对美好教育的更高期待中寻找新方向。落实到奉贤教育的实践,需要切实关注区域教育思维创新、理论突破和实践变革。

其一，要牢固树立立德树人和"两为"方向。这是新时代教育的根本使命，是每位教育工作者心中的标尺和航向，舍此而无其他！方向决定命运。我们办的是社会主义教育，培养的是社会主义建设者和接班人。在方向面前，小学不"小"，幼儿园不"幼"，全区各级各类学校要始终自觉坚持社会主义办学方向，扎根中国大地办教育。

其二，要确保教育综改的落地生根。合抱之木，生于毫末；九层之台，起于累土。奉贤区教育综合改革实施方案和教育事业发展"十三五"规划已经实施。也就是说，区域教育改革顶层设计趋于完善，"四梁八柱"搭建已经完成，整体进入"全面施工内部装修"阶段。蓝图绘就，关键在行动。全体教育人要树立一种"人人有目标，个个抓落实"的理念，将目标化为一个个具体办学、教学和育人行为，在润物细无声中，在涓涓之流中推动方案和规划落到实处。

其三，要实现教学行为和育人行为的转型。要由原先的较多关注教育的外延拓展、硬件提升，转为更加重视和关注内涵丰富、特色发展。更加关注师生"需求"，具体到课堂教学"五环节"的改进和效率提升，学习困难学生的学业辅导和心理转化，教师的专业发展平台搭建；大到放眼教育现代化和国际化，适应席卷而来的科技浪潮，努力开展教育教学流程再造，建立以优秀传统文化为本，集合国际上科技、人文经典的教育新范式，从跨界到无界，开展脑科学和人工智能相结合的学习革命。

2. 品质教育要的是学校大变革。这种变革是由外到内、由形到神的变革。顺势而为，因时而动。当人工智能机器人已经能参加高考的今天，学校教育应该如何应对？是继续墨守成规、按部就班，还是主动转型、迎接未来？显然，我们要选择后者。我们希望，这里已经实现优质均衡、城乡一体、整合发展；在此基础上，奉贤大地上的每所学校都是各具特色、百花齐放、星光灿烂。

首先，这里的学校没有大一统的标准，而是鼓励每一所学校找到自己的目标追求与办学定位，允许每一所学校根据自己的历史、基础、条件和生源状况，确立目标，创造自身的精彩。①

其次，这里的学校不会固步自封，而是都有进步的阶梯和发展的空间。

---

① 张婷，《扬州新目标：高品质教育》，《中国教育报》，2017 年 11 月 29 日.

这里的校园充满了文化气息，每一间教室、每一堵墙面，每一草、每一木，都洋溢着文化和灵魂，成为令每一个学生一生眷恋的家园。

再次，这里的学校并不是自说自话，而是面向家长、社会打开大门，善于听取各个方面的意见与建议。吸收一切优质资源为学校所用，特色课程、各类社团在跨界资源的支持下，在学校落地生根，构建起学校、家庭和社会三位一体育人机制。

简言之，如同世界上没有两片完全相同的叶子，不同的学校，有不同的办学质量衡量标准，但有一点是共同的，那就是要为每一个学生全面可持续发展、共享人生出彩机会奠定基础。

3. 品质教育要的是教师大变革。教育大计，教师为本。品质教育第一资源是品质教师。品质教师，需要的是对标"四有教师"标准，对新世界、新知识充分接纳，可以主动创新教育教学内容；对每个学生充满感情，愿意把学生放在课堂中央，愿意成为学生生命中的贵人。这就要求：

面向未来的每一位奉贤教师，不能仅仅依靠书本过日子，而是要根据学生的兴趣，将"学习者发展为中心"落到实处，生成适合的课堂；从教育教学中的"船员"成为"舵手"，在互联网＋的平台上与学生一起学习，一起成长。

面向未来的每一位奉贤教师，还应该是一个"魔术师"，从"跨界"到无界，盘活教学资源，使之变成学生喜欢的课程，知识传授和学科育德有机融合。

简言之，当教师不再是知识的搬运工，教师的角色将被重新定义，需要建立面向未来要素的奉贤教师发展体系。

4. 品质教育要的是学习大变革。从有教无类、因材施教到以生为本，无不体现着"以人为中心"的教育思想。这个"中心"就是每一位学生。

这里有开放的课堂。"教师讲，学生听"、"一个教室坐到底"式的传统学习过程在学习方式变革中翻转过来，实现有趣好玩的课堂。人人都是学习者，人人都是教育者，师生从狭小的校园中走出来，把生命、生活、生态融合在一起……

这里有多样的课程。突破学科、空间、师资的限制，以"用户思维"开创课程，学生对什么感兴趣，就为学生开设什么课程①……

---

① 张婷，《扬州新目标：高品质教育》，《中国教育报》，2017 年 11 月 29 日.

这里有丰富的社团。这里是七彩成长的乐园,学生可以在创客空间接触到 AI、3D 打印等科技前沿;也可找到剪纸、滚灯等传统艺术,也可学到世界上元音最多的地方话;既有乡愁记忆,又有世界情怀⋯⋯

变化的不仅是学习内容和方式,更是学习的过程和效率。学生不再是"埋头做题—改错—再做题",而是以自主探究为前提,教师适时从旁引导,创新思维、动手能力和核心素养就在这个过程中形成。

简言之,未来的奉贤学生,都是教育过程的主导者,他们会更热爱学校、热爱学习,他们将拥有探索新知识的能力和勇气;会更热爱生活、热爱创造,敢于提出自己的想法;会更热爱奉贤、热爱上海,他们对中国道路和中国文化充满自信,人人争当具有家国情怀、世界眼光、人文素养、科学精神的世贤学子。

山积而高,泽积而长。教育是一个慢生长的过程,教育品质化的过程注定充满了挑战和风险,但我们有理由对实现从"高原"走向"高峰"的南上海品质教育区充满信心!

(2017 年 10 月)

时代的力量

2017，一个具有无限可能的世界正奔腾而来。对于以育人为本的教育事业同样如此。

回望2016，奉贤教育走过了一段难忘的历程：深化区域教育教学改革构建整体育人模式取得突破性成效，优化教育资源促进城乡教育一体发展取得实质推进，创新教育队伍建设和完善区域教育治理体制有了新的进展，各项工作成果和特色工作经验有了历史性新突破……建设"自然、活力、和润"的南上海品质教育区，从来没有像今天这样如此接近。回顾这段历程，有三条最宝贵经验：一是各级党委政府坚定不移地落实教育优先发展战略，全社会支持教育发展的良好外部环境；二是全体教育人发扬奉贤教育"五种精神"，围绕优质均衡和品质发展的战略目标，一以贯之地推进区域教育综合改革；三是践行开放发展和以人为本的理念，持之以恒地抓教师队伍这个"第一资源"建设。这其中，值得浓墨重彩地记上一笔的是，自"十二五"初开始，奉贤教育就抓住本区被列为上海市唯一统筹城乡一体化试验区的契机，以上海市教育科研重点课题《统筹城乡教育一体化进程中的区域教育体制机制创新研究》为引领，用改革的思维、开放的视野和专业的水准，坚持不懈地推进城乡教育一体化发展。在实践中探索了一条具有区域特色的发展之路。

时移物易。随着世界教育呈现新愿景、国家战略描绘新蓝图、上海城市展现新格局、育人导向有了新内涵，城乡教育一体化也被注入新的要素、赋予新的动力，面临新的发展契机，面临着新的挑战。深刻而准确地认识奉贤教育改革面临的机遇和挑战，对推进奉贤教育在新的起点上科学发展，成功打造"自然、活力、和润"的南上海品质教育区，至关重要。

一、"教育正在走向社会的中心"期待城乡教育一体化树立新理念

自有学校教育以来,人类社会经历了多次重大变革,发生了翻天覆地的变化,教育的社会角色与之相应地发生着变化。知识经济时代,一个主要变化就是,"教育正在走向社会的中心"。认识这种"中心"意识,对厘清教育走向至关重要。联系当下的世界和中国发展现实,综合袁振国、余晓畅等学者的论述,可以概括为五个方面①:

首先,教育的对象,从小众教育发展成为大众教育。在很长的历史过程中,教育是少数人的奢侈品,95%以上的劳苦大众与教育无缘。到新中国成立前夕,我国小学教育普及率才 20%,初中教育不到 5%,高中教育只有 2%。而现在九年义务教育已经全面普及,高中教育普及率也接近 90%。我国基础教育的成就令世界瞩目。

其次,教育的功能,从消费发展为投资。工业革命以后,接受一定程度的基础教育已经成为就业的基本要求。进入知识社会以后,基础教育更成为每个人谋生的基本条件和发展必要途径,教育水平很大程度上决定着一个人收入的高低,人力资源水平决定着一个国家的发展进程。

第三,教育的地位,从社会边缘走向了社会中心。在很长的历史过程中,教育属于私人产品,与政府职能无关。即使是古代社会的学校教育,也只是统治阶级专制的工具。工业革命以后,教育才逐渐成为政府职能的一部分,才出现了公共教育的概念,并且逐渐成为立法的对象。现代社会,由于教育对人的发展和社会发展的巨大作用,教育越来越受到重视,并成为当今世界各国政府公共管理的一个重要命题。依法治教,已经成为世界上绝大多数国家的司法行为。

第四,教育的过程,从人类的一段教育发展成为一生的教育。自 20 世纪 60 年代提出终身教育的概念,终身教育已经成为一种实然状态。学校教

---

① 袁振国,余晓畅,《教育,全社会没有"旁观者和局外人"》,人民教育,2017 年第 1 期.

育、在职教育、社区教育、老年教育……多彩多姿，丰富多样，早已超越了一生只接受一段教育的历史。活到老、学到老已经成为社会时尚。建设"人人皆学、处处能学、时时可学"的学习型社会，已成为我国全面建设小康社会的一个重要目标。

第五，教育的方式，从固定教育发展为泛在教育。由于互联网等信息技术的迅猛发展，固定的人，在固定时间、固定地点、固定内容的教育形态，已逐渐被任何人、任何时间、任何地点学习任何内容的形态所取代。教育已经突破了时空界限，线上线下融为一体。

"教育正在走向社会的中心"，要求在城乡教育一体化发展进程中，时时刻刻关注相关利益群体的呼声，要求多方协同治理，努力构建具有中国特色的现代教育治理体系。

二、联合国教科文组织"教育 2030 行动框架"为城乡教育一体化描绘了新愿景

2015 年，联合国教科文组织在第 38 次大会上发布了"教育 2030 行动框架"，描绘了世界教育发展的新愿景。"框架"把教育的使命扩大至全纳、公平和全民终身学习，给每个人公平的机会；要求世界各国"给每个人一个公平的机会；保障终身受教育权；保证基本政策与法律建设；强调公平、全纳和性别平等；关注教育和学习质量；促进终身学习；解决紧急情况下的教育问题"。框架勾勒出全球未来教育发展蓝图。确保所有学习者获得必要的知识和技能，以促进可持续发展，确保教育为可持续的生活方式、人权、性别平等、促进和平和非暴力文化的发展、文化多样性及可持续发展作出贡献。

公平、全纳是人类千百年的教育理想。联合国教科文组织"教育 2030 行动框架"旗帜鲜明地将其作为教育使命，并以此为指引细致描述了未来 15 年全球教育发展的目标、策略与指标，其影响不可不谓广泛和深远。在人类教育迈向公平、全纳的征途上，城乡教育一体化战略，是一个有效抓手。奉贤区通过委托管理、学区集团等形式，使教师等优质教育资源在城乡之间均衡分布，提高农村薄弱学校和随迁子女学校的教育质量，为处境不利儿童

提供相对公平的受教育机会和高质量教育。就此而言,城乡教育一体化战略与联合国教科文组织"教育2030行动框架",在出发点和基本理念上是完全契合的。

三、统筹"五位一体"总体布局和协调推进"四个全面"战略布局对城乡教育一体化提出新要求

党的十八大对推进中国特色社会主义事业作出经济建设、政治建设、文化建设、社会建设、生态文明建设"五位一体"的总体布局。2014年,又提出"四个全面",即"坚持全面建成小康社会、全面深化改革、全面依法治国、全面从严治党"的战略布局。"五位一体"和"四个全面",抓住了改革、发展、稳定的关键,确立了新形势下党和国家各项工作的顶层设计、战略方向,充分体现了当代共产党人的全局视野和战略眼光。

特别值得注意的是,全面建成小康社会,是没有一个人掉队的小康;全面深化改革,是涉及包括教育在内的系统改革。具体到教育领域,就意味着数以亿计的,包括农村贫困儿童在内的所有适龄儿童,都应该享受较高质量的教育;意味着教育系统应该也必须与其他社会系统共谋发展,共赴小康。因此,必须用系统思维来谋划每一项教育改革。统筹"五位一体"布局和协调推进"四个全面"战略布局,正是谋划教育综合改革、推进城乡教育一体化发展的思想纲领。

按照这些战略要求,《国务院关于统筹推进县域内城乡义务教育一体化改革发展的若干意见》(国发〔2016〕40号)提出要按照"四个全面"战略布局,深化综合改革,提高教育质量,统筹推进县域内城乡义务教育一体化改革发展。

刚刚结束的2017年全国教育工作会议也明确提出:要按照"五位一体"总体布局和"四个全面"战略布局,牢固树立和贯彻落实创新、协调、绿色、开放、共享的发展理念,全面贯彻党的教育方针,紧紧围绕"提高教育质量"这一战略主题,以立德树人为根本任务、以促进公平为基本要求、以增强人民群众获得感为根本标准、以优化结构为主攻方向、以深化改革为根本动力、以健全法治为可靠保障、以加强党的领导为坚强保证,加快推进教育现

代化,为全面建成小康社会发挥关键支撑作用。这里强调的教育质量,是全面建成小康社会新目标下的质量,是全球教育竞争新态势下的质量,是实现教育现代化新要求的质量。提高教育质量,要把促进人的全面发展、适应经济社会发展作为根本导向,要在经济社会发展大局中定位教育,加快人才培养模式改革,全面提升学校办学综合实力,全面提高学生的国际竞争力和终身发展能力。

四、上海城市发展新格局赋予城乡教育一体化新指引

上海要建成国际经济、金融、贸易、航运中心和社会主义现代化国际大都市的发展定位,决定了要全面注重公平、抬高社会底部、关注弱势群体、统筹城乡发展。《上海市国民经济和社会发展第十三个五年规划纲要》规定,"十三五"时期上海经济社会发展的奋斗目标是:"到 2020 年,形成具有全球影响力的科技创新中心基本框架,走出创新驱动发展新路,为推进科技创新、实施创新驱动发展战略走在全国前头、走到世界前列奠定基础。适应社会主义市场经济发展,建立健全更加成熟、更加定型的国际化、市场化、法治化制度规范,基本建成国际经济、金融、贸易、航运中心和社会主义现代化国际大都市,在更高水平上全面建成小康社会,让全市人民生活更美好。"同时,规定促进城乡发展一体化,"坚持以城带乡、城乡一体、整体规划、协调推进,加大城市支持农村力度,持续推动公共服务资源配置向郊区人口集聚地倾斜、基础设施建设投入向郊区倾斜、执法管理力量向城乡结合部倾斜,深化农村综合改革,全面缩小城乡发展差距,实现高水平的城乡发展一体化。"

与《上海市国民经济和社会发展第十三个五年规划纲要》一脉相承的《上海市教育改革和发展"十三五"规划》规定"到 2020 年,率先实现教育现代化,率先基本建成学习型社会,人力资源开发水平迈入世界先进行列,建成与社会主义现代化国际大都市相匹配的一流教育。"其中,"城乡教育一体化"作为扩大教育公平的有效抓手,赋予了上海特有的内涵:"落实《关于促进本市城乡义务教育一体化的实施意见(暂行)》,实现城乡办学条件均衡发展。全面推进学区化和集团化办学,提升义务教育服务能级,形成义务教育学校优质均衡发展新格局。实施新优质学校集群式发展计划,引领学校坚

持育人本源,促进每一个学生全面健康发展。实施城乡学校携手共进计划,建立城乡学校互助发展新格局。全面保障符合条件的随迁子女义务教育权益。"

上海城市发展战略为城乡教育一体化提出了新要求,给予了新指引,也引发了新思考。教育综合改革既要关注制度公正、机会公平,也要遵循教育规律和人的成长规律,科学培养人才,更要让学生和家长有更大的获得感,真正惠及群众、赢得人心。

五、奉贤区统筹城乡发展专项改革试点,为城乡教育一体化提供新动力

随着《上海市人民政府关于原则同意奉贤区统筹城乡发展专项改革试点总体方案的批复》(沪府〔2012〕60 号)下发,奉贤成为上海全市唯一的统筹城乡发展专项改革试点区。奉贤区委区政府进行了广泛部署和积极作为,"十二五"期间取得了明显成效。突出表现在通过科学布局,初步实现城乡教育资源配置一体化;通过委托管理,初步实现郊区与上海中心城区发展一体化;通过紧密型办学资源联盟,初步实现区域内城乡教育发展一体化;通过学区化集团化,初步实现区域内城区学校发展一体化;通过内生驱动,努力实现教师资源建设一体化;通过"星光灿烂"计划,努力实现学校自主发展一体化;通过科学评价,努力实现城乡教育评价一体化。

成绩是历史,也是基础。奉贤城乡教育一体化进程还有诸多问题亟需解决,如优质资源布局还不平衡、教师队伍整体水平有待提升、教育治理体系亟需完善等。站在"十三五"新的历史起点上,奉贤区既有诸多经验可以借鉴,也有作为统筹城乡发展专项改革试点的制度比较优势。2016 年 12 月,《国家新型城镇化综合试点总体实施方案》公布,奉贤区被列入第三批国家新型城镇化综合试点区(上海仅 1 区 2 镇入选),为奉贤城乡教育一体化进程注入了新动力。正如中共上海市奉贤区第四次党代会报告所提出的,树立"办好教育是奉贤最大的民生和未来"的理念,加快区域教育综合改革,推动"四院一团一部"(四院,指文学院、科学院、书画院、棋院;一团,指学生艺术团;一部,指青少年体育俱乐部)建设,培育青少年的人文情怀、科学精

神和世界眼光。围绕区域战略实施,奉贤区进一步优化《奉贤区教育综合改革实施方案》,与时俱进,形成了推进区域城乡教育一体化实施的诸多可行性重点项目。

六、核心素养育人新导向,为城乡教育一体化发展注入新内涵

教育事业归根结底是培养人的事业。人的素养是教育的核心,培育具有良好素养的学生,是城乡教育一体化发展的根本目标。2016 年 9 月 13 日,中国学生发展核心素养研究成果,正式对外公布。中国学生发展核心素养,以科学性、时代性和民族性为基本原则,以培养"全面发展的人"为核心,分为"文化基础"、"自主发展"、"社会参与"三个模块。综合表现为"人文底蕴"、"科学精神"、"学会学习"、"健康生活"、"责任担当"、"实践创新"六大素养,具体细化为"国家认同"等十八个基本要点。

学生发展核心素养,主要是指学生应具备的,能够适应终身发展和社会发展需要的必备品格和关键能力。核心素养是关于学生知识、技能、情感、态度、价值观等多方面要求的综合表现;是每一名学生获得成功生活、适应个人终生发展和社会发展都需要的、不可或缺的共同素养。六大素养既涵盖了学生适应终身发展和社会发展所需的品格与能力,又体现了核心素养"最关键、最必要"这一重要特征。六大素养之间相互联系、相互补充、相互促进,在不同情境中整体发挥作用。学生发展核心素养是一套经过系统设计的育人目标框架,其落实需要从整体上推动各教育环节的变革,最终形成以学生发展为核心的完整育人体系。

核心素养教育体系的建构,意义非常重大。它具体回答了"培养什么人"的问题,有助于实现从学科中心转向对人的全面发展的关注,为育人模式、评价方式的转型奠定了基础,指明了方向。基于核心素养的教育改革,将从单一知识、技能转向综合素质,从学科学习转向跨学科学习,从灌输式学习走向探究性学习,为城乡教育一体化发展注入新内涵。

综上所述,从多个维度为新时期的城乡教育一体化发展指明了新方向,需要各级党委政府和广大教育工作者在实践中抓落实。开弓没有回头箭,

未来奉贤教育，要以"办好人民满意的教育"为目标，坚持需求导向、问题导向，定期调研相关群体对教育的满意度，找准问题，着力破解制约城乡教育一体化发展的重点难点问题。要立足国际视野，以国际坐标为基准去界定教育质量的内涵和确定教育公平的衡量标准，以此为准绳，推进奉贤城乡教育一体化。要以服务奉贤和上海经济社会发展需求为根本导向，加快教育供给侧改革，科学配置优质教育资源，合理调整各类教育结构，完善终身学习体系，提升全民受教育水平。要回归教育本源，关注学生全面发展。学校教育要以课程改革为抓手，带动学校管理、队伍建设、德育、教研等联动发展；同时，要引导家庭和社会变被动为主动，与学校形成教育合力。城乡教育一体化的实践，既要有"摸着石头过河、谨慎前行"的态度，也应有"敢为天下先、为他人不敢为"的底气和勇气，为上海乃至全国提供奉贤经验。

(2017 年 2 月)

文化的力量

在当前经济社会进入科学发展的新的历史时期,推进以"贤文化"为引领的区域文化大建设,格外重要,也迎来了文化大发展的最好时期。笔者拟就推进"贤文化"建设有关问题,谈点粗浅认识。

一、树立"大文化"观,深入挖掘贤文化内涵,理直气壮地弘扬贤文化,构筑区域文化精神高地,解决好文化之"魂"的问题

一个没有文化的城市,是一个没有灵魂的城市。这个城市可以做得很高,但无法走得很远,更不会走得很实。一个地区一座城市的发展已经进入了文化竞争时代。对于正处在推进"三化两建设"、全力打造"三区一基地"关键时期的奉贤,更应重视文化建设。

在推进"贤文化"建设中,作为一名新奉贤人,笔者听到了一种声音,认为"贤文化"的历史渊源与言子联系有些牵强,史从言子在青溪(今青村)讲坛的解释不真实,主要理由是:二千多年前的春秋时期的奉贤,在青村地区可能是汪洋大海或者是人迹罕至的荒滩,言子从何而来,蛮荒背景下怎么讲学,讲给谁听? 因此,奉贤"贤文化"是杜撰的,经不起考证。还有一些声音,认为仅以"敬奉贤人,见贤思齐"来解释"贤文化"难以代表奉贤地域文化的实质,更无法反映"贤文化"的特色。特别是前者,至今这种质疑声不断,在一定程度上削弱了"贤文化"的推进力度和教育实效。笔者认为,有不同的声音很正常,特别是对远古史实考证的争议。远不只有"言子是否来过奉贤"的质疑,在一些历史文化名城同样激烈。比如,诸葛亮垄耕隐居地南阳"是河南南阳还是湖北襄阳"之争;再比如,赤壁之战是发生在今天的湖北黄冈还是咸宁蒲圻;曹操墓地真伪等等,从口头到笔墨官司屡见不鲜。其中既

有经济社会利益之争执,也有历史文化的学术争鸣,也还有为夺眼球而进行的刻意炒作。

笔者的观点是,对历史文化,特别是我们倡导的优秀历史文化,更多的应该是其精神教化作用的发挥,而不仅是史实的考证。单纯的史实考证,是历史学者和学术研究的任务,对大众化的文化传播,更重要的是这种文化内涵的社会价值。就像神农氏是否真的到过神农架,一些滨海地区的渔民、海员所敬奉的海神妈祖,是否真有其实一样,人们看重的不是其本身,而是精神领域的教化。经过千百年来的流传,上升到了宗教和信仰层面,固化成为一种"魂"。同样,作为一种地方文化的"贤文化",我们在尊重历史事实的同时,比如,清代曾羽王在《乙酉笔记》中写道,"滨海称文墨之区,必为青村为首矣"、"凡有子弟者,无不令其读书",就是史证之一。我们关注更多的应该是"贤文化"源自奉贤这块土地上的先民"筚路蓝缕、以启山林"的开拓精神;历代先贤们在南上海"艰苦创业、传世于民"的创新精神,归根到底是关注"贤文化"的文化凝聚力、向心力和生产力。从这个角度看,二届奉贤区委十二次全会通过的《关于进一步加强"贤文化"建设,促进区域文化发展的若干意见》(2009年10月12日)对"贤文化"建设的意义表述得十分完整,对"贤文化"内涵的提炼也比较精辟。时隔两年,十七届六中全会的召开,《决定》的出台,更加印证了奉贤区委对文化建设认识之超前,理解之深刻。当前的重点应该是由党委政府层面组织专门力量,系统梳理贤文化价值体系,即围绕体现社会主义核心价值的基本要求,凝练具有社会主义先进文化的显著特征,传承奉贤历史文明、凸现奉贤人文特色的地域文化。在具体文字表达上,要用词精练、简明易记、琅琅上口、耳熟能详。形成一整套通俗化的文化语言,实现"贤文化"大众化。这方面,也有比较成功的案例。比如,"十一五"以来,在区委区政府的正确领导下,落实教育优先发展战略,奉贤教育事业实现了追赶到跨越的历史转型。在这个过程中,区教育局聚思广益,立足区情,提炼了"追求卓越,永不言败;勇于创新,敢为人先;崇尚均衡,和而不同;以人为本,见贤思齐;海纳百川,大气谦和"为内核的奉贤教育"五种精神"。从一定意义上讲,就是"贤文化"在教育系统的具体化,既丰富了"贤文化"内涵,又培育了教育人共同的精神家园;既提升了教育文化品味,更实现了文化的大众化。同样的案例,在一些镇、村和企业也为数不少。关键是要从区域层面统筹提炼,扩大参与面,无论是老居民还是新奉贤人,做到家喻户晓,普遍认同。

二、树立开放的观念,创新"贤文化"教育方式,发挥"贤文化"在推进滨海新城建设中的精神家园的文化引领作用

文化建设要内化于心、固化于制、外化于行。在"贤文化"发展中如何唱响"文化奉贤"主旋律,让广大人民群众喜闻乐见,至关重要,也是文化发展的源泉所在。这里所讲的奉贤人民,既包括户籍人口,还应该包括外来从业人员在内的新上海人、新奉贤人,实现最广大人民群众最广泛的认同,形成共同的价值取向。与此同时,要尊重个性发展及文化的多元性,构建共同推进奉贤发展的和谐文化,这是"贤文化"建设的生命力所在。实现这一目标的主要途径,应当是联系奉贤实际,遵循文化发展规律,创新"贤文化"教育方式。

笔者认为,"贤文化"应该是多色的文化组合模式。具体讲,就是以言子讲学为代表的古色传统文化、李主一和刘晓为代表的红色革命传统文化、绿色海农文化和海纳百川的外来文化的有机复合体。依据各色文化的特点,开展有针对性的文化传播实践活动。这方面,奉贤已经有了比较好的组织形式,比如,庄行菜花节、伏羊节、金秋稻米节等农字号文化节,相约滨海之夏的碧海金沙休闲活动、赶海节等节庆活动,开展得有声有色,也取得了良好实效。

接下来,关键是要在完善配套服务设施和提高服务品质上下功夫。同时,要进一步完善运作机制,统一规划组织,统一包装宣传,丰富活动的文化内涵,扩大活动的规模,提升活动品味,使之成为凝聚精神、宣传"贤文化"的有效载体。再者,要组织精干力量,开发一批具象化的"贤文化"实践传播载体。如,"贤文化"系列丛书、"贤文化"乡土教材、"贤文化"广场等。借助城市化进程加快的契机,在大居区建设和三大组团发展中,在空间布局、建筑造型、风格、色彩以及道路、广场、公园等城市公共设施上体现出"贤文化"元素。比如,区教育局积极贯彻落实二届区委十二次全会的号召,组织专门力量,历时一年多,编写了涵盖中小幼四个学段共六册计 120 万字的《奉贤"贤

文化"读本》,成为上海区县首家出版的地方乡土文化丛书,成功举办了以新城崛起的文化自觉与自信为主题的"贤文化"教育论坛,影响深远。类似这种大手笔的文化传播与教育工作要积极鼓励,形成一种宣传弘扬践行贤文化的良好氛围。

三、树立创新的观念,着力推进文化建设四项重点工程,积极探索"贤文化"为主导的区域文化建设新思路

结合新形势,立足区情,概括地讲,笔者认为要推进四项重点工作:

一是要加大文化事业工程建设力度,推进文化惠民工程。重点是建设覆盖全社会的公共文化服务体系和实现公共文化服务的均等化。历史文化街区、海、水、农是文化奉贤的核心战略资源,决不能破坏。坚持保护为主、科学开发,对区内的历史文化古迹和历史文化街区,整体保护、修复和高品质开发。合理布局,在现有的博物馆、科技馆、图书馆组群建设的同时,还要加大投入,在新城和新区超前建设群艺馆、城市印象馆、大剧院、会展中心、全民健身中心等公共服务设施,健全完善惠及全区人民的公共文化服务体系。在推进公共文化基础设施建设中,尤其要注重科学规划,关注新兴聚居区、关注边远农村地区、关注外来导入人口。

二是要加大文化产业工程建设,培植区域经济发展新增长点。按照建设国家级文化产业示范区的标准,借鉴西安"曲江新区"、湖北"鄂西文化生态旅游圈"等建设模式,重点建设以南桥新城为核心区,奉浦大道或者金海路为中轴,北至西渡沿江带,南至海湾旅游区的奉贤文化旅游创意产业园区。对一些相关的文化旅游资源,如森林公园、碧海金沙和即将投入运行的上海之鱼等进行整合,组建国资控股、多元资本参与的滨海文化旅游集团。培植具有市场竞争力的一流文化企业,逐步形成融现代文明、时代文化和城市精神相适应的大都市文化为依托的文化产业。既增加文化含量,更创造就业新机会,吸引文化创意方面的人才入驻,从根本上提高奉贤城市发展品味。由传统的文化搭台、经济唱戏转型为文化唱戏、经济转型,提高奉贤经济布局中第三产业的比重,让奉贤既举重(工业)又若"轻"(文化服务业)。

三是要推进文化体制改革创新工程。丰富公共文化产品也好,发展文

化产业也好,核心问题是加大区域文化体制改革力度,消除文化大发展大繁荣的体制机制障碍。这方面,奉贤还有很多文章可做,改革的步子可以迈得更大一点。可以借鉴有些先行地区的经验,比如,将文广局、新闻出版局、旅游局合并,组建文化旅游和新闻出版局,加挂广播电影电视局、文物局、版权局的牌子,将文化管理实现统一管理、综合执法,实现文化行政资源的整合。与此同时,充分利用驻奉高校众多、人才聚集的优势,除了在经济科技层面的合作,还要推进文化教育层面的"三区联动",要在探索长效机制上下功夫。以"不求所有、但求所用"的理念指导下,实现长期共存、合作共赢。比如,可以由区文广局或者教育局牵头,与上师大文学院联合组建"贤文化"研究中心(所),整合优势资源,使"贤文化"研究进入长效化、常态化。

四是加大文化人才队伍培养工程。无论是创作优秀文化产品、繁荣文化事业,还是发展文化产业,人都是第一位的。没有人,什么也做不成。我们要着力培养一批文化领军人才、文化大师、文化名家和各类文化拔尖人才、专门人才,不断发展壮大奉贤文化人才大军,将奉贤打造成为文化人才高地,壮大奉贤文化人才板块在上海文化人才建设中的份额、分量。客观地讲,这方面是奉贤文化事业发展的根本短板。缩短这个差距,是需要有极大的魄力,需要一种耐性定力。"山不在高,有仙则名。"名家大师在整个文化人才队伍中所占的比例虽小,但作用非同寻常。上海文化建设能够达到较高的水平,说到底是因为有领军人物、有名家、有杰出的人才。所以我们对领军人才、名家大师要培养、要呵护、要支持,要给予特殊政策和待遇,与一般的人才培养要有所区别。从奉贤实际情况来看,比较缺乏文化企业的领军人物、文化企业的经营人才,需要引起高度重视。另外,还要培养各种拔尖人才和一些专门人才,如现代传媒人才、策划人才等等。可以充分利用已有的奉贤文化名人资源,比如孙美娜、周洁,还要积极引进文艺拔尖人才,就像宝山区引进著名运动员刘子歌,普陀区花大力留住刘翔一样,这种爱才、引才、留才的气度值得奉贤学习。与此同时,还要破除对人才认识的误区,要有一种"英雄莫问出处"的气度,不唯学历、学位,是否海归,是否名门出身,关键是看否真才实学。既重视对文化拔尖人才的选拔培养,还要重视民间艺人的发现和组织,特别是对具有鲜明地域文化特色的民间艺人,可以组建奉贤民间艺术协作会,设立专项发展基金,用于支持地方文化艺术的发掘抢救和丰富。

　　文化建设是一项系统工程,文化建设更是一项德政工程。抓好文化建设,是新时期各级党委政府的重要政治责任,是广大人民群众的历史担当。我们相信,有了区委区政府的高度重视,有了广大人民群众的广泛参与,奉贤大地上的"贤文化"一定会开鲜花、结硕果。

（2011 年 11 月）

融合的力量

面向 2035，落实习近平总书记系列重要讲话精神，在基础教育领域一个重要的使命，就是要深度推进城乡教育一体化发展，让生活在上海这座城市的人们，时时可学、处处可学、人人共享优质教育资源。

改革开放尤其是新世纪以来，上海为破解城乡教育资源不均衡难题、推进城乡教育一体化发展，作出了不懈努力，取得了令人瞩目的成效。千方百计加大教育投入、加大向郊区和薄弱区转移支付力度、推进薄弱学校建设等从硬件资源入手，如今在上海，"最美的景观是学校"已经成为现实。在坚持一手抓"硬"建设的同时，关注另一手抓"软"环境。从对口帮扶、结对交流、政府购买服务委托管理，到引导名优教师到农村和薄弱学校任教，推动学区化集团化建设，"办好家门口的学校"等一揽子制度设计，有效提升了薄弱学校和边远农村地区学校办学水平，形成了一系列行之有效的创新制度成果。彰显了上海教育改革力度和教育治理科学化水平。

在肯定成绩的同时，我们也应清醒地看到，当下的上海区域教育差距和不均衡依然存在。由于内涵发展和优质资源的不均衡，所带来的问题不容忽视。比如，"学区房"、"择校风"、"培训热"现象，家长微信圈很多不是正面信息分享，而是集体焦虑等。尽管是少数，是支流，也有家长和社会盲目"追风"的因素，但背后有其深刻的社会根源，最关键的是优质教育资源不均衡的直接产物。2017 年初，上海市委、市政府提出的"教育减负"要求和对教育培训市场规范治理力度，正是看到了这些"问题所在"并正在采取切实有效的措施。上海市十一次党代会提出，实现 2040 年建成"卓越全球城市"和成为令人向往的创新之城、人文之城和生态之城的目标。这其中一条重要的实现路径，就是要进一步推进城乡教育一体化建设步伐，在现有基础上深度推进。笔者以为，推进城乡教育一体化的深度融合发展，需要关注四个问题：

第一，教育理念和制度设计的深度一体化。要深刻理解，城乡教育一体化的过程是动态的，不是静止的，是城乡教育利益共同体形成和分享的过程。在制度设计和举措选择上，必须注意协调各种教育诉求，本着"办好教育是最大的民生和未来，投资教育就是投资未来"的理念，促进公共教育服务的均等化。要坚持城乡并重和软硬件并重的工作思路，重点关注"三个一体化"，即城乡教育动态的一体化，城乡教育高品质的一体化，城乡教育全面的一体化。在操作上，通过法治引领，深化"放管服"改革，构建政府、教育行政部门、学校、社会和家庭等多元主体协同的治理体系。形成"既有面向世界国际化的创新举措，又不失中国传统化的厚实底蕴；既有卓越大都市的创新创业风范，又能留住乡愁的文化积淀身影"等理念和制度创新大格局。

第二，学校自主发展和特色发展的深度一体化。学校是教育的细胞，只有真正激发学校自主发展的活力，才能使城乡教育一体化持续深入。正如有学者指出，在教育资源配置和教育机会分配等起点意义上的公平基本实现之后，如何在学校教育过程中实施"有差别的平等"，便成为教育公平的重点。努力的方向就是让教育过程充满平等、尊重和爱。激发学校自主发展的活力，需要激发学校发展内驱力，优化完善学校内部管理以及兼顾学校自身的利益需求。要着力推进现代学校制度建设，探索在基本建设、内涵发展、队伍建设、经费保障等方面，赋予学校更多自主权的工作机制。进一步落实和完善中小学校校长负责制，促进学校自主、特色、优质发展。推进学校文化建设，推动学校在办学理念、制度建设、环境建设、学生和老师的行为方式等方面，真正践行学校发展核心价值观。让学校的每一项办学行为、每一处环境设施、学生的学习行为和教师的教育行为等，能时刻传递和诠释学校文化，让有灵魂、有生机和有特色的学校成为可能，让学校成为令人眷恋的家园。

第三，教师专业成长和职业价值实现的深度一体化。教师是教育内涵发展的核心资源，优质教师资源的均衡是实现城乡教育一体化深度融合的关键要素。也是最大的挑战。面向2035，我们期待，每一位上海教师，都能够自觉践行新时期"四有教师"目标，人人都是有教育理想和教育情怀的人。创设一种更加科学合理的教师工作环境和成长机制，让每位教师播撒精神成长的种子,成为孩子生命中的贵人。同时,不再为"考试排名"、"生源差异"而纠结,专注于教书育人本源,有着多元发展的可能,真正体验教师职业生涯的幸福。

第四,学生教育体验和全面发展的深度一体化。学生是教育的主体,为了每一个学生的健康快乐成长,是教育的核心意义所在。也是检验城乡教育一体化成效的根本标识。要不断深化考试制度改革等各项措施,真正破除"分数至上"、"见分不见人"等陈旧观念,提升第一课堂,创新第二课堂,丰富社会实践,让每一名学生健康快乐全面地发展。让核心素养真正落地生根,不断培养学生的科创素养和动手能力,让课堂和学校真正成为人才培养的"创新场"。通过卓有成效的教育实践,让我们培养的广大学生,人人具有家国情怀、世界眼光、科学素养和人文精神,成为对家庭、对国家、对社会有贡献和有价值的人。

教育现代化2035,启发我们教育发展"永远在路上"。费孝通先生曾讲过,美人之美,各美其美;美美与共,天下大同。笔者理解,这句充满诗意和激情的社会学图景,其实也就是上海教育的"诗"和"远方"。

(2017年8月)

改革的力量

有幸参与了教育部"中国教育改革动力机制研究"课题组,承担了基础教育部分的研究。作为一名来自基础教育专业研究人员,也是新世纪上海基础教育改革发展的亲历者、参与者以及一些重大改革项目的实践研究者。结合改革开放带给基础教育的变化,有三个方面的思考。

一、改革带给基础教育的系列变化

四十年改革,让中国教育迈上了从教育大国向教育强国之路。作为教育大厦的"四梁八柱",基础教育实现了历史性的大发展。总体讲,学前教育从"有园上"到普惠"上好园";义务教育从普及小学教育到优质均衡发展九年义务教育;高中教育从面向少数转变为全面普及和特色发展,民办教育从有益补充到共同发展。倘若拓展开去,再稍微具体点可体现为:

理念上,从"育分"向"育人"的转变,更加凸显学生核心素养培养和德智体美劳全面发展。

举措上,从重"硬"向"硬、软"并重,由重点发展走向优质均衡。课程改革从整齐划一到多样选择,上海课改走过了三十年的历程。二期课改带来了很大的成就,但也让教育人感受到,依然有些问题并没有随改革而消除,革除了老问题又产生了新挑战。

布局上,由二元结构向城乡一体化发展,从精英化走向大众化。从上世纪 90 代开始的薄弱校建设工程到新世纪的学校结对交流、义务教育学校委托管理、学区化集团化,新优质学校、初中学校强校工程和高中特色化发展等等,一系列的富有上海特色的创新举措取得了良好成效。统筹城乡教育一体化发展步伐不断加快,"办好家门口的学校"已经成为共识并向实处推进,不断让老百姓有强烈的获得感。

视野上,从国内向国际接轨融合,这其中最经典的莫过于上海PISA成绩和英国主动引进上海数学课程。教育信息化从辅助教学到重塑生态,互联网＋与人工智能(AI),已经悄然与我们同行。

体制机制上,从教育管理走向治理转变,"管办评"分离和"放管服"统筹。走过了"教育管制—教育管理—教育法治—教育治理"的发展逻辑轨迹,实现"从传统走向现代"进而注重"创新与守正并重"的嬗变。

二、改革带给基础教育的挑战和转型任务

我们常讲,未来已来,唯变不变。面对席卷而来的科技浪潮、创新浪潮和改革浪潮,上海教育面临三大转型的历史重任:第一个是教育教学全过程的流程再造,即从教育目标的确定到最终的评价等过程的流程要重新进行构造。第二个是融合中华传统文化和人类科技、人文经典的教育范式锻造。这个教育范式必须适应我国自己的文化,要建立以优秀传统文化为本、集合全世界科技、人文经典的教育新范式。第三个是脑科学和人工智能相结合的学习革命。即开展基于脑科学的全脑学习,开展基于大数据的精准学习,开展基于人格化的创新学习,开展基于新技术的高阶学习。也就说,从现在开始,从"经典"学习进入了"超级"学习的阶段,它不仅是一个理念的变革,更是对教育发展的全新要求。事实上,从今年在上海召开的几件世界级大事,就可见一斑。一个是9月17日在上海召开的世界人工智能大会;一个就是11月的首届国际进口博览会。这样一个风向标,在提示我们,历来有开风气之先的上海和上海教育,有理由也有能力抓住这样一个风口,让上海由教育综合改革的"码头"成为改革创新的"源头"。

三、改革带给教育工作者必须关注的几个问题

全国教育大会提出的新时代教育使命,对上海教育改革发展提出了新的任务。不仅是中国,世界各国对于教育改革也很关注。经济合作与发展组织(OECD)教育与技能司司长、国际学生评估项目(PISA)发起人安德烈

亚斯·施莱克尔（Andreas Schleicher）讲，"如果不进行实质性的变革，教育系统所能提供的与社会需求之间的差距将逐渐加大，最终教育会变为我们的下一个钢铁行业，学校成为过去的遗产"。笔者理解，我们必须关注几个方面：

其一，建设高素质的教师队伍到了一个时代的风口。既要抓住十分有利的政策红利期，更要从制度和源头上形成更加有效的建设机制，要真正体现以人为本，教师为本，建立更加有效的人才选拔、培养和评价机制，还要建立容错、纠错机制。比如，教师家教指导力是新时代教师的必备素养。我在"两会"期间在中国教育报发表过评论，这项工作亟待推进。

其二，建立更加通畅的家校社合力育人机制和环境。这是决定教育改革能否取得成功的重要支撑。事实上，依笔者之见，当下的基础教育改革已经在很大程度上不再是"刀刃向内"的问题，更多的是被社会复杂而多元的需求所束缚，讲得严重一点，有些领域是被社会所"绑架"。比如，学业负担问题。这个问题，我在"两会"期间就写过一篇文章《实现学生减负需要全社会集体减负》。还有学生安全问题，出现了因为害怕责任而不上体育课和探险课，需要引起关注。要有有效的制度和举措。

其三，系统有效的改革举措是教育改革成功的保障。建立完善有效的激励与约束机制尤其迫切。人是第一要素，教师队伍是教育事业发展的根本保障。如何进一步优化绩效考核，激活教师活力，形成"能者上庸者下""能进能出"的教师队伍激励机制，在一定程度上影响甚至决定了教育改革发展。而这一块正是我们当下的制度和机制"短板"，需要合力攻坚。

其四，建立富有实效的科学评价体系。评价是最难的改革攻坚项目。如何评价教育尤其是基础教育？以中考和高考考试改革为契机，能否真正改变分数和升学导向，建立科学的学生综合评价和学校发展评价体系。从指标设置、监测工具和数据采集的可信度，既体现大数据的功能又科学运用大数据功能，需要我们重新审视。笔者近年来参与上海市教委的区域基础教育环境质量监测，区域中小学生七彩成长满意度、教师乐业育人幸福度、家长参与支持办学等评价，对此很有直观体会。比如，高中教师的幸福度相对滞后，就是一个信号。

此外,深度推进教育改革还必须处理好一些关系。比如,上下关系,内外关系(教育内外,国际国内),眼前与长远关系,理论与实践关系,等等。总之,改革是一项系统工程,向改革要质量,成了新时代教育的关键词。

(2018 年 12 月)

宣传的力量

　　"十三五"以来，奉贤区教育局开设了机关科室长论坛。这个创意很好，既增进彼此了解，又促进了相互学习提高，激发了机关文化活力。

　　接到任务后，我也一直在思考到底讲点什么，怎么讲好这个话题？不论是教育话题，还是宣传工作，其实内容都很广泛。从教育局宣传科的职能职责看，最基本的工作有五大块：理论武装、师德建设、文明创建、校园文化、外宣内宣等。同时，还承担教育系统党建思研会和指导团工委工作。应该说，教育宣传工作是点多线长面广量大。联系自身实际，我想围绕这些年来自己从事宣传和研究室工作的思考，与大家交流一下。题目就叫"宣传的力量——与时代同步、与大局同行"。

　　为什么要围绕这个题目来讲，我想最重要的是基于两点认识：其一，做宣传工作最重要的是掌握方向，要了解形势、把握形势，同时还要跟上形势。其二，做宣传工作最关键的是要围绕中心，服务大局。这是由宣传工作的意识形态属性决定的。或者说是我们中国共产党领导下的中国特色社会主义宣传工作的党性原则决定的。就教育宣传工作而言，就是要围绕教育局党政中心工作，想中心之所想，急中心之所急，为中心之所为。决不允许有脱离中心自说自话、自娱自乐和标新立异。离开了这个基本点，就会偏离方向、偏离航道，就是无源之水、无本之木。对于以教书育人、传播先进文化为己任的教育工作者，特别是面对还不能完全明辨是非，处于"三观"形成关键期的青少年学生，正面教育和引导任务十分繁重。这是教育宣传工作的重心之一。

　　正是有了这两个基本认识，在遵循宣传工作规律过程中，我们紧密围绕奉贤教育的中心和大局，作了一些有益的实践探索，也取得了初步成效。由于大家都是具有较强业务能力的机关干部和领导，我想，今天就不从概念、原理这些理论出发，也不是对大家进行业务培训，围绕自己的实际体会，从四个角度与大家交流。

一种理念的培养：围绕中心、服务大局

培养一种大局的眼光，一种跨教育的视野，树立大教育观。这是做好新形势下宣传工作的重要思想基础。习近平总书记 2013 年到中办调研时强调："中办干部特别是领导干部，必须牢固树立高度自觉的大局意识，自觉从大局看问题，把工作放到大局中去思考、定位、摆布，做到正确认识大局、自觉服从大局、坚决维护大局。"这个基本要求，不仅是党委办公厅（室）人员的基本遵循，也是宣传工作者的行动指南。

什么是大局观？我参阅了一下资料，大局观源于围棋。围棋是中国人发明的、充满智慧和文化内涵的智力博弈活动，又称为"战略的游戏"。现在扩展到党和国家全局工作的部署中。大局观体现在观大局上，就是站在党的奋斗目标和工作全局的高度，观察大局、判断形势；要体现在识大局上，就要真正懂得大局究竟是什么，它的本质要求是什么；要体现在为大局上，就是自觉在大局下行动，为大局奉献局部。时下有一句流行语，"思想有多远，行动就有多远"、"心有多高，舞台就有多大"；又讲，"理念决定思路，思路决定出路"。古人讲，不谋全局者不足谋一域。尽管我们都是普通的机关干部，人微言轻；但工作责任重大，使命光荣。江西省人大副主任谢亦森在《秘书工作》2014 年 12 期上，刊发了一篇文章《兵位帅谋》，从一位老秘书工作者的视角，讲出了善谋智囊经验，值得大家一看。对宣传工作者而言，有两个最基本的专业要求：就是思想政治理论素养和文字能力。特别是后者，我们每个机关干部是每一天都必须面对的。由此延伸出一个具体话题，如何围绕大局从事文字和写作。

这个话题，我参加工作后是一直遇到的。也一直在实践和思考的话题。现实中，同志们经常在讲，某某会写，某某是个才子；也有人说，某某就是写作的，我只会干，不会写；我是干具体业务的，写是秘书们的事。等等。那么，到底应该怎样看待文字工作呢？我的体会是，文字工作是研究工作，是一种将实践经验提升为系统理性思考的创造性工作。文字工作、特别是研

究和理论文章,其构成的要素是:阅历(对情况有把握,有实践体会和占有一手材料)、规律(思想方法和经验提炼)、悟性(触类旁通的灵感)、技艺(也就是人们常讲的写作水平)。从我的体会看,前三者占的比例至少为七成。

一个没有对业务实践有很深入的认识与思考,对宏观、微观形势没有深刻把握,对领导意图和大局没有驾驭的人,再高的文字水平也写不出好文章。这就是现实中,我们看到文字水平与一个人的学历、专业、聪明等,并不划等号。山还是那座山,地还是那块地,种出的庄稼就是不一样。为什么呢? 这种认识和体会,我也是经过很多年的实践,经历无数次的挫折,才逐渐领悟的。1998 年至 2000 年,我在县市委办公室当秘书时,出身地级市政府秘书长的县委书记对我讲过的。很多年以后,我才领会其真谛。联系我们教育局的实际,教育局出去的每一篇大文章,应该都是对教育规律的一种深刻把握后形成的,而不是闭门造车的产物。比如,2013 年 12 月,区委书记给我们教育局布置了命题作文,要求教育局提供一篇关于奉贤教育开放发展的文章。围绕这个话题,我与局领导有过多次交流,结合这些年奉贤教育的改革与实践,更重要的是我一直关注着"十一五"以来上海教育和奉贤区委区政府的战略思想,可以说,我是奉贤教育"十一五"以来的亲历者和见证人,从一定程度上讲,也是一名参谋,许多重大的活动、重要的文件、典型的经验,我都是配合领导进行的。也就是在这样一个过程中,我对奉贤教育有了真实而深刻的理解,形成了《开放发展,创新求变》这篇文章,受到了领导好评。归结起来,其实质是从奉贤教育的真实客观的发展历史事实出发,置身国际教育大势,联系中国和上海教育发展的战略思考,从满足人民群众对优质教育资源的需求,这三个关键性元素出发,才有了这篇文章。也就是说,如果没有奉贤教育的生动实践,没有亲身经历和积累这种实践认识,没有上海和奉贤区域改革发展的战略构想,没有对一种大局和中心的把握,就不可能形成这样一篇文章。与其说是一篇文章,还不如讲是一段区域教育历史的勾画,一种思想的表达,一种前景的展望。写作者只是一个参与性人物。也就是讲,完全靠技巧无法写出来。不知大家是否同意? 道家经典《老子》(又称《道德经》)提出,"人法地,地法天,天法道,道法自然",讲的就是要如实地认识自然,不要附加主观的想象,因为天、地、宇宙来源于"道",而"道"是自然的(即道法自然)。著名的文化学者在讲国学时,都讲到一个思想，中国传统文化有"术、道、势"三种境界。我想用到文字工作也一样适用。要从"为文而文"的技术层面、器物层面，上升到"为事而文"的道法自然的层面。

一种习惯的养成：让学习成为生活工作的一部分

对于宣传干部和教育系统的干部，学习是立身之本。古语道，"腹有诗书气自华"。我多年来养成了一种热爱学习、热爱读书看报的习惯。当然，这方面也有很多同志做得比我好。今天，想结合自己如何通过学习推进工作，与大家交流一下。讲三个心得：比较法读书，笨办法做剪报资料，苦办法应考逼自己学习。

1. 比较法读书。除了一些知识性和趣味性的书外，我的体会是要用一种跨专业跨领域跨视野的方法读书。"比较学习法"这个方法是屡试不爽，十分管用。平时除了一些教育专业类和工作性的书籍，我还比较注重系补上经济类、特别是宏观经济类和文史哲知识，从一定意义上讲，我是用一种跨学科的知识和思维，去理解教育教学工作。这也许与我学生物学和政治学双专业经历相关。比如，为了寻找一种跨区域思维，我曾经系统的进行了比较区域学习，《深圳转型——城市治理模式的革命》（金心异著），《上海崛起——一座全球大都市中的国家战略和地方变革》（陈向明、周振华主编）、《广东经验——跨越中等收阱》,《昆山之路》,《闵行改革》,《国家级新区比较研究》,《浙江难题》等都翻阅，从而寻找真实坐标。再比如，为了策划编写好《彩虹飞架》一书，我和编写组的同志们找来了对标作品：比较集中的有三个方面，一个是教育学经典著作：康德的《论教育学》，赫胥黎的《自由教育论》，怀特海的《教育的目的》，杜威的《我的教育信条》，菲利普·W·杰克森的《什么是教育》等，从教育理念上给自己补点课。再一个方面是学校文化丛书。第三个是教育改革试验丛书，《多元开放，国际融合——大连金州新区》、《城乡统筹，质量领先——成都青羊区》、《追求卓越，对话世界——深圳南山区》、《高位均衡，轻负高质——杭州下城区》、《高位提升，惠及全民——宁波鄞州区》，书中的这几个地方，都是中国教育科学研究院与地方合作的教育综合改革试验区，与上海特别是奉贤有得一比，是值得我们好好学习和借鉴的地区。这样一来,开扩了眼界,吸收了新知识;更多的是形成了一种比较中创新的思路。

2.笨办法剪报。在现代信息化时代,这个方法似乎有些过时,甚至可能有点不入流。这种做法,有人调侃为"剪刀加浆糊"的戏称。不知是有一种原始情结,还是我觉得实质上符合人的学习规律,所以我一直是在用。这个方法可以说相伴了我几十年,特别是工作二十多年来。我是一个乐于接受新生事物的人,特别是对网络和新媒体,我更是十分重视和自觉运用,这也是宣传工作者的基本职业素养。但同时,经历和经验也告诉我,老办法也很管用。剪报粘贴,不是一个简单的手工活,更是一个系统学习、比较学习和选择的过程,也是一个头脑加工转化的过程,是从感性思维到理性思维的过程。在一个看似机械式的手工过程中,完成了许多新技术不能解决的问题。比如,去年我被抽调到区委筹备好家风全国座谈会。表面看,领导是要我去从事文字工作,用平常话讲,就是去"写"。其实对我而言是一个极大的挑战。因为我和大家一样,对什么是好家风,好家风培育的方方面面也缺乏认识,肚子里也没有货。俗话说,巧妇难为无米之炊。叫我怎么写? 编也是要材料的啊?! 而且是要为区委书记起草全国会议讲话稿,要求是很高的,要让人听起来就是那么回事。庆幸的是这些年来自己养成了一种好的学习方法——不懂就去学。不可能等所有的知识准备好了再去干,就这样我赶鸭子上架了。我的方法就是:先认真地研读中央关于传统文化特别是关于好家风、好家训方面的文件和讲话,琢磨其实质就是贯彻习近平总书记提出的培育和践行社会主义核心价值观;再就是翻一下各省和上海关于好家风好家训方面的历史资料,增强一种文化认识;最后就是使用一种看家本领,做剪报。正好从5月份起,各大报关于传统文化的报道以及有关学者这方面的文章刊发比较多,其中尤其是《光明日报》以文化见长,开年就承办了好家风好家训全国征文。就这样,我尽最大的力量,将《光明日报》、《人民日报》、《文汇报》、《解放日报》等关于传统文化尤其是好家风好家训方面的报道文章收集下来,分门别类,几个月下来,量还比较可观,既解决了知识不足的问题,还从分门别类的梳理中,寻找到了规律性和特色性认识,形成了自己对好家风好家训的思考。我第一专业是生物学,生物学中常讲的"系统",此时派上了用场,构成了专门知识树,拿出来就好用。

3. 苦办法应考逼自己学习。这个方法纯属个人特点，不值得大家学习。因为仅仅对自己管用。人都是惰性动物，"好逸恶劳"是人的本性。闲久了，学习动力也没有了，种种借口也产生了。怎么办？我的办法是尽量参加一些竞争性考试，使自己处于一种应考学习的状态。考试是一件很痛苦的事，应试教育更是口诛笔伐，应试也成了书呆子、不务实的代名词。但大家也都知道，到现在为止，也只有考试是人们公认的最公平的方法之一，包括国外学校，据我了解，入学选拔特别是中国学生入选，首先看的还是分数，这是基本条件。我将参加一些考试作为逼自己学习的方法，短期内大容量看书学习和识记知识点，能够比较集中的提升自己的知识积累。而且在一种考试状态下也容易激发自己一种主动性和创造性。我与领导谈心时讲了一句玩笑话，这么做也是锻炼脑筋，防止老年痴呆。当然，其负面影响是容易受打击，这另当别论。

一套丛书的策划："奉贤教育文化丛书"搭建了平台

"奉贤教育文化丛书"是继"贤文化"教育读本后，我到教育局宣传科主持工作以来，形成的一项重点工作。为什么要推出"奉贤教育文化丛书"，这套丛书将给奉贤教育带来什么？用文化语言来回答，就是"要搭建一个文化平台，要开创奉贤教育改革与实践的史记，记录奉贤教育前行的步伐，思考奉贤教育的未来，当然也要在实践中锻炼和培养人才"。我的总体构想是，围绕南上海品质教育：人（《魂系杏坛》）、学前教育（《姹紫嫣红》）、义务教育（《彩虹飞架》）、教师教育（《工作室在行动》、《见习教师 100 问》）、社区教育（《中国大课堂》）。接下来，如果可能就推出高中特色教育、职业教育。这样从整体上对区域教育就有了一个全景式扫描，如同一座大厦的框架成形了，具体房间就是由各人的喜好，来进行设计和装修了。我们就是要搭这样一个平台，一个鼓励成功包容失败的平台，一个真实的奉贤教育，从外观到内涵平静地接受社会和历史的评判。因此，我和同仁们是在用心用力地做，期待用绵薄之力，为奉贤教育文化软实力提升作出应尽之责。这里，我就想举两本书的策划思路与大家分享。

比如，对《魂系杏坛》一书策划时，我们提出的策划思想是："一个区、三十年、这批人、那些事"，它成为了主线。劳模既是一个光荣的个人荣誉称号，但更多的是代表一个时段、一个时代。随着时间的流逝，许多人注定了是要被时代淡忘，但精神层面的东西要让其留下来，这也是奉贤教育发展的根本动力和秘诀所在。其实在策划初期，我们在听取意见时，这些劳模同志们都很谦虚，有的同志甚至有顾虑，担心被人说是花公家资源为少数人树碑立传。但当我们讲清楚意图后，得到了他们的大力支持和配合。这中间有许多感人的故事。在采访和编辑过程中，我们也常常会被他们看似平凡但却感人的事迹感动，比如，徐庆余老师，是采访的过程中，我们得知他的老母亲早在建国初期就是老劳模，是受周恩来总理邀请到北京参加国庆观礼的劳模！还有顾惠萍老师，也是在采访中，我才知道，她竟然是徐汇名牌皮鞋厂厂长的千金，文革插队落户奉贤，成了一名"乡村女教师"。后来放弃了很多次回中心城区的机会，要知道那可是三十年前的中心城区。而且没有坐完月子就回到讲台，此情此景，又有谁能说师德师风不能传承？！的确如此。今天回头看，也正是这些代表性的教师，铸就了奉贤教育"五种精神"的源泉。这样的故事在我们后来编写《姹紫嫣红》一书时，也体现得十分鲜明。全景式地对奉贤学前教育的发展历程有了认识，也让我们真正走近了基层、走进了群众，也让我们宣传工作服务大局是如此的充实和踏实。从一定意义上讲，也是做宣传工作的收获和成就所在。

再比如，在对《彩虹飞架》一书进行策划时，我们提出的策划思想：运用委托管理这一全新的教育均衡发展创新机制，直观改变的是奉贤区各受援学校的面貌，推动着学校各项事业的发展；更多的是一种制度变革带来的教育发展思想和学校管理思想的变革。是将有形无形的学校围墙拆除，实现"优势互补、资源共享"的过程，也是教育管理思想交流、交锋和交融的过程，彰显的是一种大教育观和开放的教育观。上海奉贤区的实践，折射出资源不均衡在一定时期会长期存在的客观现实下，推进城乡教育一体化发展，是可行的而且已经有了鲜活的案例。

也就是说，这本书写什么，怎么写，想要表达一种什么样的主旨，想要告诉读者和社会什么内容，已经不是传统的各学校工作总结汇编，也不是资料的累积；它不同于《魂系杏坛》、《姹紫嫣红》两本书是围绕单一的人和单位，展开的历史性纪录和现实的描述，而是在城乡教育一体化发展背景下的教育管理体制上的调整和优化，是教育发展思想和经验的交流、迁移。是对现行的教育管理模式分析和思考，针对极少数校长和教师特别是农村薄弱学校校长教师中一度存在的从最初抱怨"缺钱"到现在抱怨"生源太差"的发展唯条件论，让事实回答一切皆有可能，关键在人。全书力求彰显一种理论性、实践性、可读性与纪实性的统一。

一篇文章的源头："一个村庄、一种文化、一批贤人和一个时代"发表的启发

承蒙组织上的信任，2014 年 7 月至 10 月，我被区委领导点名，抽调到区委好家风培育办公室，从事文字和宣传工作。老实讲，接受这样的工作，对我没有新鲜感。主要是从事类似工作的次数太多。但是去之前，教育局领导找我谈话，对我讲到区委这项工作的意义。一种责任感让自己意识到"干就干好、决不能辜负领导的期望"。于是，在完成一些应景任务，比如编写简报、写工作汇报和阶段总结，当然也要为领导准备研讨会交流发言。在筹备会议过程中，我深入到杨王村、公安局、奉浦锦梓家园和四季贤园，多次参加市级层面的好家风好家训文化研讨会，不断地与有关领导和专家、基层居委会干部交流，对奉贤"贤文化"的推进，有了一定的直观了解。同时，就如前面所讲，我用了一个笨办法，将 5 月到 9 月份以来的有关报道和文章，进行详细地剪报和阅读，形成了比较系统地理性认识。一开始，是为了准备向中央文明办和市委常委、宣传部徐部长的工作汇报，后面考虑还要及早准备区委书记的交流发言稿。这种压力下，我就用了笨办法，先与庄行镇大学生村官小秦一起做"流水账"，详细地将奉贤做法尽可能详尽地总结一下，一个星期下来，居然总结了 15 000 字，在这个基础上，进行简练化处理形成了11 000 字的总结稿。

不曾想到，就是这样一个比较主动的总结过程，居然赶上了一个好时机。9 月 12—13 日，中央召开了全国培育和践行社会主义核心价值观经验座谈会，刘云山、刘奇葆同志先后作了重要讲话，再后来中宣部专门发文件进行部署，中央媒体迅速于 14 日召开专题报道会，要求各大媒体在全国找典型，光明日报上海站站长曹继军老师知道我今年在从事这项工作，问到我

有无素材时,我讲到这个总结还是比较全面的,可以让她们去找有用的料。不曾想,15 日,报社就反馈过来,主体部分可用,按照他们的意图进行了修改和完善。原标题是"落细落小落实社会主义核心价值观的区域样本——上海市奉紧区开展好家训好家风培育工作的探索与实践"。后经责任编辑的大手笔,采用文章中一句话"一种文化、一批贤人、一个村庄和一个时代"作为标题,十分出彩,在《光明调查》整版刊发。受到了中宣部和上海市委、奉贤区领导好评。这个实践,深深地教育和启发着我:未雨绸缪,机会总是垂青有准备的人,做宣传工作,又何尝不是如此?!

我们从事的是看似平淡没有太多变化的教育工作,但变革的思维无论何时讲都不过时,处于大变革时代的奉贤教育同样如此。做好宣传工作内容博大精深,远不止我所讲的这一点皮毛。今天的发言也算是抛砖引玉,期待后面讲的同志有更多的精彩。

(2015 年 5 月)

名家访谈

"点灯者",是我在编辑"名家访谈"这组文章时,脑海中不断闪现的念头。

说来惭愧,我对"点灯者"的理解,很长一段时间停留在字面,知道是"为暗中照亮他人的人";随着阅历增长,方知"点灯者"其实源自佛教用语。

佛教中有一个专门术语"回向",讲的是修行者心业力与佛菩萨大愿力和合的作用。回向给他人,就好比点了一盏灯,再用这盏灯去点亮其他许许多多的灯。所以就有"身为正法藏,心为无尽灯,照了诸法空,名曰度众生"。

作为一个唯物主义者,我无意宣扬宗教。但从人性视角理解就是:人活在世上,不应只领受别人的照顾,而要成为一个能照顾别人的人。所以我们常讲,学校德育工作是点亮心灯,优秀的教师是点灯者。

访谈的几位教育名家,都是中国教育大地的点灯者。我与他们因教育结缘。特别是对几位年事已高的教育家,我一直怀有"高山仰止,虽不能至,心向往之"的虔诚之心。事实上,在我的职业生涯中,结识了许许多多的优秀教师,尽管不一定是名家大师,但他们的教育情怀,他们的为人风范,成为我的学习榜样,点亮着我前行的路。让我树立了一个信念:尽心照亮他人,努力当一个点灯者。

您的牵挂，我的追求
——我和人民教育家于漪老师的故事

我认识于漪老师有将近 10 年的时间，2010 年参加她在奉贤区教育学院附属实验小学的报告会，到 2015 年我主持她给奉贤区青年教师的报告会，后来多次在她家当面向她请教传统文化教育、家庭教育和青年教师培养等问题，先生无不是一一耐心解答，谆谆教导。2018 年、2019 年她先后从北京载誉（改革先锋、"人民教育家"国家荣誉称号）归来，我还有幸到她家里，边请教她专业问题，边听她讲述颁奖情形，体会着先生的职业幸福，也感受着她对教育的热爱和责任。她亲笔为我主编的区本教程《又一种教育智慧：家庭教育指导教师教程》题词"一辈子学做教师"，这份鼓励也成了我和同事们的教育追求。当时光年轮跨入 2020 年，得知开展"我和于漪老师的故事"征文，不禁提笔，记下我与于老师交往的几件一生难忘的往事。

结识于漪老师，缘于一场报告会。2015 年 9 月，教师节刚过，奉贤区教育局请来了已是 86 岁高龄的于漪老师，为全区近 500 名新入职的青年教师作专题报告。我当时还兼任着奉贤区教育局宣传科科长，负责全区教师师德建设。那天，原定是学院蒋东标院长主持，由于他临时有重要任务，就由我代为主持。报告会上，于老师用充满激情的语言和丰富生动的故事向我们青年老师作报告，用自己的成长经历鼓励青年老师们热爱教育，关爱学生，做"四有"好老师。报告会不时被热烈的掌声所打断。我走上台，向她深深地鞠了一躬，那一刻，台下的老师们的掌声也表达了与我一样的心声。于老师从座位上站了起来，双手合十，向我回礼致谢。结束时，意犹未尽的青年老师们都围上去，簇拥着她，与她合影留念。一位青年老师的话讲出了我们的心声："以前只是在电视里看到于老师，真的没想到于老师就和我奶奶一样亲切和蔼，她比明星好多了。"也就是这场报告会，开启了我与于老师结缘之旅。几年来，我们有多次面谈，在重大节日或者遇到重要教育事项会致电向她问候或请教，每次她都是非常耐心地与我交流并给出建议。偶尔我还会到她家面谈，听她讲教育，讲家庭教育，讲教师，讲人生，俨然成了她的"编外"学生。在这里，记下三个小故事。

故事之一：指导"贤文化"学生读本编写，让我领会"中国心"

近年来，对于优秀传统文化日益重视。我们奉贤区因地制宜，在全区深入开展以"敬奉贤人，见贤思齐"为内核的优秀传统文化"贤文化"教育，2009年起，就形成了区本普及读本。为了进一步在广大学生中弘扬优秀传统文化教育，2016年底，我区教育局决定分学段编写"贤文化"教育区本学生读本，我既是领导小组成员，还承担了《I奉贤·贤文化》小学版的主编任务。说实在的，这对我而言，是一个较大的挑战。一来我离开教学一线已经有多年，从来没在小学任教，对于小学生的阅读习惯和需求还真的没经验，如何写出一本针对性强、受小学生欢迎的读本真的没有底……带着这样一些困惑，我与于老师电话联系后，专程上她家当面请教。

那天，她十分热情地在家中接待了我和同事。尽管已经提前将读本编写提纲和"贤文化"相关资料寄给她，供她参考。那天见面后，她还是十分仔细地先听我们的想法。随后，她向我们表达了对于面向中小学生开展优秀传统文化教育和关于如何编写小学生读本的意见。她亲手写了很多条详细的意见和建议，字迹工整，言简意赅，十分入题，对我们很有教育意义，让我们脑洞大开。印象最深的是一句"离学生近点"。她讲道，要让学生喜闻乐见，必须符合小学生的阅读心理和习惯，要用学生的思维来开展编写工作。一开始，我们提供的文本尽管写得很生动也很丰富，但过于"成人化"，我们似乎忘记了这是写给小学生小朋友们看的，要"以学生为中心"，要让学生们看得进、看得懂、记得住。她还举例说明，这与课堂教学是一样，不是让我们老师和编写者进行才艺表演，"心中有学生"才会出思路。

也就是这次沟通，让我们的写作思路发生了根本性改进。比如，同样是介绍奉贤地名得名的典故,我们就不再是用一个历史学者口吻进行的,而是用了一个可爱的卡通人物"小贤",让这位同样是小学生的"小贤"同学,用一个小主人小导游的形式向小朋友们介绍奉贤地名得名的由来,既亲切又易懂。同时,她还就如何围绕体现故事性和合适的文字量,为我们提出了很好的建议。

她还向我们讲了她自己上语文课时的很多往事,包括在指导青年老师们上好课时,一直坚持的理念就是要"以生为本"。她讲道,在实际教学中"心中全无学生"的老师是极少数、极个别的,口中说学生,心中也想到学生,有教好学生的愿望,但往往停留在抽象的概念,大而化之,久而久之,教材实了,学生被"虚化"了。要学会站在学生视角,用学生的眼光去了解学生,去教学生。我还清晰地认得,讲这些话时,先生的声音有些提高,表达了对当下课堂现实的一种担忧。

是啊,知易行难,懂得这个道理并不难,可真正践行起来却非易事。也就是那次,我们写作者就不再只关注自己的"作品",而是反思我们"离学生有多远"。也就是这次交流,后面的编写工作进展就顺利多了。如今,这套"贤文化"小学生读本很受小朋友们的欢迎,我们又将开始新的修订进程了。"离孩子近点、再近点"、"用孩子的眼光去审视我们的教学",让我们的教研教学变得更清晰更有效了。

也就是那个阳光明媚的下午,在她那家那洁净朴素、充满书香的客厅中,我们还静静地听她讲述关于学科德育的见解。她说,自己最愿意听一线老师的声音,最关注的是平民教育,最希望的是我们的学生都有一颗"中国心"。要求我们教育学院的教师,要引导一线教师善于向孩子们讲故事,将我们中国五千年的故事讲给孩子们听,让他们不仅有一双"世界眼",更有一颗"中国心"。听着先生的讲述,让我们理解了学科德育的精髓,也感受到了自己的责任和使命。

故事之二:一句"一辈子学做教师"签名,万金难买的教诲

我在教育学院分管德研、科研工作。这几年,我因地制宜,在市教委和区教育局的支持下,带领团队开展了家校合作育人深度研究,开展教师家教

指导能力的研究和培养,创造性地研制了教师家庭教育指导区本教程,涵盖中小幼教师共3卷本,对推进区域家校合作育人和教师专业发展起到了良好促进作用,这与于老师的支持帮助分不开。

区本教程研制之初,我们就听取了她的指导意见。完稿后,我们向她提出了一个请求,希望她能够为教程签名题字,以鼓励推介成果。说实在的,她同不同意题字,我心里没底,而且此时她刚从北京载誉归来不久,有很多方方面面的接待来访,年纪大了,身体也不大好。不曾想,当她听到我们的请求后,在电话里就十分爽气地讲:"张老师,您不要客气。只要是对教育事业发展有利,对青年教师成长有益的事,我都同意。"而且约我们到她家里取。那一刻,我们真的好高兴,好感动,瞬间明白什么叫"长者风范",什么叫"无私关爱",那份提携之情,让我们永远铭记在心。

那天,我和学院党总支徐莉浩书记一起到她家,她热情地接待我们,对我们关注家庭教育和教师家教指导能力培养表示赞扬。她说,在当下抓家校合作,抓老师的家庭教育指导能力十分有必要,是一个聪明之举。奉贤尽管是郊区,各方面条件还不是十分好,但能够因地制宜,专心研究和推进家校合作育人,是很有眼光的。事实上,长期以来,她十分关注郊区和条件相对薄弱地区的教育。她对我们说,"上海的教育必须要优质均衡,我们的教育必须关注更多的平民和弱势群体"。我想,也许正是因为我们的务实和创新行动,感动了她。

我清楚地记得,她端坐在那个靠近她客厅书柜已经有些陈旧的小方桌子旁,用十分工整的笔迹,写下"一辈子学做教师"和她的名字"于漪"。当时,徐莉浩书记就坐在她的对面,用专注的神情看她签名。那一刻,真的像一个晚辈学生在听语文老师进行作文面批,那个让无数学子十分熟悉而温暖的场景,在我们这几位已经人到中年的"小学生"身上得以重显,真的好幸运,真的好幸福。随行的同事胡引妹老师,为我们拍下了那张珍贵温馨的照片。我们学院六十年院庆时,我们将这张珍贵的照片冲洗放大后挂到了院史室,在数字故事片中播出,大凡看到的观众无不动容。这就是先生,一个乐于培养人,一个甘为人梯关爱后辈的长者。

那天,她还围绕当下的家庭教育与我们进行了交流,也就是那一天,我们听她讲了自己的家庭,讲了她的几个兄妹成长的故事,讲自己从复旦大学毕业后,响应党的号召从事教育工作的经历,还向我们讲了她对自己的孩子和孙女的家庭教育往事。记忆特别深的是,讲到孙女上中学时,学习状态一度不是十分理想,当儿子儿媳问她,"要不要送孙女上辅导班"。她的回答是:"要根据孩子的实际,尊重孩子的意愿,不要追风。"就是这样一种民主的家风家教传承,成了无声的教育力量。如今,她的孙女也成了一名优秀的人民老师,传承着奶奶的教育事业。

故事之三:一次荣誉分享,让我们终身受益的名利观

2019年10月的一天,我和学院蒋东标院长,陪同奉贤区副区长袁园同志一起到于老师家中看望她。此时,于老师刚刚荣获了"人民教育家"国家荣誉奖,成为全国1 700万中小学教师中的唯一代表,在北京人民大会堂受到习近平总书记的亲自接见和授勋。这个莫大荣誉,既是她个人的,也是上海教育的,还是全国中小学教师的。她代表了一个时代,代表了人民教师群体。

那天下午2点,我们到她家时,她像往常一样准时等候在电梯口。我们向她献了一束鲜花,她十分高兴。亲自为我们倒茶水,为我们剥糖果。坐下来后,她饶有兴趣地向我们讲述进京受奖的过程,还从书柜抽屉里拿出了2018年获得的"改革先锋"和2019年获得的"人民教育家"国家荣誉奖章,与我们分享。当我们向她表示祝贺时,她十分谦虚地对我们讲:"其实我只是教师当中的一滴水,我这一生也只是做了一名草根教师应该做的事,但是党和人民给了我这么崇高的荣誉,也激励着我,在有生之年,我还要为基础教育事业多尽一份微薄之力。"交流中,她向袁园副区长提了很多关于推进区域基础教育的好建议,还特意提到要进一步重视教育学院建设,抓好教师"工作母机"建设,对于提高区域教育十分重要。先生的话语,让我们为之动容,也让我们看到了一位人民教育家的名利观。

《诗经·小雅》中讲道:"高山仰止,景行行止,虽不能至,然心向往之。"与先生交往的每一个细节,我都历历在目,每一次教诲让我铭记在心,也成为我和同事们从事教育研究的动力。每每翻阅那8卷21本《于漪全集》时,一种动力就会涌上心头。91岁高龄的先生还在关心教育,还在学习,还在

写作,我们还有什么懈怠的理由? 还有什么不能克服的困难?!

在写这篇文章时,正值庚子年春节,一场突如其来的新冠肺炎疫情,让我们宅在家里防避疫情和居家办公。我专门打电话向先生致以节日的问候,叮嘱她多保重,并且表达了想写一写她的故事,得到了她一如继往的支持。真诚地向她说一句:"敬爱的于老师,您的牵挂,就是我们的追求。衷心地祝福您健康长寿,永远年轻!"

(2020 年 2 月)

人生为一大事来

——访中国当代教育家刘彭芝

　　认识刘彭芝校长,其实很偶然。2015 年,她作为上海教育系统"双名工程"导师,来上海和奉贤区为校长们作专题报告。我当时是奉贤区教育局宣传科长,同时作为一名教育研究者,我不仅认真地聆听她的报告,还尽量原汁原味地记录报告。事后,征得她本人的同意,将报告主体内容整理,经她审定后,在《解放日报》"思想者专栏"发表,引起了强烈反响。

　　在我看来,她的报告朴实无华、娓娓道来。与其说是在作报告,还不如讲,是一位长者、智者与一群教育工作者在谈心。谈教育前世今生,聊学校家长里短,讲育人成长故事。她是邻里那位慈祥的长者,是困惑中可以请教的同道中人。就是这种朴实,透露出一种穿越时空的智慧,让人在听故事中进入"教育"状态,感悟教育,感悟人生。

　　尽管她头顶光环很多,但她说自己最喜欢的一个称呼还是"刘老师"。一句"刘老师",让她从生命中最亮丽的年华,走进人大附中校园,50 多年如一日,从青春朝气的数学老师、细心关切的班主任、国际风范的金牌教练、尽职尽责的副校长,到 1997 年走上人大附中"领跑人"校长岗位。她和同事们一道,齐心协力,硬是将一所北京市普通重点中学办成了"国内领先、世界一流"学校,成了中学教育的一张王牌。

　　2016 年,她由国务院参事改任中央文史研究馆馆员,这是新中国成立以来,中小学教师中获此殊荣的第一人。如今,已是年过七旬的她,还担任人大附中联合学校总校理事长、人大附中名誉校长、人大附中联合总校名誉校长,一如继往地投身于她所钟爱的教育事业。她说:"我的时间都给了教育。我这一辈子,只做一件事,那就是教书育人。从教 55 年,应该称得上志有定向了。"一句"人生为一件大事来",道出了她的教育情怀。

原定今年春季,我与她相约北京,进行专访。一场突如其来的疫情,让约定迟迟不能履行。疫情虽然让人与人之间空间距离变远,但疫情却阻隔不了人与人的心灵互动。4月下旬,一个阳光明媚的日子,她接受了我的电话采访。娓娓道来,内容丰富,但我只能忍痛割爱,选择几个故事片断,与读者分享。

教育的本质是育人,是塑造灵魂

张:刘校长好,很荣幸能够采访您,与您这位知名教育家来探讨教育问题。先问您一个十分直白的话题,您是如何理解教育的?

刘:古往今来,对于"教育"有着无数的解释,如同"一千个人眼中有一千个哈姆雷特"一样。今天,教育是塑造灵魂的事业。说一千道一万,教育最核心的问题,还是培养什么样的人。关于这个问题,已讨论多年,我也讲过无数次。但这样的话题就应该时时讲、处处讲、反复讲。丰子恺先生在纪念他的老师弘一法师李叔同时说,人活在世上,有三种生活:物质的生活、精神的生活、灵魂的生活。物质的生活就是吃喝拉撒、衣食住行;精神的生活主要指科学技术、文学艺术;灵魂的生活则是一种超越,是终极关怀,是心灵的净化和美化。今天,我们培养人,一定要培养和提升学生的灵魂世界,让他们有美丽的心灵和高尚的灵魂。心态决定生态,我们要构建和谐社会,没有心灵的和谐,哪来社会的和谐?我们要建设美丽中国,没有美丽心灵,又哪来美丽中国?说到底,教育事业就是灵魂事业,教师是灵魂工程师,我们在这一点上,必须头脑清醒、立场坚定。教育的本质是育人,育人的本真是立德树人。教育是心灵与心灵的沟通,教育是灵魂与灵魂的碰撞;教育可以使人心灵净化,教育可以使人生命伟大。

张:的确如此,现实情况往往并不尽如人意。教师中有人将其当作谋生和稳定的职业,家长中有人将孩子当作实现自己人生理想的延续,直接的后果是培养"精致的利己主义者"现象仍然存在。

刘:这是一个现实问题。产生这些现象有复杂深刻的社会原因。我们必须承认,教师是一种职业,但又不是一种普通的谋生职业,而是一项育人为天职的事业。两者最大区别是:职业是一种谋生的途径,事业是一种人生的追求；职业一般只需要物质和技术，而事业更需要理想、精神和情感。职业感和事业心都是一个人从事某一项工作的"发动机"，但这两部"发动机"功率是不一样的。当前，教育领域出现一些不尽如人意的现象，比如：上课铃响人来，下课铃响人走；与学生缺乏交流，对学生缺乏关爱；除了学习成绩外，对学生的全面发展不关心，对培养和提升学生灵魂的境界重视不够……这些现象的产生恐怕就与对职业的简单理解有关，所带来的不良后果已经显现。对此，我们必须增强忧患意识。

我心中所要培养的学生是什么样子的呢？

张：您能向我们介绍一下，您对培养什么样的人的理解吗？

刘：我非常喜欢谈论这个话题。我认为这个话题，是我一生的梦想和动力。或者讲，我的一生大事就是培养理想的学生，这也应该是所有的教育工作者心中的大事。那么，我心中所要培养的学生是什么样子的呢？我以为：要培养体格和品格同步成长的学生，我们的女学生不能是病美人，男学生不能是弱夫子。从我们学校走出去的学生，都应该是内外健康阳光的学生，是身心向上向善向美的学生。我们要培养的是守规矩能创新的学生；要培养在吃苦中快乐的学生；要培养全面加特长的学生；要培养"小我"、"大我"融为一体的学生；要培养有中国情怀世界视野的学生。人大附中的办学目标就是"全面发展＋特长＋创新思维＋高尚品德"。我们一直在围绕这个教育目标而努力。今天回头看，我们正走在向这个目标实现的良性道路上。

立德树人，帮助孩子们扣好人生的第一粒扣子

张：习近平总书记对教育工作有系列重要论述，全国教育大会对新时代教育作出部署，强调要坚持立德树人。您对"立德树人"有什么理解呢？

刘：致天下之治者在人才，成天下之才者在教化，教化之所本者在学校。学校的一切工作都是为了培养人才。而培养什么样的人才则是摆在教育工作者面前的首要问题。我们要培养的就是德智体美劳全面发展的社会主义建设者和接班人，这是教育的灵魂和方向。立德，就是要让学生心中有

一颗美丽而强大的中国心,这颗中国心里装着中国梦。树人,就是要让学生有报效祖国、服务社会、完美人生的能力。立德树人,实质上就是品德教育和能力教育的结合。人大附中这些年的所有努力,都是为了实现品德教育与能力教育的结合,培养品德高尚、能力高强的学生。

我认为,高尚品德是"道",聪明才智是"器","道"在"器"之上。古人也讲过,"君子不器"。把立德树人工作放在学校一切工作首位,这是战略问题,是原则问题,是方向问题。

张:您一直讲道,立德树人,重在培育和践行。

刘:德育是心育,贵在感应与共鸣。正如习近平总书记所讲,要帮助孩子们"扣好人生的第一粒扣子"。这里,我要对你讲一个真实的故事。早在十几年前,北京电视台引进墨西哥电视剧时获得一个额外附加的足球培训项目,人大附中"三高"足球俱乐部有机会到墨西哥培训,当时住在一个酒店,主楼前是广场,挂着很多国家的国旗,但唯独没有中国国旗。孩子们看到后立刻就找到领队老师,老师马上去找酒店经理,经理说他们没有中国国旗,这位领队到中国驻墨西哥大使馆找到一面国旗,然后交给经理,看到这个经理迟迟没有给挂,领队和孩子们都很气愤,就说如果不挂上中国国旗我们就搬出!因为我们这支球队要在那里培训一年,经理害怕失去大客户,立刻转变态度把国旗挂上去了。不仅在酒店前挂上了中国国旗,老师和孩子们还按照人大附中的惯例,每个周一在广场前举行升国旗仪式,高唱国歌。这个事例也告诉我们,德育不是空洞的说教,而是具体的行动,我们要做的就是创造这种德育的环境和文化。

培养全面发展的人,绿茵场上能追梦

张:我关注到,您一直重视学生体育,而且有创造性体育教育思维,这其中代表性的就是 1992 年创办人大附中"三高"(高道德水准、高文化水平、高运动水平)足球俱乐部。有人说,人大附中"三高"足球俱乐部的发展是中国足球事业的一个奇迹,"三高模式"是培养足球后备人才的一种新模式。说它是奇迹,是因为孕育它发展的母体不是体校,也不是大企业,而是一所中学。您为什么会有这样的雄心和创意?

刘：健康的体格是一个人一生中最重要的本钱。我前面已经讲过，我心目中的女学生不是病美人，男学生不是弱夫子。重视体育，是人大附中的优良传统，创办"三高"足球俱乐部，是历史和现实的综合发展产物。是人大附中几任校长坚持不懈的产物，是胡俊泽校长、朱迪生校长及我三任校长，不断传承发展延续下来的。具体讲，这件事要追溯到 1992 年。那年，中国掀起了中国足球体制改革的热潮。这股改革的春风，也在平静的人大附中校园掀起了涟漪。从 1985 年就开始组建的几支学生足球队陷入了经济困境，学校再也拿不出钱来养活他们了。可是这几支球队经过几年的打拼已经有了不俗的成绩。球队要生存发展必须借助社会力量，引入市场机制。可我们的球队既不是职业球队，也不是专业球队，他们只是业余球队，队员们全是在校中学生，如果要改怎么改？当时是有一些困惑。几经讨论，最终校务会决定，成立了以"三高"命名的足球俱乐部，合作伙伴是北京国兴电子有限公司，1992 年 12 月，北京国兴"三高"足球俱乐部正式成立，成为北京市第一家正式注册的足球俱乐部。经过多年的发展和探索，"三高"俱乐部不仅取得了一个个优异的成绩，输送了优秀的人才，还带来了一系列的化学反应：学校的大门打开了，社会上的资金流进来了，高水平的教练来了，专家来了。如果说，当初成立"三高"足球俱乐部是经济原因所迫，那么今天我们要站在更高的角度审视我们正在从事的事业。我希望我们的学生通过"三高"这样一个可以飞翔的"平台"，成为具有高素质的人，只有这样的人才能真正踢好足球，我希望俱乐部不但要走出"国脚"，还要走出更多的本科生、硕士生、博士生。用曾带领这支队伍出征 2003 年世界大运会的著名足球教练金志扬的话说，"我第一次感受到有文化的人踢球是什么样的，有文化的人知道自己在踢什么和为什么而踢"。

张：就是重视体育，注重德智体美劳全面发展。

刘：是的。不仅是体育，还要讲美育，综观中外，伟大的教育家无不强调体育和美育的重要性，一所好学校无不为体育和美育提供足够的时间和资源。今天更要讲劳动教育，这些都是青少年全面发展的必修课，一个都不能少。培养德智体美劳全面发展的社会主义建设者和接班人，体现了我们党对教育规律的深刻把握，是教育工作的指南和遵循。只有如此，中国的教育才能回归本原。

家庭教育,从家长学习做起

张: 中国教育发展进入了家校合作育人时代,家庭教育对中小学生的发展影响十分深远,不知您有何建议?

刘: 家庭教育作为第一个课堂具有不可替代的作用,对孩子的影响贯穿始终。尊重孩子、解放孩子,是当前中国家庭教育亟需解决的重要问题,它能从根本上杜绝溺爱、权威、家暴、忽视等一系列问题的出现。我认为,应该将家庭教育提升到国家战略高度,采取一系列措施提升家庭教育质量。近年来,有了一系列举措,呈现了一种好势头,但还不够,家庭教育工作还有提升空间。与过去相比,今天的家长常将家庭教育的重点放在所谓的"成功"上,对"做人"的教育要么有忽略,要么有失当,这是家庭教育最大的误区,也是影响孩子发展的重要因素。其实做家长也需要知识和经验,而孩子的教育不应该是一个试错纠错的过程。因此,合格的家长需要提前接受教育,家庭教育要从教育家长开始。我建议国家及地方应出台相应的法律法规做保障。

中学校长,知行合一的文化气象

张: 在教育界,一直流传着一个理念,一个好校长就是一所好学校,充分表明校长在学校发展中的重要性。您这些年来,无论是当校长,还是培养优秀校长,可以讲是倾注了心血。我们上海也有很多校长是您指导的徒弟,一提到您,都充满了感念之情。

刘: 从教五十多年,当校长二十多年来,我一直生活在基层,工作在一线,对教育事业,对中学教育,对怎样当好中学校长,当然有自己的看法。关于"校长"的定义有很多,我对"校长"含义的理解,最深切之处就在于校长是个"领跑人"——面向世界、面向未来、面向现代化,领着全校的教职工不停地奔跑,领着一茬又一茬的孩子不停地奔跑。

张: 这个比喻很形象,您是如何领跑的呢?

刘: 做一个"领跑人",首先自己得跑;做一个优秀的"领跑人",必须得跑得比别人快,跑得比别人远,需要过人的综合素质,需要过人的精神状态,需要比别人思想更超前,更勇于创新。从做校长的那一天起,我就一直用"领跑人"自喻,始终以做优秀的"领跑人"自勉。我的所思所想、所作所为,统统聚焦在一点上,就是让人大附中发展得快些,快些,再快些。"快些,快些,再快些",是我做"领跑人"的"七字真言"。

张:"领跑人"是一种行动和实践,您好像有更丰富的理解。

刘:要讲这个话题,几天几夜也讲不完。我曾经归纳为"六个关键词":学习、建设、发展、创新、务实和人格,每个关键词都有丰富的内涵。我还认为,做好学校校长必须具备和自觉培养"科学精神、奉献精神、人文精神和法治精神"四种精神,如果说学校是座大厦的话,那么这"四种精神"就是四根立柱。我对教育家型的校长概括为"十二条"心语,等等。这些都是我在实践中学习和感悟出的。我时常在思考,办一所好学校,办一所"校长走了还是好学校"的学校,靠什么。什么能具有如此大的能量,能够凝聚人心,把那些看似平凡的人聚拢起来,创造出了不起的事业?我的回答是"学校文化"。一所真正的好学校,最大的吸引力是它的文化;文化知识在别的学校也能汲取,文化气象和文化熏陶则只有好学校才有,文化气象是一所学校经过几十年甚至几百年盛名不坠的内力和根本。而这其中,校长应该是学校文化建设蓝图的总设计师和总工程师,他的眼光、境界、理念、能力、素质、人格等,都是直接相关。

张:是不是可以这样理解,一个好校长是一位教育思想家。

刘:可以这样理解,但又不能标签化。中学校长有自己的教育思想,但他们的教育思想往往不是在专门的学术论著中,而是渗透在所做的工作中。他们是通过"行"来显示"知",在此基础上形成"知行合一"的。中学校长是可以大有作为的。近代以来,民国时期的春晖中学、南开中学等,大师云集、英才辈出,给我们作出了榜样。新时代的中学校长,更要有一种"时不我待"的机遇意识,为培养实现中国梦的英才而努力。

张:优秀的中学校长,是一个实干家和思想家集大成者,是一个"入得厨房、出得厅堂"复合型人才,而不是定格固化的形象。

刘:是的。我一直有一个观点,几十年来都没有变,今天还是想对大家这样讲。你要想深切了解一个中学校长的教育思想,可以去读他的文章,但更重要的是要到他的学校去看一看;由行来探知,是理解中学校长教育思想的钥匙。

教育帮扶,从小我走向大我

张: 在人大附中快速发展过程中,在得到普遍认可和尊重的同时,也有人提出了异议,认为人大附中垄断了太多优质资源,人为拉大教育差距。而事实上,据我所知,人大附中一直在致力于教育帮扶,承担了帮扶薄弱学校的职责,并且很有成效。

刘: 提升教育质量和实现教育公平,是全社会的关切。我们在发展中同样关注这个教育命题。有一句话叫"一花独放不是春"。优质学校既要独善其身,还要兼济天下。一度有的人认为人大附中是一个垄断优质教育资源的超级学校,是教育不均衡的罪魁祸首时,我们却无怨无悔地派出最好的教师去帮扶薄弱学校,派去管理型"打鱼人",愿意作探索教育均衡的先行者,履行教育帮扶的社会责任,久久为功。从 2002 年开始教育帮扶,2012年起,成立了人大附中联合总校。就是创造条件,将优质教育资源输出,实现优质资源共享,促进共同发展,形成了人大附中联合发展模式。迄今,人大附中联合总校已经有 28 所成员学校,除北京外,全国多个地区和城市也有人大附中联合总校的成员校,初步实现了"美美与共"的良好格局,在实践中履行人大附中的责任和担当。2014 年 10 月获国务院扶贫办"教育帮扶先进集体",这是全国唯一一所中学获此殊荣。

我的人生乐趣,是追求"三乐"

张: 作为晚辈和学生辈,我还是想斗胆地问一下,您的辉煌成就,也让您贴上了"女强人"的标签。能介绍一下您的生活观吗?

刘: 作为一名女性,我获得过许多崇高的荣誉,也承受了非同寻常的委屈和压力。陶渊明有言:"纵浪大化中,不喜亦不惧。"我年逾古稀了,还没有达到这种境界。孟子说,君子有三乐,父母俱存,兄弟无故,一乐也;仰不愧于天,俯不怍于人,二乐也;得天下英才而教育之,三乐也。这"三个快乐"都是我的毕生追求,我曾全部享受过。特别是第三个快乐"得天下英才而教育之",已经完全融入了我的人生,是我人生最大的快乐。也正基于此,我认为,我的人生是快乐的,我是一个幸福的人。我的理想是中国拔尖人才、科技尖端人才,能够受到政府和民众的坚决支持,快速培养出来,为国贡献力量。

我还要说的是,庆幸的是,我赶上了改革开放的伟大时代。在干事的黄金年龄赶上改革开放,是我人生的最大幸运。没有改革开放,就没有我和人大附中的今天。在我从教五十多年,特别是担任人大附中校长后的二十年时间里,有风雨,有坎坷,既有鲜花和掌声,也有很多难关和险阻。也有人说,改革创新者是孤独的,但我很少有这样的感受,最终能够走过来,是因为处在改革开放的大气场,更因为有好领导、好同事、好朋友、好学生,与我相伴,给予我支持。对此,我感念在心,直到永远。

张:孟子讲,"充实之谓美"。您的经历是充实的,您的人生是美丽的。

刘:谢谢。

张:您是上海"卓越校长培养工程"导师,多次到上海讲学。您如何看待北京上海两地教育发展?

刘:京沪两地,是血脉相连的兄弟姊妹,都在中国教育史上创造了一个又一个的人间奇迹。这里,再次引用费孝通先生的那句美文:各美其美,美人之美,美美与共。希望两地各取所长,互联互通,共同在中国教育大地上,讲好新时代的教育故事,谱写京沪大地的新传奇。

张:谢谢您接受我的采访。祝您身体健康,生活愉快!真诚地邀请您多到上海走走、看看。

刘:好的,谢谢!

(2020 年 4 月)

教育，就是过日子

——访著名教育改革家魏书生

他，曾经是一个时代的青春派，在中国基础教育园地上掀起了一股改革潮；他，对学生有一种天生的热爱，始终不愿离开课堂，直到当上地级市教育局长，还在兼任一个高中班班主任，在众多的头衔中，他最喜欢听人家喊他"魏老师"；他，对教育有着如醉如痴的热情，尽管如今岁月的风尘让青春已经离他远去，步入70岁门槛的他，却仍然思维活跃，对教育的痴心不改，一谈到教育，谈到学校，谈到学生，消瘦的脸庞就挂满了青春和阳光，眼睛里就闪烁着快乐和亮光……

他，就是著名教育改革家，全国优秀教师，党的十三大、十四大、十五大、十六大和十七大代表，辽宁省盘锦市教育局原党委书记兼局长魏书生。

节气已经是"大寒"，临近春节。北方是冰封的世界，东部是潮湿的寒冬，而在海南岛却是一派阳光明媚，温暖如春，让人在碧海金沙中感受着祖国南疆的无限风景。在风光秀丽、绵延清澈的万泉河畔，海南省琼海市某镇的一处阳光公寓，魏书生先生应约接受了我的采访。因为我是出生于"70后"，他今年70岁，于是被他笑称为两个"70后"的教育人，展开了一场忘年交式的对话。

好老师就是让学生成为学习的主人

张：魏老师好，非常感谢您能够接受我的邀请，安排专门的时间，一起近距离的交流。事实上，从我还是一名中学生时，就听说了您的大名。在我的心目中，您就是一名教育英雄，是一个时代的教育符号。如今，几十年过去，能够近距离地与您交流，对我而言，真是一件既幸运又快乐的事。

魏：您客气了。非常感谢您从上海过来看望我，也感谢您两年前主持我在上海的报告会。我们很有缘。我也就是一个普通的教师，一个热爱教育喜欢学生的老师，很乐意与您进行交流。

张：在您辉煌的教育生涯中，有一件事一直让我纳闷，您在当上地级市教育局党委书记、局长后，很长一段时间还继续上一个高中班的语文课，担任班主任。曾经有人说，中国最小的主任是班主任，但就是这个最小的主任，却是你教育生涯的最爱，是什么让您如此喜爱"班主任"这个头衔？

魏：很简单，我喜欢上课，喜欢学生。我的成长就是因为教书和带班。时时不离泥土，我才不会空虚。当了局长还在当班主任，也是为了不脱离教育教学一线，这是任何调研都无法取代的最佳调研方法。更深层次的考量，就是我一直坚信我的教学思想，那就是"努力让学生成为学习的主人"，教会学生自己留作业，教会学生自己批改作业，教会学生出题考试和评卷。我也想证明教学生"自学"是成功的，学生是不必由老师"看着"才能教好和管好的。

张：学校老师和教育局的同事如何看待这件事？您有没有另类的感觉？

魏：没有。相反，同事们都很高兴我当班主任。因为我一直是这么干的，也干出了成效。我最关注培养学生的习惯。比如，让每个学生天天大声朗读，大声说自己想说的话，让他们自由讨论未来的时代包括太空宇宙是什么样子的……说着说着，让他们在毫无顾忌的"说"、"想"、"做"的过程中，就产生了"感觉"，也让他们看到了自己的进步。

张：是不是这就是我们常讲到的，激发人的"内生"动力？

魏：是的，其实就是顺应人的学习成长规律。让学生享受到"我比自己强一点再强一点"的快乐的过程，让他们看到方向。所以，我在大部分时间里就是关注"最好的"和"最差的"学生，因人而异，努力激发学生成为学习的主人。

张：真的有点不好意思。尽管我在二十多年前当过五年的一线任课老师，但至今我都对您这个方法，还是有些疑问。我们的学生真有这样自觉吗？这个方法真的对所有学生都管用吗？或者说，您的同事、领导甚至家长放心吗？

魏：事实胜于雄辩,实践检验真理。我就是这么教过来的,我用这种方法所教的学生的成绩、身心发展都很好,而且还接受过无数次的检验,有的还是非常苛刻地抽查,最终还是经受住了。也就是在这样一个实践中,形成了自己的教育思想,学校工作和班级工作应最大限度地依靠民主管理和制度管理,少一些人治,少一些无效劳动。充分了解每一个学生,充分信任每一个学生。能力强的让他管复杂的事,能力弱的管简单的活。从活动策划,到卫生打扫,放手让学生干。实践让学生明白了一个基本道理,创造一个稳定的班级环境,不是为老师,而是为大家有一个好的学习环境,班级管理是我们自己的利益。事实上,班级管理的相关事情学生全能干,学生干的过程超乎老师的想象,他们在"干"的过程中,产生了责任感和自豪感,也就在收获成长和快乐。

张：您当普通老师创造性提出了语文教学六步法,当班主任成了全国优秀班主任,当局长成了教育改革家。有什么秘诀吗?

魏：没有秘诀,只是在用心地积累和实践。"六步教学法"是一种简要的概括,它指的是我语文教学过程中的定向、自学、讨论、答疑、自测、自纠这六个步骤。事实上每个步骤都是有着十分具体而细致的工作实践,特别是对学生来说并不是一个固定的模式。1978 年,我刚到盘锦三中当老师时,就接手了两个特别的班,一个班的学生都是尖子生,我担任班主任;一个班基本上都是薄弱生,我担任语文老师。就是这样的两个班,我对每个学生的教学都是有着针对性的,简单地说,就是看到学生的长处和优点,从习惯入手,让每个学生培养"七个一"的习惯,每天 1 分钟日记,15 分钟适合自己的作业,10 分钟课外书,15 分钟写 500 字的日记……而且干每件事与时间联系起来,定时定量,日积月累,让每一个很小的行为成了他们的习惯。在一种平常中让他们的学业和能力得到了提高。

张：当教师您是一个教学改革者,当局长时您是教育改革家,为什么不过一种安稳的日子,却选择了有风险的改革,如何改革,改革得怎么样?

魏：我没有觉得教学改革和管理改革有多大风险,因为我就是贯彻一个理念,从人的长处和优点入手,从平常的习惯开始,坚持地做。想想看,宇宙间并不开会,但数千万星星,却照样井然有序地运转着,这不是对人的启示吗? 领导者应该研究什么问题呢? 就是那些带规律性的问题,那些现在还没有暴露出来的问题。比如，上面讲到的我多年来一直坚持的学生"七个一"的习惯养成，无论是我当局长的 13 年，还是我退休以来的 10 年，每年的 12 月，都会召开盘锦市"培养学生良好习惯"现场会，23 年从未来间断。这也说明，只要改革符合实际，推动发展，这样的改革是没有风险的。还是回到三个字"不折腾"。

学校德育就是"三个坚守"

张：一个时代有一个时代的主题。进入新时代，特别是 2018 年全国教育大会召开以来，党和国家对于"立德树人"的要求更加重视，提出了一系列的重要论述和新要求。作为一个经历十分丰富的教育家，您是如何看待学校德育的？

魏：这是一个大话题，讲了几十年也没有讲完，也不可能讲完。因为德育是一个时代和历史的命题。德育工作就是道德建设，"道"讲的就是事物的发展规律；德，就是按照规律办事。对于学校德育工作，我几十年的教育实践体会可以归纳为"三个坚守"：坚守中华民族千年来优秀的传统常识；坚守新中国成立 70 多年来正确的教育经验；坚守每个教育主体（教师、学生）的优点长处。做到了这"三个坚守"，学校德育工作也就顺理成章了。

张：但这些年的实践看来，学校德育工作还是走了不少弯路，也还不是一件易事，尽管提了许许多多的新理念新口号，事实上，形势不容盲目乐观。

魏：这就是我为什么要讲"三个坚守"的根本原因。不能将一个本是平常的德育工作复杂化，更不能概念化和找噱头。事实上，常识是凝练出来的最让人感受到力量的东西。这也是我不关心一些教育"理论泡沫"和五花八门的新名词、新理念的原因所在。我最关注的还是能否让"常识"归位，做到"三个坚守"。如果能让所有的人每天都在受教育，每天都在学习中，德育就成了常态。同理，德育不就是要做这样的事吗？！

张：您其实很早就重视家庭教育和家校合作，倡导"好父母，好家教"，并且有一系列的在当时十分创新今天仍然管用的好举措，取得了很好的效应。您是如何看待今天的家庭教育？

魏：我常常对家长讲，要正视孩子的差异。任何学生，只要他有淘气的一面，就一定会有不淘气的一面。如果他的学业真的很差，不要紧，那我们就针对他的实际，对他的目标值进行调整，尽量去激发他优秀的一面，特别是要让他发扬优点和长处，养成好习惯，要么是一种动手能力，让他比起自己有进步。只要是一个人，他的素养中就一定有着"双向对立"法则，有优点就一定有缺点，有长处就一定有短处，我们的任务是扬长避短。而现实中，我们常常一急就忘记了这条铁律。训斥只能产生逆反和假装的顺从，这一点，同样适合于家庭教育和学校教育。

张：当一名好老师真的不容易，这里就涉及到师德建设的话题。但今天的师德建设却是一个沉重的话题，您是如何看待当下的师德建设，有什么好建议呢？

魏：现实中很多老师先是想如何"管住"学生，这个学生有哪些毛病，这种不信任感严重影响了教育效果。也有的老师说，"魏老师，我学不来您的方法"。主要是他太浮躁，没有回到"起点"，而是始终想着"我要为学生装多少知识"，没有将学生当作成长的主人，没有从学生的"起点"出发。至于当下一些老师出现的师德问题，我们也要全面地看待。首先，出问题的一定是极少数，而且也一定是事出有因，不能将极少数的有违师德现象套到老师群体，扩大化会严重影响和妖魔化老师队伍，对教育发展不利。其次，要尊重事实，尊重规则。教育的本原是事实，事实的本原是人，人是一个广阔的世界。回到今天，"不忘初心，方得始终"也是此理。教育人必须以此为准。

管理就是多看他人长处和优点，做成习惯不折腾

张：这几天，有一个让千万家长和广大高中生刷屏的教育政策，教育部出台的"强基计划"即将实施。您是如何看待的？您对于新时代的教育综合改革，有什么好的建议？

魏：国家根据形势发展，及时作出一些政策调整，这本身就是一个很好的改革思路。探索无禁区。与时俱进，因时而变，就是这个道理。这些年来，我一直有一个观点，也是我一直在践行的，就是尽量不在所谓的"高地"去评判他人，而是更多的思考如何做好当下的事。我认为，管理就是多看他

人长处和优点,做成习惯不折腾。无论是管理者,还是教育者,还是合作者。我们尽量不要试图改变他人,更不要指望从根本上解决思想认识问题。而是多从对象的长处优点出发,让其长处做更长,优点做更优,优点长处成为习惯,引导他们做能做的事。从当下的事做起,从根本上讲,就是要让他们享受优点长处的快乐。事实上,这个过程就是管理的过程,也是让他们成长的过程。

张:能不能这样理解,这其实就是您的教育观、改革观,也可以叫魏书生管理智慧。

魏:也可以这样讲吧。(笑)

张:如果稍微归纳一下,魏老师,您对自己走过的近五十年教育生涯作一些梳理,您对自己的教育生涯有什么样的概括?

魏:一句话讲,教育就是过日子。我做教育局长 13 年,年年工作总结结尾时都会讲这句话。至今,我还是讲这句话。想想看,以平平常常的心态,高高兴兴地做事,做着实实在在的事。将这个平常的日子过得从从容容、快快乐乐、如诗如画。在平凡平常平淡中享受过程的快乐和收获的愉悦,这不是过日子吗?! 同样,如果我们的教育生涯做到了这样一种境界,这样的教育难道不是我们向往和期待的吗?!

(2020 年 1 月)

教育,让人生更精彩

——访著名教育专家尹后庆

他的职业生涯,仿佛与生俱来与教育结缘。40 年工作生涯中,7 年农场岁月,恢复高考重返校园,毕业后到上海市教委(原教育局)工作,历任普教处副处长、办公室主任,教育督导办公室主任,再到中国改革开放的前沿阵地——浦东新区担任社会发展局局长。2007 年担任上海市教委副主任,分管基础教育和中等职业教育工作。他,怀着对党的忠诚,对教育的热爱,和着时代的节拍,与上海教育事业发展同频共振,成为上海基础教育改革的设计者、见证人和践行者。

他,儒雅温和的目光中透露着一种坚定,外表的平和,丝毫没有影响他的决断和果敢。正是他和他的同事们一道努力,在一代代上海教育人奋发进取,勇攀高峰的基础之上,推动上海基础教育逐步走向全国的排头兵和先行者行列,也让上海基础教育在改革发展中走向世界,有的领域还成了发达国家学习的对象。

他,在繁忙的工作之余,几十年养成的学习和研究习惯一直没有变,挂在他嘴边的一句话是:"人与人之间的区别就在于 8 小时之外。"当他从行政岗位退下来后,转型为一名教育研究者,以其独特的格局和视野,为新时代上海教育改革发展贡献自己的智慧和力量。

他,就是国家督学、中国教育学会副会长、上海市教育学会会长尹后庆。

6 月的上海,一派夏日的葱茏。6 月 8 日,在参加奉贤区"寻根古城贤韵,肇启文道品质"为主题的古城文化展示体验馆启动和中华优秀传统文化教育研讨会后,尹后庆会长应约接受了我的访谈。

开放融合,海纳百川,是上海教育最好资源

张:尹会长好,感谢您的支持和厚爱,非常高兴能够对您进行教育访

谈。您的职业生涯中,大部分时间都是从事基础教育管理工作。基础教育是国民教育的基础性、先导性和全局性的工作,是国家之基、民族之基,涉及千家万户,关系子孙后代,怎么重视它都不过分。我们国家基础教育的发展也经历了一段艰难的探索过程。您作为上海基础教育改革与发展的见证人、设计者和践行者,有什么体会?

尹:在回应这个话题之前,我们可以将视野投放到更大的时空中,一起探讨一下上海教育精彩在什么地方。在悠久漫长的中国教育传统中,上海教育的历史方位在哪里?这是理解上海教育发展脉络和特征的原点。

从史学的眼光看,上海属于江南文化体系,本土历史也有几千年。我认为真正显现上海独特文化,是自开埠以来。传统文化与包括西方外来文化冲突融合的过程创造了独特的海派文化。在近代以来100多年的历史进程中书写了令人瞩目的上海教育史。用这种历史视角,我们就会更加清晰地理解上海教育发展,既要继承我们的传统,又要坚持中外融合,开放进取,海纳百川,这也是上海教育的百花园里百花齐放、千姿百态的原因。

我的职业生涯中有30多年是从事上海基础教育行政管理工作,可以说伴随和见证了上海基础教育在改革开放年代中的历史性巨变。这种巨变既顺应了中国改革开放时代大潮,也与上海城市的世纪跨越相伴而生、相向而行。

经历了改革开放30年的发展之后,当我们随着上海城市的"创新驱动、转型发展"时,我们又围绕实现"促进每一个学生健康快乐成长"的教育理念,推动中小学教育朝着深化内涵发展的改革深水区不断前进。我们及时提出了上海基础教育转型的五大方面:在教育价值上,突破对功利价值的过度追求,更加关注教育对"人"本身的价值;在教育质量观上,突破以学科知识传授为主的单一质量追求,更加关注以人的全面而多样发展为特征的全面质量;在培养模式上,突破高度统一的标准化培养模式,更加注重需求导向的个性化、多样化的培养;在教师专业成长上,突破强调学科知识和教学技能的掌握,更加注重教育境界和专业能力的提升;在教育管理方式上,突破以行政手段为主推动教育发展的方式,更加注重思想领导和专业引领。其中,最核心的命题就是不再依赖于分数指标、物质计量和功利价值,而是彰显人的独立价值和回到"让人成为人"的教育目的上来。

张：教育公平和教育质量是教育的两道历史课题。对于基础教育尤其是义务教育而言，一个重要的命题就是优质均衡发展。实现优质均衡，话好讲，但实施起来还是困难重重，能向我们介绍一下您的体会吗？

尹：的确如此。我们的教育决策和管理工作必须要围绕"公平、质量"这两个关键词进行，但怎么进行，却是"仁者见仁、智者见智"。我在不同的岗位上，曾经用心用力进行了实践和探索，概括起来有三项工作比较有代表性：一是委托管理，努力探索政府治理方式的多样性，解决上海城乡教育发展不均衡的问题。二是解决好随迁子女的义务教育，使政府公共服务在中国改革开放、城市化发展的进程中，在适应人口流动转移中的需求以及服务城市和谐发展中，寻求制度性突破。三是发展新优质学校。超越原有扶持薄弱学校的理念，引导整个学校从育人本位出发，追求全新的教育价值。新优质学校并不一定是高分数学校，而是把育人放在首位，为学生终身发展奠基。这些工作，是在改革开放的大背景、上海城市发展、教育发展进程中，在特定的历史环境下进行的探索。尽管这个过程并不平坦，既有思想观念的冲突，也有利益相关的博弈，还有实际条件的制约。从总体上看是比较成功的，对于上海基础教育实现公平和质量起到了推动作用。当然，这些工作是市委市政府的坚强领导下，全体上海教育人共同努力的结果，我个人只能说尽职尽责了。

在浦东这个"试验田"工作，心怀感恩

张：我知道，您在 21 世纪初的几年，担任浦东新区社会发展局局长，主抓教育卫生等社会事业。在浦东这个当代中国改革开放的前沿阵地，开始了"试验田"工作，这个过程中，您觉得哪些是浦东教育改革的得意之笔？今年是浦东开发开放 30 年，今天回头看，有何感想？

尹：浦东工作的几年，是我人生难忘的岁月。有幸在浦东这个中国改革开放"试验田"工作，是组织的培养，是同志们的信任。在浦东工作，遇见的新问题比较多，用改革思路解决问题的空间比较大。在调查研究的基础上，结合浦东社会事业发展实际，在教育综合改革和公共管理服务创新等方面，有一些探索行动。比如，实现城郊基础教育管理体制的二元并轨，以办

学共同体形式,进一步加强城区优质学校和郊区相对薄弱学校之间在管理、课堂教学、教师发展等方面的紧密合作,促进郊区学校办学水平的提高;在学校管理制度方面,着眼从教育管理向治理转型,开展了"管、办、评"联动机制的探索,通过梳理政府、学校和社会在教育工作中的职责和相互关系,努力建立"政府宏观管理,学校依法自主办学,社会中介优质服务"的工作格局。

坦率地讲,刚到浦东工作时,我也遇到了一些质疑。有人说:"他一直在市级机关搞政策谋划,到浦东面对具体的操作能否行?"以我的体会,人很多时候是逼出来的,改革发展中的工作推进更是如此!这里举一个例子,那时,浦东正处于大发展时期,一年要新开办 30 多所学校,就连找齐一个个学校的领头人都不容易,手里不可能储备那么多干部,每年要招齐配足新学校的教师都是一件困难很大的事,但最终还是用了各种办法,克服了各种困难,包括一些改革举措,平稳而有效地推进了事业发展。为浦东改革开放尽了自己绵薄之力,我为自己能够为浦东这个"中国之窗"发展尽力,心怀感激,引以为豪。

张:我知道,在浦东新区工作期间,您力推了一个改革"手笔",就是率先推出义务教育阶段强校托管薄弱学校的创新之举。后来几经完善形成了政府购买服务的义务教育委托管理,对推进上海义务教育优质均衡发展产生了重大的影响,成了上海经验。能向我们介绍一下当时的情况吗?今天回头看,您有什么体会?

尹:可以说,这是逼出来的改革试验。前面我已经讲过,初到浦东工作时,面临着千头万绪的困难和任务。其中,区域内学校发展不均衡的情况比较严重,人民群众对优质教育的需求呼声很高,作为民生之首的教育事业如果解决得不好,会影响浦东的人才引进和事业发展。发展固然需要自力更生,但单纯依靠内生发展,很难在有限的时间内产生满意的效果,更谈不上浦东速度了,因此,亟需有效的解决办法和路径。正是在这种背景下,我们用开放的思维,大胆探索。2005 年 6 月,由浦东新区社会发展局与上海市成功教育管理咨询中心签署了"东沟中学委托管理协议",将上海教育功臣刘京海校长从原闸北区柔性引进来,尝试通过购买服务的方式委托他领衔的团队托管当时的薄弱学校浦东东沟中学,开始了为期 4 年的委托管理试点探索。

委托管理的制度创新和实践价值体现在三个方面：真正实现了"管办评分离并联动"，创新政府资源配置机制，在机制创新的实践中培育非政府的教育专业机构，活跃了市场经济背景下教育资源要素的生长与发展，为社会进步提供了新的动力；加快了先进教育文化的辐射，为尽快缩小城乡基础教育软件建设上的差距寻找到了一条有效的途径，而且对相对薄弱学校进行系统化的教育文化重塑，是从根本上提升薄弱学校软实力的关键所在。

张：谈到上海基础教育，这几年社会各界至世界教育界都在关注一个话题，就是上海连续两次参加的中小学生的 PISA 测试成绩排名第一，有人说这是上海进入教育现代化的标识，也有人说这是一种偶然并不说明问题。您是如何看？

尹：在连续两次参加 PISA 测试之后，上海学生的优异表现引发了世人的关注（其中包括数学教学的成就和经验）。人们从中看到了上海基础教育的质量持续保持着较高水平，也看到了一个地区教育发展的长期积淀和区域教育政策的长期稳定对学生学业水平的持续发展产生的积极影响。参加 PISA 项目本身就是追踪世界教育前沿的行动，让上海在世界教育的坐标系中不断找准自己的位置，不断地在已有的起点上再出发。

但客观地讲，我在任期间，对 PISA 定义口径控制得很严，我们对 PISA 的结果，第一客观，第二淡定，第三专业。什么叫客观？上海是城市，人家是一个有广阔农村的国家，不能简单看成绩名次。比如，日本是 1 亿多人口的国家，上海是 2 400 万人口，6 300 平方公里的城市，城市和城市比，我们跟新加坡可以比，香港也是一个城市，澳门也是一个城市，其他很多都是国家，城市优势比一个国家大得多。所以上海的教育有我们自信的地方。同时也有问题。我随便举例，我们在师生关系中间有一个指标是低于 OECD（经济合作与发展组织）平均值的，问学生，老师是不是经常向你布置需要你考虑一段时间才能回答的问题，第二个问题，老师是不是向你布置需要你经过一段时间思考才能完成的作业。两个指标，我们低于 OECD 平均值，这是什么问题？我们上课校长对老师们要求很高，要"堂堂清"，但"堂堂清"以后，那堂课和后面一堂课的联系没有建立起来，所以我们知识结构化的水平不高。再有，我们的学生学习时间普遍偏长。因此，我们既要有自信，同时又要有自省,要从教育专业的角度去看待结果,不要自以为是,要认识自己的问题,从而立足国情,博采众长,学习世界各国先进的东西。

要让教育真正作用于孩子的内心改变

张：进入新时代,中国教育面临着改革转型的多重任务。一方面要瞄准世界发展潮流,另一个方面还要继续完成补教育短板的任务,有人形容为"刀尖上跳舞",这种"双重任务"会相伴很长时间,您是如何看,有哪些建议?

尹：上海的实践告诉我们,要让一座城市的教育发展更加体现公平与质量兼得的效果,不仅要通过政府在教育资源配置上的持续而有力的作为,而更重要的是采取内涵发展的有效策略,撬动和激活学校的内生动力,力求把先进的理念落实到每一所学校、每一位教师和每一天的课堂上。因此,要把"办好每一所学校、教好每一个学生、成就每一位教师"作为推动教育发展的出发点和归宿点。

新时代的特征反映在教育里面。我把它归纳为三句话,这三句话可以反映出我们今天认识的中国基础教育发展的阶段性特征。第一句话,尽管提高学生的学业成绩仍然重要,但是学业成绩已经不再是全部的教育价值追求。第二句话,尽管加大学校硬件设施建设和经费投入仍然重要,但必须把提高教育质量放在突出位置,这里的"质量"是有特定和丰富含义的。第三句话,尽管教育资源的标准化配置跟质量水平的基础性要求仍然是当前相当一部分地区教育工作的基本要求,但显然已经不能满足人民群众对高质量、多样化教育的新诉求。

因此,今天我们面临着的时代,不能只满足于用有形的资源配置来简单地重复"上学—考试—毕业"这样一个形式过程。虽然这个形式过程每个人必须完成,但我们不能只停留在这个形式过程上,而是要让教育真正作用于孩子的内心改变。比如,应该有更多的剧院、音乐厅,有更多的体育场馆让学生享受和参与,新时代要追求新的质量。

从全球环境分析,今天,新一轮的科技革命已经蓬勃兴起,科技创新正引领着社会和生产发生巨大的变革。互联网和计算机正在持续改变人类文化信息的储存和传播方式,并正与大数据、人工智能等技术不断地重塑着教育的形态,正在引发教育发生进一步深刻的变革。世界的变化使得我们教育必须抓住新的机遇,应对新的挑战,抓紧培养能够引领未来发展的人才,特别是培养能参与国际竞争的创新人才。因此,教育不能不研究全球趋势,不能不研究教育的走向和变革。

张:我注意到,您担任上海教育学会会长后,更加关注教育发展的时代声音,用一种专业方式参与推进上海教育改革发展。比如,形成"上海市教育学会学术活动月"系列活动,2019年,您就主持了"聚焦学科核心素养与课程教学改革"论坛。这方面,您是基于一种什么样的思考,能否与大家分享一下?

尹:当前我国基础教育课程改革正在进入一个新的历史阶段。我国已经提出了中国学生发展核心素养体系,并正在以学生发展核心素养为纲着力建设和完善基础教育课程体系。体系的建设和完善,需要以核心素养为指引提炼各学科的大概念,也就是要提炼各学科在培育学生核心素养中可能和应该作出的贡献;需要以核心素养为指引和依据来选择学习内容;需要设计保证核心素养目标得到落实的教学过程和教学方法;需要设计与核心素养培育的教学目标和方式相适应的评价标准和评价方法。

当基础教育课程改革方案、课程标准已经制定,教材体系已经初步建设完成的时候,我们一定会感觉到,最紧迫、最需要的当是把理念转化为行动。所谓"行动",指的是所有在日常课堂上每天与学生互动的老师们在主导教学中的具体行为。这是关系到课程改革理念和方案能不能真正落地、能不能达到预期效果的关键环节。要落实核心素养培育的任务,教学就要提倡启发式、探究式、讨论式、参与式多种方式,引导学生运用问题导向式、小组合作式、主题探究式等多种学习方式,变革教学组织形式,灵活采用集中探讨、小组讨论、个别辅导,实践体验等多种形式,千万不能只是"你讲我听,你给我知识点让我记忆,让我背诵,让我去应对考试"。假如还是维持原来的方式,核心素养的培养是没法落实的。

我最看重教师的学习能力

张:影响教育发展的因素很多,关键是要有一支优秀的教师队伍。在推动上海基础教育改革发展过程中,与上海注重教师队伍建设分不开。您对教师尤其是青年教师们有什么想说的吗?

尹: 是的,教育大计,教师为本。总体看,上海的教师队伍素质很高,对上海教育改革发展起到了顶梁柱作用。但面对新形势,对广大教师而言充满了挑战。影响教师发展的因素有很多,我最看重的是教师的学习能力。其实未来的社会,人与人之间最大的差别就一句话"是不是善于学习",学习能力强的人,一定是在未来社会能够占据一个先机的。假如说我们是本科甚至是研究生毕业,你就靠这些知识,在学校里面一届一届培养毕业生,过去可以,未来不行,需要不断学习。比如,随着上海自贸区新片区建设推进,今天的洋山港变成一个智能码头了,看不见人了。洋山港原来有一个劳动模范,洋山港的机械是全世界码头机械里面比较先进的,集装箱吊装,这个劳动模范每小时吊装 180 箱,一分钟 3 个集装箱,这个不容易吧。现在劳动模范没事干了,全部是电脑控制,全部是机器人,洋山港是全球集装箱吞吐量最大的码头,是智能水平最高的码头,这就是中国的码头发展的趋势。从这个信息里面能够读到什么东西呢? 未来技术的发展,会改变人类的工作岗位,我们应该从中读到一些危机。

BBC 曾引用剑桥大学的一些统计数据得出了这样一个结论,365 份职业未来的"被淘汰概率",为什么会被淘汰? 因为重复的劳动,机械的劳动,人工智能的发展,会替代你。分析显示,人工智能最难取代的十大行业,老师基本不会被人工智能取代,取代率只有 0.4%,但这口气松不得。因为,不被淘汰行业的特点表现在三个方面:第一个方面,社交能力、协调能力、人情练达的艺术。我们的教师,是需要社交能力、协调能力、人情练达的艺术。第二个,同情心,对他人真心实意的扶助和关切。第三个,创意和审美。创意是人工智能不能替代的,审美是人的精神生活。我们今天的孩子,今天你们教育的学生,当他们成人,当他们将来退休的时候,回首往事,有一生充实幸福的本钱,这是硬核。

张: 面对正在持续深入推进的上海教育,您还有怎样的期待?

尹后庆: 作为有幸站在上海教育改革转折点上耳濡目染,亲身参与教育改革 40 多年巨大变化的见证者,30 多年来,我深切感受到改革的艰辛和不易,这不仅是精力和体力的拼搏,更加是智慧和勇气的付出。

　　上海教育历来保持着开放包容、海纳百川的气质,一直坚持在开展扎根本土的教育改革实践的同时,追踪着世界教育发展和改革的前沿,立足时代,面向未来,高标准、高要求地建设融通中外的教育高地。今天,上海在前行中遇见并正在破解的难题,常常也是世界教育领域共同关注的焦点。需要我们有勇气去走出舒适区,向路径依赖与习惯思维发出挑战,进而形成自适应的文化生态。如此看来,改革任重而道远! 有理由相信,上海将会以自己更多的独特探索和创造,为未来建成中国特色、世界水平的中国教育贡献经验。

（2020 年 6 月）

后记：且行且思

　　这本书是继《人在上海》、《人在旅途》后，我的第三本个人专著。编辑时，脑海里一直萦绕着一个念头"少一点遗憾"。可直到快要付梓时，那种最初的激动和热情却变得逐渐不自信了，从文章取舍，从标题到立意，从文字到格式，还是有许多不满意之处，有时在纠结，甚至萌生想要放弃的自卑感。直到几位热心支持本书出版的好朋友说，"写作本身就是一件有遗憾的事"，才重新鼓起勇气。到校样拿到手时，业已定型，敝帚自珍。其余的就留给读者和时间去评说，留下的遗憾就下次弥补吧。

　　编辑工作起始于2019年的秋天，那是上海最美的季节。写作间隙，我会不时在小区浓密的法梧丛中散步，漫无目的地凝望那星星点点的窗灯，对这座承载无限梦想的"魔都"产生了无边想象。

　　编辑最紧张的时候已经跨入了2020年。一场史无前例的疫情，让我们很长一段时间都只能居家防疫，于我而言，正好静心写作和编辑。阅读文章时，往事历历在目，思绪跨越时空。思考生命的意义，思考过往的得失，思考教育的未来，让居家防疫变成一个禅悟的过程。这段时间里，除了关心疫情，身为教育人，我一直关注了三个"热词"：线上教育、小神兽和心理焦虑。那段日子，我和同事们也没有闲着，开通24小时心理健康和家庭教育咨询热线，对区域内中小学生和家长开展居家关怀，做好指导和反馈；还不时承担一些教育媒体约请撰写教育时评，任务驱动着我尽力换一种视角去体味一个特定时域中的教育状态，更直观地理解到，育人与时代、家庭、社会以及偶发事件的综合相关性，也给本书的写作增加了一些新元素。

　　也有朋友说写作成了我的一种生活方式，也有人善意地问我，怎么会有那么多的灵感？对这个本不是问题的问题，在安静时我也会不由自主地思考。灵感来源于时代，来源于生活，来源于上海；灵感来源于火热的教育实践和动人的教育故事,灵感来源于丰富而真实的人。

这本书中收录的内容基本是保持原貌,体现一种原生态。大部分先后在《光明日报》、《中国教育报》、《解放日报》、《文汇报》、《上海教育》、《现代教学》和东方网等媒体上发表过,部分文章进行了重新编辑。今天回头看,既是一种时光的记忆,也保留一丝当初的感动,当然也让当初的信息不对称、思考不深入和文笔不成熟,尽量保存下来,有意定格为一种"提醒",在知识殿堂面前,自己永远是一名青涩的小学生。一本书、一种思想和一份贡献,经得起时间和历史检验的,才是经典的。如此这般,才会让自己的思想和行动格局放大,就不会"停下来歇息"和自我感觉良好。

之所以将书名定为《仰望教育星空》,实在是我们作为个体太渺小,于历史长河,只是沧海一粟;于浩瀚岁月,只是匆匆过客。我们都胸怀"最亮的那一颗"梦想,唯有这"最亮"的梦想,才能让我们对教育的认识理解变得更立体。无论是初见还是重逢,无论是成功还是失败,无论是欢乐还是苦涩,都愿意直面。

需要说明的是,书中的文章绝大部分是我在工作、学习和生活中的原创,有不少是在旅途的飞机、高铁和酒店完成的,带有明显的匆忙痕迹。涉及的一些文化景点、风土人情、专业知识介绍以及一些教育观点,我参阅了一些地方志、旅游介绍和相关资料,尽管没有照搬,但毕竟间接引用了他人的劳动成果,限于体例和篇幅,未能一一标注具体出处,在此,对原作者表示感谢。

我一直笃信父母亲从小教导我的一句俗语,众人拾柴火焰高。这本书一样是得到了许多的外界支持才能顺利出版。感谢上海市教委副主任倪闽景,在百忙中为本书作序,给予我莫大的支持和鼓励。感谢奉贤区教育局、奉贤区教育学院领导和同事,因为他们的支持,才有很多学习和实践空间,才有了丰厚的写作素材。感谢于漪、刘彭芝、魏书生、尹后庆等名家大师的厚爱,愿意接受我的专访并给予指导。感谢复旦大学管理学院院长陆雄文教授,感谢各位授课老师和同学,复旦时光让我的人生变得更丰富,变得更有质感。感谢上海科技大学纪委书记吴强、上海市教委教研室原主任王厥轩、复旦大学杨发坤博士、解放日报城事频道总监王仁维、上海教科院普教所周明、中国作家协会会员散文家高明昌等专家对文稿给予的指导。感谢同事孙盛夏帮助进行文稿汇集和校核。

家，永远是一个让人感受温暖和力量的地方。感谢我的家人悉心支持，我的夫人吕小玲总是以第一读者的眼神让我加快写作进度。女儿张静如同学在我写作期间，提供条件让我能够成文，对书稿编写和完善提出了很多好建议。书稿编辑中期，她不仅顺利完成留英研究生学业，还拿到了几家国内外知名公司 OFFER，最后选择进入了四大会计师事务所之一。孩子的成长，让我感受到"岁月和时光对每个人是公平的"真谛，也是我克服各种困难的动力源。

感谢湖北清江外国语学校董事长李瑞成先生，感谢成都梦之队精英教育咨询服务有限公司董事长张惠美、上海丹凡船舶设备有限公司创始人余海红、上海安信建设工程咨询有限公司董事长张高权、上海好想行信息技术有限公司总经理陈敏等同学，感谢上海前景网络科技有限公司董事长沈惠强先生，感谢华东师范大学出版社教育心理分社社长彭呈军、编辑孙娟老师对编辑出版的悉心支持。总之，"因为有您"，才让这本书得以顺利问世。还有很多给予支持的好朋友不能一一点出，在此一并致谢！

非常希望得到各位读者的批评指正，你们的指正将是我最乐意听到的金玉良言，以便在后续中进行完善和提升。

张竹林

2020 年 8 月于上海浦东万科河滨苑